BESTSELLER

Cristina Morató (Barcelona, 1961) estudió periodismo y fotografía. Desde muy joven ha recorrido el mundo como reportera, realizando numerosos artículos y reportajes. Tras pasar largas temporadas en países de América Latina, Asia y África –donde trabajó para la Cooperación Sanitaria Española en la actual República Democrática del Congo–, en 2005 viajó por primera vez a Oriente Próximo y visitó Siria y más tarde Jordania. Durante esos años alternó sus viajes con la dirección de programas de televisión, trabajo que decidió abandonar para dedicarse a escribir sobre la vida de las grandes viajeras y exploradoras olvidadas por la historia. En busca de sus rastros, recorrió más de cuarenta países. Los documentos, libros y datos encontrados durante el camino le permitieron escribir *Viajeras intrépidas y aventureras* (2001), *Las reinas de África* (2003), *Las damas de Oriente* (2005) y *Cautiva en Arabia* (2009). Su fascinación por las mujeres excepcionales la ha llevado también a escribir sobre una serie de mujeres de leyenda en *Divas rebeldes* (2010) y en *Reinas malditas* (2014). A su vez, en *Divina Lola* (2017) se adentró en la historia de una de las figuras femeninas más fascinantes del siglo XIX. Todas sus obras han sido acogidas con extraordinario éxito de crítica y público, y han sido traducidas a varios idiomas. En la actualidad tiene una columna de opinión en la revista *Mujer Hoy*. Además, es miembro fundador y vicepresidenta de la Sociedad Geográfica Española, y pertenece a la Royal Geographical Society de Londres.

Para más información, visite la web de la autora:
www.cristinamorato.com

También puede seguir a Cristina Morató en Facebook:
f Cristina Morató

Biblioteca

CRISTINA MORATÓ

Cautiva en Arabia

DEBOLS!LLO

Cautiva en Arabia

Primera edición en España: enero, 2012
Primera edición en Debolsillo en México: marzo, 2020

D. R. © 2009, Cristina Morató

D. R. © 2009, Penguin Random House Grupo Editorial, S. A. U.
Travessera de Gràcia, 47-49, 08021, Barcelona

D. R. © 2020, derechos de edición mundiales en lengua castellana:
Penguin Random House Grupo Editorial, S. A. de C. V.
Blvd. Miguel de Cervantes Saavedra núm. 301, 1er piso,
colonia Granada, alcaldía Miguel Hidalgo, C. P. 11520,
Ciudad de México

www.megustaleer.mx

ISBN: 978-607-318-941-5

Impreso en México – *Printed in Mexico*

El papel utilizado para la impresión de este libro ha sido fabricado a partir de madera
procedente de bosques y plantaciones gestionadas con los más altos estándares ambientales,
garantizando una explotación de los recursos sostenible con el medio ambiente y beneficiosa para las personas

Penguin
Random House
Grupo Editorial

Marga d'Andurain en 1934.

A Jamal Dayeh, que me habló por primera vez
de la misteriosa condesa Marga d'Andurain.
A Ángeles Yagüe, que me animó a contar su historia.
Y a Jacques d'Andurain, cuyo inesperado encuentro
hizo posible este libro.

Índice

Un encuentro inesperado 17

1. Espíritu rebelde 21
2. En busca de fortuna 51
3. Intriga en El Cairo 77
4. Amistades peligrosas 107
5. La condesa de Palmira 137
6. Mi marido beduino 171
7. Prisionera en el harén 207
8. Condenada a muerte 249
9. Asesinato en Palmira 285
10. La viuda negra 313
11. Confesiones en Tánger 347

Epílogo 369
Anexos 371
Bibliografía 407
Agradecimientos 413

Nací en Bayona, de familia vasca. De la estirpe de donde procedo han salido generaciones de burgueses respetables. ¿Por qué el espíritu ancestral de los vascos, surcadores de mares y continentes, después de tantos siglos sin dejarse notar en las personas de mi sangre, tuvo que reaparecer en una niña destinada a la vida tranquila y monótona de provincias? Ésa era la vida que me esperaba, y que abandoné.

Marga d'Andurain,
Le Mari-Passeport
[El marido–pasaporte], 1947

Era pequeña y delgada, y llevaba un pantalón de playa, ancho y largo, con un ligero corpiño que dejaba al desnudo su morena espalda y sus hombros. Tenía los brazos musculosos y bronceados, el cuello delgado, y el cabello recogido bajo su nuca. Con una gran vivacidad nos dio la mano; después ordenó a los beduinos que llevaran nuestras maletas a la habitación de su hotel.

Annemarie Schwarzenbach,
Beni Zaïnab. Orient Exils, 1989

París

Bayona
Uberuaga

Marsella   Cannes   Niza

Madrid   Valencia

Gibraltar
Tánger   Argel

(desde Casablanca)

Tlemcén

Mar Medite...

Islas Lípari

Golfo Pérsico

Uneyza   Bahrein

Medina

P E N Í N S U L A
A R Á B I G A

Yidda   La Meca

El viaje proyectado de 1933

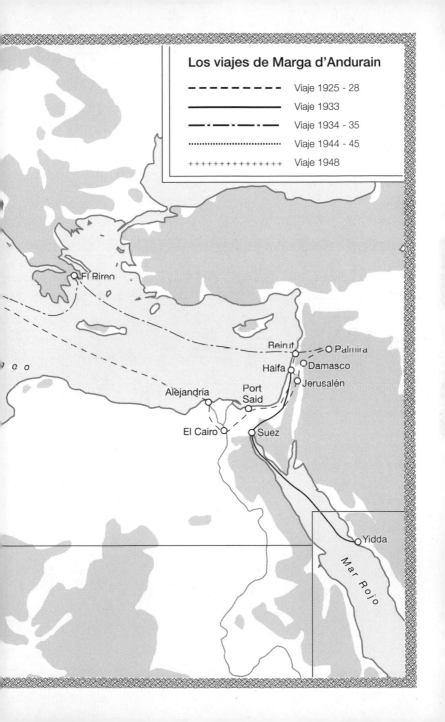

Un encuentro inesperado

Tras sus aventuras en Arabia, perdí —y nunca recuperé— mi propia identidad. Desde ese momento fui para todos el hijo de Marga d'Andurain; ya no supe, ni sabría jamás, definirme de otra manera.

JACQUES D'ANDURAIN,
Drôle de mère (Una madre singular)

Cuando aquella mañana de diciembre de 2006, sonó el teléfono en mi casa y al descolgar escuché por primera vez la voz de Jacques d'Andurain, no imaginaba el fabuloso viaje que junto a él estaba a punto de emprender. Un viaje al pasado, para tratar de reconstruir la vida de una mujer aventurera como pocas —su madre, Marga d'Andurain— a la que siempre persiguió el escándalo y cuyas temerarias aventuras en Oriente Próximo ocuparon durante décadas las portadas de los periódicos franceses. Aquella inesperada llamada dio paso a un primer y emotivo encuentro con Jacques que tuvo lugar unas semanas más tarde en una residencia de ancianos a las afueras de París. Así empezó todo, aunque en realidad la vida de la enigmática condesa Marga d'Andurain había despertado mi curiosidad un año atrás cuando viajé a Siria y oí por primera vez su nombre.

Fue en Palmira, durante una visita al hotel Zenobia, situado a un paso de la imponente ciudad en ruinas, en pleno desierto sirio. Tras recorrer sus lúgubres instalaciones comprobé decepcionada que el legendario hotel, donde antaño se habían alojado ilustres huéspedes —entre ellos Agatha Christie y el rey Alfonso XIII de España—, se encontraba bastante abandonado y sus habitaciones emanaban el mismo y desagradable olor a «agua estancada» que tanto irritó a la famosa reina del suspense. En la recepción me dieron una fotocopia con la historia de su antigua propietaria, una tal «condesa Margot que hacia 1916, durante la Revuelta Árabe, había sido secretaria personal y espía al servicio de Lawrence de Arabia». En aquel momento creí que la misteriosa condesa francesa era sólo una leyenda aunque mi guía sirio Jamal me aseguró que la dama, propietaria del hotel desde 1927 hasta 1936, había dado mucho que hablar en Palmira porque se creía una moderna reina Zenobia, cabalgaba desnuda por el desierto, frecuentaba a los beduinos en sus tiendas, y se enfrentó a las autoridades militares francesas que la consideraban una peligrosa espía.

A mi regreso a España me olvidé por completo de Marga d'Andurain hasta que un día su nombre se cruzó de nuevo en mi camino. Investigando la vida de la escritora y fotógrafa suiza Annemarie Schwarzenbach descubrí que ésta había conocido a la condesa d'Andurain cuando pasó unos días en el hotel Zenobia. Annemarie, impresionada por la arrebatadora personalidad de la dama francesa, la utilizó como personaje de ficción en uno de sus relatos cortos ambientados en Oriente

Próximo. Mi curiosidad me llevó a rescatar de un cajón la desgastada fotocopia, y a intentar averiguar qué había de verdad en su novelesca biografía. En los meses siguientes, viajé a los escenarios del País Vasco francés donde transcurrió su solitaria infancia y parte de su juventud, y entendí por qué Marga quiso romper con su anodina existencia y huir a un país cálido y exótico como Egipto. En Bayona (Francia), sigue en pie la casa de la rue Victor Hugo donde nació y dio sus primeros pasos, y en el pueblo de Hastingues (Las Landas) la solariega y asfixiante mansión de piedra, rodeada de un alto muro, donde Marga pasó sus veranos y se refugió con su familia durante la Primera Guerra Mundial. Supe entonces que había tenido dos hijos y que el menor, Jacques d'Andurain, aún vivía y era un héroe de la Resistencia francesa.

Jacques, a sus noventa y dos años, es el único testigo vivo de la extraordinaria y desconocida vida de Marga d'Andurain. Fue su hijo más querido, y a la vez su cómplice y confidente. Desde el primer momento, se mostró dispuesto a colaborar conmigo respondiendo pacientemente a todas mis preguntas, permitiéndome leer su diario personal, y autorizándome a publicar fotografías inéditas de su madre, un valioso testimonio del recorrido vital de Marga desde su infancia en Bayona hasta su trágica muerte ocurrida en Tánger en 1948. También me regaló un ejemplar de *Le Mari-Passeport*, el libro de memorias que Marga publicó en 1947 y donde narra, con un estilo directo y muy ameno, sus increíbles aventuras en la península Arábiga donde reinaba el poderoso Ibn Saud. Jacques deseaba que se conociera la verdad sobre su madre, a quien la prensa francesa de los años cuarenta calificó, entre otros títulos, como «La Mata Hari del desierto», «La condesa de los veinte crímenes» o «La amante de Lawrence de Arabia».

¿Quién era en realidad Marga d'Andurain? ¿Una peligrosa espía, una asesina o tan sólo una audaz aventurera que deseaba ser conocida en toda Francia? Mientras me sumergía en su apasionante historia he intentado comprender qué había detrás del personaje de Marga —la condesa seductora y espía sin escrúpulos capaz de matar a sangre fría que la prensa vio en ella—, y acompañarla en sus emocionantes viajes por Oriente Próximo que la llevaron a recorrer Egipto, Irán, Siria, Líbano, Palestina y la costa del mar Rojo en la remota Arabia. Emprendedora, rebelde y feminista, Marga intentó visitar la ciudad santa de La Meca por la misma razón por la que la gran viajera y orientalista Alexandra David-Néel quiso entrar en Lhasa, capital del Tíbet: porque eran lugares prohibidos a los occidentales y ninguna europea antes lo había conseguido.

Marga debería figurar en la lista de las grandes aventureras de la historia junto a nombres como el de Catalina de Erauso, «la monja alférez»; lady Hester Stanhope; Ida Pfeiffer o Isabelle Eberhardt. No era escritora, ni científica ni una exploradora al uso, pero llevada por la curiosidad y el afán de aventura emprendió un viaje lleno de peligros por regiones desconocidas. Si la historia la ha olvidado no ha sido por su falta de audacia y tenacidad, sino porque su vida se vio salpicada de escándalos —y graves acusaciones— que la condenaron al panteón donde descansan las mujeres malditas, aquellas que la sociedad no sabe cómo etiquetar.

1

Espíritu rebelde

Mi familia llevaba una vida retirada y tranquila
que yo comenzaba a aborrecer. Me daba náuseas
el ritual de las reglas de buena educación, las
recepciones, el intercambio de visitas, las corte-
sías hipócritas, y las amabilidades tras crueles
murmuraciones, todo, en fin, cuanto hay en el
fondo de una existencia provinciana…

Le Mari-Passeport

El 8 de mayo de 1934, el periódico vasco *Le Courrier de Bayonne* (El Correo de Bayona) anunciaba en portada a sus lectores la publicación de la extraordinaria aventura de Marga
d'Andurain, prisionera y condenada a muerte en Arabia. La
autora —hija de una conocida familia burguesa de la región— relataba en varios capítulos su azarosa vida desde que
en 1925 se instalara en la ciudad de El Cairo en compañía
de su esposo, Pierre d'Andurain, y de sus dos hijos pequeños,
sus años al frente de un hotel situado en pleno desierto sirio junto a las ruinas de Palmira y las acusaciones de espio-

naje que siempre pesaron sobre ella desde su llegada a Siria.

Pero fue su temerario intento de alcanzar la ciudad prohibida de La Meca lo que escandalizaría a la «buena sociedad» del País Vasco francés y muy especialmente a los miembros de la familia d'Andurain. Marga, divorciada ya de su marido, se había casado con un beduino y convertido al islam para conseguir su descabellado propósito. Su relato en *Le Courrier de Bayonne* titulado «Maktoub» (en árabe, «Lo que está escrito») describía con todo lujo de detalles su reclusión en el harén del gobernador en Yidda (Arabia Saudí) al serle finalmente denegado el permiso para viajar a La Meca, la muerte en extrañas circunstancias de su esposo musulmán y su ingreso en los sórdidos calabozos de la cárcel acusada de haberlo asesinado.

En aquel año de 1934, cuando Marga narraba su dramática epopeya desde su exilio en París, tenía cuarenta y un años y atravesaba un difícil momento personal: se había librado de morir lapidada en Arabia Saudí pero se encontraba en Francia sin pasaporte y las autoridades le negaban el permiso para regresar a Siria, donde aún se encontraban su ex marido y uno de sus hijos. La publicación en la prensa de su increíble aventura no tenía otro propósito que llamar la atención sobre su caso y conseguir un visado para regresar con los suyos.

Para la mentalidad puritana de la familia de Marga, que su escandalosa vida ocupara las portadas de los periódicos franceses resultaba vergonzoso. Durante los meses de mayo y junio en que *Le Courrier* publicó sus andanzas en Oriente Próximo, eran muchos los que madrugaban para hacerse con un ejemplar antes de que se agotara en los quioscos. En los años treinta, Marga d'Andurain se había convertido en un personaje muy popular del que todos hablaban en la tranquila ciudad de Bayona. Su madre, Marie Clérisse —fallecida en 1931—, no tuvo que soportar la deshonra de saber que su pequeña, educada en el catolicismo, había abrazado la fe de Mahoma. Sin embargo, sí se enteró en vida de las acusaciones de espionaje que pesaban sobre ella. Jacques d'Andurain, el hijo menor de Marga, que vivió hasta los once años con los abuelos maternos en Bayona, recordaba la reacción de su abuela cuando una mañana de 1927 recibió una carta desde Beirut en la que se le informaba de que su hija era «una espía que trabajaba para el Servicio de Inteligencia británico».

Mi pobre niño, reza por tu madre, reza por tu madre —le dijo Marie Clérisse mientras le pedía que se arrodillara junto a ella.

—Abuela, ¿es que mamá ha muerto?

—No, no ha muerto… aunque hubiera sido lo mejor. Ahora no puedes entenderlo, es demasiado horrible…

La madre de Marga nunca imaginó que aquella niña morena, de rostro dulce y grandes ojos negros que había dado a luz sería una «deshonra» para la familia. La pequeña, bautizada como Jeanne Amélie Marguerite Clérisse, vino al mundo el 29 de mayo de 1893 en el seno de una familia de la burguesía notarial de Bayona. Su padre, Maxime Ernest Clérisse, era un respetable magistrado que llegó a ser juez del Tribunal de Bayona; su madre —de soltera Marie Jeanne Diriart— pertenecía también a una ilustre familia de notarios y médicos de Saint-Palais y de Pau. La casa donde la pequeña daría sus primeros pasos, el número 25 de la rue Victor Hugo, se encontraba en una concurrida arteria comercial del casco antiguo, a pocos metros de la catedral gótica. Bayona, bañada por las aguas de los ríos Adour y Nive, era entonces una apacible ciudad de aire provinciano, con cerca de veintisiete mil habitantes, rodeada de murallas y fortificaciones que recordaban su turbulento pasado militar.

Marguerite era la tercera hija del matrimonio Clérisse —el hijo mayor Pierre (apodado Pitt) había nacido en 1887 y un año después vendría al mundo Mathilde— y desde su más temprana edad mostraría un espíritu rebelde que su madre intentaría aplacar sin éxito. Marga, ya en su madurez, atribuiría su precoz espíritu aventurero a su origen vasco y se sentiría la digna heredera de aquellos audaces capitanes que en el pasado surcaban los mares más bravíos en busca de fortuna. Según las crónicas, los Clérisse habitaban en el País Vasco francés desde hacía más de dos siglos y en este tiempo se habían convertido en una conocida y honorable familia de la burguesía de la región de Oloron-Sainte-Marie. Dueños de vastos dominios y granjas en arrendamiento con muchos trabajadores a su cargo, figuraban entre los más prósperos de la región. La mayoría pertenecían a la magistratura y aunque no tenían títulos nobiliarios se consideraban la «élite social». Los padres de Marga no cejaban en su empeño de buscar en sus respectivos árboles genealógicos algún ilustre antepasado que les aportara renombre y prestigio. Sin embargo, del lado de Marie Diriart, el más eminente de sus ancestros conocidos, cuyo retrato figuraba en un lugar destacado de su dormitorio de la casa de Hastingues, era el barón Arnaud d'Oyhénart. Este reconocido historiador y abogado vasco del siglo XVII era un célebre autor de libros de poesía y recopilaciones de proverbios en prosa vasca.

Por parte del señor Maxime, el más antiguo de sus predecesores era un comerciante de lana, originario de Normandía, que en el siglo XVII se instaló en la región de Oloron-Sainte-

Marie. A falta de notables en su árbol genealógico, el señor Clérisse se decía emparentado con la ilustre familia Labrouche, propietaria del castillo de Castillon en la villa de Tarnos, uno de los lugares más renombrados de la costa vasca a principios del siglo XX por su hipódromo y sus partidos de polo. Maurice Labrouche, alcalde de Tarnos de 1904 a 1919, estaba casado con una Clérisse, así que se consideraban primos.

Marga d'Andurain había nacido en un entorno marcado por la religiosidad y el respeto a la tradición. A finales del siglo XIX el País Vasco francés, era una sociedad rural, muy cerrada en sí misma, conservadora y ultracatólica. La Iglesia y los miembros más notables de la alta burguesía ejercían una gran influencia en sus habitantes. La joven Marga nunca encajaría en ese ambiente burgués marcado por las convenciones sociales y pronto repudiaría el papel previsto para una señorita de su clase: «Me destinaron, así como a muchos de mis antepasados, a los apacibles gozos matrimoniales y provinciales, en alguna subprefectura de los Bajos Pirineos, con la diversión de las vendimias en el campo y los baños de mar en Biarritz o en San Juan de Luz. Sin embargo, desde mi más tierna infancia, no sé qué oculto atavismo me marcaba algunos gustos particulares. Cierto, al principio fui una niña pequeña deferente con sus padres y responsable de mis deberes religiosos y escolares; pero en realidad, la obediencia siempre me molestó».

Las ambiciones de la menor de los Clérisse iban mucho más allá de las cuatro paredes del hogar. Se sentía impulsada por una fuerza extraña para afrontar desafíos: viajar por el mundo, llegar a lugares prohibidos y algún día escribir un libro sobre sus aventuras, como su admirada Ella Maillart, la famosa viajera suiza enamorada de Asia y notable escritora de viajes, que inspiró a toda una generación de mujeres.

Los Clérisse eran fervientes católicos, convencidos monárquicos y declarados antisemitas. Sus radicales ideas políticas y religiosas los habían llevado a formar parte de L'Action Française, un movimiento político francés fundado en 1898 que, entre otras cosas, abogaba por la restauración de la monarquía en Francia. El señor Maxime y su esposa ostentaban, respectivamente, los cargos de presidente y presidenta de los «Messieurs et Dames Royalistes et d'Action Française» de Bayona. Esta responsabilidad les daba un importante prestigio social y les permitía codearse con la nobleza vasca y los miembros más influyentes del clero francés adscrito a esta doctrina. Los Clérisse eran asiduos lectores de *L'Action Française*, periódico fundado por Charles Maurras, ideólogo de este movimiento, que desde sus páginas combatía la República laica. En diciembre de 1926, el papa Pío XI condenaría y prohibiría esta publicación que tenía una gran influencia en la juventud católica, lo que causó gran conmoción en sus seguidores, entre ellos Marie Clérisse, viuda desde hacía un año.

En el número 1 de la rue Thiers de Bayona, los padres de Marga celebraban por separado sus reuniones sociales. En los espaciosos y elegantes salones de esta casa, donde el señor Maxime tenía su despacho de magistrado, los hombres discutían apasionadamente sobre política mientras fumaban y bebían algún licor. En 1894 el polémico asunto Dreyfus, el caso del oficial judío que un consejo de guerra juzgaba por traición y cuyo arresto había conmocionado a toda Francia, era el principal tema de conversación. Desde su detención los Clérisse estaban convencidos de la culpabilidad de Alfred Dreyfus, simplemente por el hecho de ser judío. Tras un proceso que se caracterizó por la falta de rigor, Dreyfus fue condenado como traidor y desterrado a perpetuidad a la Colonia Penal de la Isla del Diablo y además fue degradado. Para la familia del detenido estaba claro que el proceso había sido injusto y que se había tomado a Dreyfus como chivo expiatorio para pagar las culpas de la derrota de Francia en la guerra de 1870 contra Alemania. Su inocencia no quedaría probada hasta 1906, cuando la Corte de Casación reconoció oficialmente la ausencia de toda culpa y lo restituyó en sus cargos militares.

En un salón contiguo al de los caballeros, las señoras hablaban de religión e intercalaban algún que otro chisme. La madre de Marga invitaba cada semana a distinguidas damas de la alta sociedad para tomar el té y ponerse al día sobre los asuntos de la Iglesia. En una época en que las mujeres no tenían derecho al voto —en Francia no lo conseguirían hasta 1944— y vivían bajo la autoridad del padre o el esposo, estas tertulias eran uno de sus escasos alicientes permitidos, aunque sólo se hablara de religión y moralidad. Madame Clérisse y sus invitadas, todas ellas vestidas con encorsetados trajes largos de riguroso negro y guantes de seda, dedicaban la tarde a charlar sobre sus obras de caridad, a comentar el último sermón o a definir con énfasis cómo debían comportarse los curas, dentro y fuera de la iglesia.

Madame Clérisse sentía un oculto desprecio hacia los jóvenes curas de la parroquia, en su mayoría hijos de humildes familias campesinas, y no dudaba en ponerlos en evidencia cuando no le simpatizaban. Su nieto Jacques d'Andurain recordaba una anécdota que da una idea del carácter «dominante y clasista» de su abuela materna. En una ocasión un tímido sacerdote, cuyos estudios religiosos había costeado la familia Clérisse, visitó a la madre de Marga en su casa de veraneo del pueblo de Hastingues. Tras agradecerle su bondad y todos los favores recibidos, el joven se ofreció a ser su guía espiritual y a aconsejarla en los asuntos divinos. La señora Marie Clérisse, que estaba sentada en su butaca del salón, a punto de echar una siesta, ofendida ante semejante intromisión en su vida le indicó la puerta de salida mientras le recordaba con voz firme: «No olvides que en esta casa sólo eres el hijo de Rose, nuestra criada».

Marga creció muy deprisa atrapada en el ambiente asfixiante de su casa de la rue Victor Hugo, gobernada con mano dura por su madre. Su terquedad y desparpajo desesperaban a la señora Clérisse, que hubiera deseado una hija más obediente y complaciente. Su rebeldía fue bastante precoz: a los tres años se escapó de su casa, pasó orgullosa ante un centinela que custodiaba el antiguo polvorín de Bayona y se ocultó bajo un puente mientras su familia la buscaba durante horas por toda la ciudad. Para la pequeña, que parecía no tenerle miedo a nada, los paseos —prohibidos por sus padres— en la bicicleta de su hermana, demasiado grande para ella, y las escapadas a la verde campiña eran su única evasión. A medida que cumplía años, su madre observaba con cierta preocupación que era una niña muy distinta de las demás: inquieta, imaginativa y llena de curiosidad… el polo opuesto a sus dos hermanos, Mathilde y Pitt, más tranquilos y dóciles.

No se conservan muchas fotos de Marga en su infancia, tan sólo un retrato de familia fechado hacia 1896. En el centro de la imagen, tomada en un estudio, se ve a la abuela materna de Marga, Victoire de Portal, rodeada de sus tres hijos: Marguerite, Charles y Marie Diriart con su esposo Maxime Clérisse.

Marga, que tendría unos cuatro años, está sentada sobre las rodillas de su madre; con el ceño fruncido, mira desafiante a la cámara con sus profundos ojos. Mientras sus hermanos, acomodados en el suelo, se muestran relajados, ella parece sentirse incómoda y malhumorada vestida con un pulcro traje blanco almidonado con cuello de encaje y un lazo en el cabello.

En *Le Mari-Passeport* habla muy poco de sus primeros años, quizá porque la suya fue una infancia solitaria alejada de sus seres queridos. De los cinco a los quince años estaría interna en distintos colegios y pensionados, a cual más estricto. Reconocía, eso sí, ser una niña muy independiente a quien no le gustaba que le dieran órdenes ni su madre ni la larga lista de gobernantas que desfilaron por la rue Victor Hugo. Le costaba aceptar la disciplina que le imponían y por si esto fuera poco, otra de sus cualidades era la sinceridad, siempre decía lo que pensaba: «Me llamaban San Juan "Boca de Oro" por mi brutal sinceridad». Esta sinceridad le traería serios problemas en su entorno familiar, donde había que cuidar siempre las apariencias y evitar los escándalos.

En la época en que nació Marga no se esperaba que una muchacha fuera inteligente y tuviera personalidad, sino que se mantuviera pura y cándida. La madre de Marga, mujer autoritaria y sumamente conservadora —su vida venía marcada por las misas diarias y la oración—, consideraba que el comportamiento de su hija era totalmente inapropiado para alguien de su clase social. Se sentía incapaz de manejar a aquella niña de fuerte carácter y agotadora vitalidad.

Como todas las madres en su tiempo era la encargada de la educación de sus hijos, a los que tenía el deber de inculcar los valores que ella tanto defendía. El programa educativo de Marga incluía el respeto a la autoridad masculina (primero al padre, después al marido) y a los valores religiosos. La joven aprendería en casa dibujo, música, bordado, entre otras artes menores destinadas a hacer más agradable la vida del futuro esposo. Marga demostró ser una hábil costurera y según su madre tenía «dedos de hada». También le gustaba tocar el piano, la decoración de interiores y los pequeños trabajos manuales, aficiones que le serían muy útiles durante su estancia en Siria, cuando tuvo que remodelar un hotel abandonado en medio del desierto.

«Pronto ya no pude controlar mi indisciplina; la docilidad que, a pesar de todo, seguía mostrando, se fue convirtiendo en una violenta insubordinación. Se hizo necesario buscar una solución adecuada a este anarquismo infantil. Mi familia decidió internarme en un convento: tenía nueve años cumplidos», escribiría Marga con su habitual franqueza en uno de los capítulos sobre su vida publicados en *Le Courrier de Bayonne*. A la señora Clérisse el inconformismo de su hija le parecía un grave defecto que había que corregir, y pensó que quizá las hermanas religiosas fueran capaces de calmar su fogoso temperamento. Pero el intento fracasaría; ni las monjas más severas conseguirían que la niña sentara la cabeza y cambiara de actitud: «A los educadores y educadoras —se lamentaría Marga— no se les ocurre conquistar los espíritus inconformistas con la persuasión, la dulzura y la bondad. Se echa mano de la fuerza, sistema que, sin embargo, parece estar en quiebra. Conmigo no obtuvo ningún éxito».

En los años siguientes Marga recorrió un buen número de prestigiosas instituciones religiosas en el País Vasco francés: las hermanas de Notre-Dame de Sion en la Villa Pia de Bayona, las Ursulinas de Pau y las religiosas de Sainte-Quitterie en Airesur-Adour, en el departamento de Las Landas. De todas ellas fue expulsada antes de finalizar el año por «desobediencia, violación de las reglas, inducción a la revolución y mala conducta». Le costaba aceptar la rígida disciplina que imponían las monjas y se enfadaba al no poder dar nunca su opinión sobre las cosas. A Marga no le resultó nada fácil adaptarse a la vida monótona tras los muros de un convento, a la férrea vigilancia de las monjas, a los rezos vespertinos, a las misas de los domingos y a vestir los horribles uniformes que las hacían parecer a todas iguales. Fue una etapa muy dura de su vida que marcaría a fuego su personalidad.

Para una mujer beata como la señora Clérisse el comportamiento de su hija sólo tenía una explicación: si la niña desafiaba a las religiosas, si le daba la espalda a Dios y a sus instituciones es que el Diablo se había apoderado de ella. Sólo había una solución para salvar su alma antes de que fuera demasiado tarde: practicarle un exorcismo. El rito del exorcismo se celebró en una de las capillas de la catedral de Bayona y en la más estricta intimidad. Se cuenta que cuando Marga oyó decir al sacerdote el famoso *Vade retro Satana*, se echó a reír ante la mirada horrorizada de su madre.

Tras este ritual no hubo ningún milagro y Marga, que contaba trece años, siguió mostrándose tan díscola e indisciplinada como siempre. Madame Clérisse, desesperada al no saber qué hacer con su hija, decidió internarla en las Ursulinas de Fuenterrabía, Guipúzcoa. Las órdenes religiosas españolas tenían fama de ser más severas y competentes que las francesas. Así que Marga hizo una vez más la maleta y cruzó la frontera para continuar sus estudios en el nuevo convento; fue la primera vez que completó el año escolar. Un hecho que Marga recordaba con orgullo, pues aunque tenía fama de rebelde no se consideraba ni perezosa ni mala alumna: «Una de las pocas veces en las que pude finalizar el año escolar fue en el convento de las Ursulinas, donde conseguí todos los premios de la clase, menos el de buen comportamiento. Volví a casa con una pila de libros dorados, una corona de laurel como una emperatriz y el abrazo, muy piadoso, de monseñor Gieure, obispo de Bayona, que había venido a presidir la entrega de premios de las Ursulinas de Fuenterrabía». Fue justamente en este convento español donde sus compañeras y las mismas religiosas comenzaron a llamarla cariñosamente Marga, nombre que adoptaría para el resto de su vida.

Al cumplir los dieciséis Marga d'Andurain se había convertido en una joven atractiva, estilosa y desenvuelta que seguía rechazando las normas que trataban de imponerle. Aunque no era una mujer guapa, cautivaba a los que la conocían por su simpatía y espontaneidad. De tez morena, rostro anguloso y cabello negro ondulado que siempre llevaba muy corto, tenía unos expresivos ojos castaño oscuro y la nariz grande y aguileña, que acentuaba su fuerte personalidad. Esbelta, de metro sesenta y cuatro, resultaba muy seductora a los hombres. En las fotos que se conservan de ella en el álbum familiar aparece siempre vestida a la última moda —incluso cuando vivía en medio del desierto sirio—, luciendo ceñidos trajes de chaqueta cruzados, zapatos de tacón alto, boas de piel al cuello y originales sombreros.

Durante el año escolar Marga vivía en la casa de Bayona, pero en vacaciones la familia se trasladaba a Hastingues, en Las Landas, a treinta y seis kilómetros de Bayona. Con apenas doscientos habitantes esta antigua villa inglesa fortificada del si-

glo XIV, rodeada de extensos campos de cultivo regados por los
ríos Pau y Oloron, era un tranquilo lugar de reposo. Aquí, a un
paso de la plaza mayor y la iglesia, la familia Clérisse poseía una
solariega mansión de muros de piedra conocida como Villa Le
Pic. En esta vivienda de tres plantas y diez habitaciones, con un
cuidado jardín y unas magníficas vistas al río, Marga pasaba los
veranos con sus hermanos. Cuando estalló la Primera Guerra
Mundial la familia se refugiaría en esta casa y allí nacería Jacques, el hijo pequeño de Marga.

Junto a Villa Le Pic y separado sólo por un muro de piedra
se levantaba el castillo de d'Estrac, propiedad de Henri Clérisse,
un primo del padre de Marga. La antigua fortaleza había sido
en 1661 una noble mansión que perteneció a Bertrand d'Estrac, consejero y secretario de la Corona de Navarra. En el siglo XIX, la mansión se remodeló y agrandó hasta convertirse en
un castillo con un enorme jardín de árboles centenarios donde Marga jugaba con sus primas. Además de leer y pintar, lo
que más le gustaba en vacaciones era ir de picnic cerca del río,
explorar los estrechos canales de los pantanos tapizados de ne-
núfares, donde era posible observar gran cantidad de aves, o
recorrer los polvorientos caminos vecinales en una elegante
calesa tirada por su caballo Guapo. La familia Clérisse, al igual
que la gente de su posición social, también elegía las playas de
Biarritz para sus vacaciones estivales. Marga, amante del sol y la
vida al aire libre, disfrutaba de los baños de mar y los paseos por
la playa en esta famosa localidad donde muy pronto conocería
al hombre que se convertiría en su esposo.

En el año en que Marga nació, en Francia se había instau-
rado la III República para descontento de los nostálgicos monárquicos, como el matrimonio Clérisse, que soñaba con ver de

nuevo a un rey en el trono de su país. Mientras ese improbable día llegaba, los habitantes de Biarritz y toda la costa vascofrancesa desde Hendaya a Bayona, la Côte d'Argent, vivían aún con el recuerdo de la Belle Époque, cuando una buena parte de esta región se convirtió en un importante destino turístico gracias a la presencia de la emperatriz Eugenia de Montijo.

En 1853 la española Eugenia María de Montijo de Guzmán se casaba con el aristócrata Napoleón III. Desde ese instante la hermosa y joven aristócrata animaría a su esposo a acompañarla a su lugar de veraneo predilecto: las playas doradas de Biarritz. Napoleón, tras pasar con Eugenia el verano de 1854 en el castillo de Grammont, en el barrio de Saint-Marin de Biarritz, se enamoró del lugar y decidió construirle a su amada un palacio de verano frente al mar. En apenas diez meses se levantó el magnífico palacio de estilo Luis XIII conocido como Villa Eugenia, hoy el famoso Hotel du Palais de Biarritz. Durante dieciséis años —salvo de 1860 a 1869— la pareja imperial no faltaría a su cita, arrastrando con ellos a la corte y a las personalidades más importantes de su tiempo: reyes, aristócratas, escritores y políticos de renombre mundial. Los bailes, las fiestas, los cruceros, los picnics campestres, los fuegos artificiales se sucedían sin interrupción en este pequeño pueblo de pescadores que pronto, y de la mano de la emperatriz, se transformaría en el más lujoso balneario de toda la costa atlántica, residencia favorita de vacaciones para la realeza.

Las vacaciones estivales en Biarritz, para las señoritas de la burguesía vasca como Marga, transcurrían tranquilas dentro del recato y el decoro impuesto por sus padres. Las mañanas se dedicaban a los baños de mar y a dejarse ver por el paseo luciendo elegantes vestidos de lino blanco y protegiéndose del sol

con sombrillas de encaje; en las tardes se visitaba a las amistades en sus residencias de verano o se quedaba para tomar un
chocolate en la elegante terraza de Chez Dodin, siempre en
compañía de un familiar o de una sirvienta. Las noches eran
propicias para conversar en las terrazas de las hermosas villas del
paseo, ocultas tras jardines de aromáticas flores, y sentarse en có-
modos sillones de mimbre contemplando la luna en el horizonte del mar. Marga, casi siempre interna en algún colegio
religioso, soñaba con la llegada de las vacaciones y la posibilidad de divertirse en Biarritz con sus primas, aunque fuera
bajo la atenta mirada de la señora Clérisse, que ejercía siempre
de carabina.

Los padres de Marga, decepcionados por la conducta de su
hija que no habían conseguido corregir ni las religiosas españolas, ahora se enfrentaban a otro problema: buscarle un marido.
Marie Clérisse sabía que no iba a resultar nada fácil que un
hombre quisiera casarse con una joven tan independiente y
petulante. Pero Marga era imprevisible y muy pronto iba a
encontrar un esposo aunque para ello tuviera que invocar
a los espíritus del más allá. Por fortuna, madame Clérisse nunca se enteraría de la afición de su hija por el espiritismo y las
ciencias ocultas, tan en boga en aquellos años, porque de ser así
hubiera tenido una prueba más de que el Diablo la guiaba por
los caminos del pecado.

Desde muy joven, Marga tuvo la certeza de que acabaría
casándose con un hombre importante, con título, y en su ado-
lescencia deseaba saber quién sería el elegido. Aunque no quería ser como las demás mujeres ni depender toda su vida de los
antojos ni del dinero de un hombre, en su interior sabía que
el matrimonio era una vía de escape. Decidida a descubrir el

nombre exacto de su marido le propuso a su prima Colette participar en una sesión de espiritismo, y a través de las «mesas giratorias», cuyos golpes y movimientos correspondían a las letras del abecedario, conocer cuál sería su futuro matrimonial.

—¿Con quién me casaré? —preguntó Marga en tono solemne.

La mesa no tardó en responder y señalar con golpes las iniciales PIERREDA. Marga, tras repasar con su prima la lista de los nombres de las familias más ilustres de la región que pudieran coincidir con estas letras, supo en seguida de quién se trataba.

—Es Pierre d'Arcangues —exclamó excitada—, no es necesario averiguar más.

El marqués Pierre d'Arcangues, de veintitrés años, estaba considerado en aquel tiempo «el mejor partido de todo el País Vasco francés». Su familia, de origen español y rancio abolengo —cuyo título nobiliario había sido homologado por Napoleón III para complacer a su esposa Eugenia—, era propietaria de un impresionante castillo en el tranquilo pueblo que llevaba su nombre. El apuesto Pierre d'Arcangues, hombre polifacético, escritor, poeta y autor de comedias musicales, se convertiría en el perfecto anfitrión del castillo familiar organizando fastuosas fiestas y bailes que reunían a los miembros más destacados de la nobleza y la cultura francesas. Marga nunca llegó a conocer al marqués d'Arcangues, pero otro Pierre, que no poseía un título nobiliario ni era tan rico, se cruzó un día en su camino.

Marga acababa de cumplir dieciséis años cuando se encontró con un primo lejano, Pierre d'Andurain, en la playa de Biarritz. Apenas lo recordaba porque llevaba unos años fuera del país y las veces que los había visitado en su casa de Bayona ella era apenas una niña no autorizada a sentarse a la mesa con los adultos. «Me gustó de inmediato y le invité al campo para que asistiera a una representación de una comedia que íbamos a interpretar un grupo de amigos; desde ese momento visitaba con frecuencia nuestra casa. La decisión de casarnos fue sólo nuestra», escribiría Marga. Animada por haber encontrado al hombre cuyas iniciales coincidían con las que le habían vaticinado las mesas giratorias, decidió al poco tiempo casarse con Pierre. Sin embargo, no había contado con un pequeño detalle: aún no había cumplido la mayoría de edad y necesitaba el consentimiento de su padre. El día que Marga conoció a su futura suegra en la casa de verano de Hastingues se peinó con un moño para parecer mayor y llevaba un vestido largo de su prima: «Mi misma madre casi no me reconoció, de lo rara que iba arreglada para parecer mayor. Tan pronto terminó la entrevista, me puse mi falda corta, me solté el cabello y me dediqué a mis ocupaciones habituales, que eran entonces la equitación y subirme a los árboles».

El señor Maxime Clérisse, a sus sesenta años y jubilado de la magistratura, era un hombre de firmes convicciones y estricta moralidad. Su hija pequeña había sido motivo constante de preocupación desde su infancia; al igual que su esposa, nunca supo cómo tratar a aquella chiquilla tan difícil y distinta de su hermana Mathilde. Cuando conoció por boca de su esposa los planes de boda de su hija mostró su total desacuerdo. «Mi padre se opuso, objetando mi extremada juventud, mi carácter inestable, mi falta absoluta de experiencia y de espíritu práctico. Además, Pierre d'Andurain no tenía posición.»

El matrimonio Clérisse se sentía decepcionado con la elección de Marga, pues tenían la esperanza de casar a sus dos hijas con hombres ricos e influyentes de la región, a poder ser nobles. Sabían que Pierre d'Andurain pertenecía a una familia de antiguo linaje, que su castillo familiar dominaba las fértiles tierras de Mauléon y que la mayoría de sus parientes estaban bien situados. Pero también sabían que, salvo el castillo y algunas tierras, no tenían una gran fortuna ni títulos nobiliarios. El atractivo Pierre, por el que suspiraban las muchachas, no era lo que por entonces se entendía como un buen partido.

Pierre d'Andurain había nacido en Lyon (Rhône) en 1881. Era el segundo hijo de Jules d'Andurain, oficial de caballería condecorado con la Legión de Honor, y Marguerite Chanard de la Chaume. Era un hombre apuesto, de cabello rubio castaño y ondulado, y unos impresionantes ojos azules. Aunque no era demasiado alto tenía buena planta, modales exquisitos y un aire distinguido. Parecía un auténtico caballero victoriano: encantador, deportista, elegante y atento con las mujeres. Educado desde niño en el respeto a la Iglesia y al Ejército, su padre siempre consideró que no tenía aptitudes para la carrera militar. Mientras Jean, su hermano mayor —más alto y bien parecido—, llegó a convertirse en oficial de caballería y formó parte del 8.º Regimiento de Dragones, Pierre tuvo que conformarse con vivir a la sombra del héroe de la familia.

Cuando aquella mañana en la playa de Biarritz Marga conoció a su encantador primo Pierre, éste era un joven soltero «sin profesión» que vivía de algunas rentas. Los dos compartían aficiones como la música, la literatura y el amor por los viajes a exóticos países, aunque para él su gran pasión eran los caballos y jugar al polo. Su sueño, de lo más romántico y caballeresco, era dedicarse a la cría de caballos y vivir en una hermosa finca rodeada de extensos campos, como habían hecho algunos de sus antepasados. El gusto de la familia d'Andurain por la genealogía les hacía decirse emparentados con un tal Céspedes Undurein, quien al parecer había partido a Tierra Santa desde Roncesvalles en la Segunda Cruzada, hacia 1147. En el siglo xv los d'Andurain se establecieron en la región del valle de la Soule, cuya capital era Mauléon. El castillo d'Andurain de Maytie que dominaba la región de Mauléon-Licharre fue propiedad de la familia en 1798 cuando Jean-Julien d'Andurain contrajo matrimonio con Victoire de Meharon, heredera de Maytie. Pierre era la cuarta generación de una familia cuyo castillo, mandado edificar por el obispo de Oloron, Arnaud I de Maytie, en el siglo xvii, aún sigue en pie y es uno de los edificios de estilo renacentista más notables del País Vasco francés.

Puestos a encontrar algún ilustre ancestro, Pierre d'Andurain tenía en el pasado un glorioso caballero de las cruzadas y un castillo de Maytie, en el que nunca vivió y que tampoco pudo heredar a la muerte de su padre en 1907. El señor Clérisse no se equivocaba, Pierre no tenía fortuna y dudaba que su carácter, más bien tímido y flemático, pudiera hacer feliz a su apasionada y voluble hija. Marga y Pierre formaban una magnífica pareja pero no podían ser más distintos. Su futuro esposo era doce años mayor que ella y vivía anclado en el pasado; era un hombre de honor y de principios que simpatizaba con L'Action Française. Todos los convencionalismos sociales que Marga detestaba a él le agradaban porque formaban parte de su mundo. Pierre había crecido en un entorno donde el trabajo era algo reservado a los criados, una ocupación denigrante; en su familia todos ostentaban con orgullo el título de «sin profesión». El señorito Pierre quizá pensaba que la dote de su esposa les daría para poder vivir holgadamente, pero se equivocaba.

A pesar de que la relación de Marga con su madre fue siempre tirante, cuando decidió casarse con Pierre ella fue su mayor apoyo. La señora Clérisse sabía que nada en el mundo haría cambiar de idea a su testaruda hija y en el fondo su prometido no le parecía una mala opción. Apreciaba sus buenos modales, la forma en que trataba a su hija y sus ideales políticos coincidían. En realidad la madre de Marga prefería un matrimonio a una huida o un embarazo antes de tiempo. Así que madre e hija se pusieron de acuerdo por primera vez e idearon una pequeña estratagema para convencer al padre: le dijeron que un amigo había prometido contratar a Pierre en una compañía de seguros tras el viaje de novios. El director de la compañía se prestó amablemente a esta comedia siempre y cuando la pareja, una vez casados, no le molestaran. Finalmente Maxime Clérisse acabó por aceptar la decisión de Marga sin mucho convencimiento y sabiendo que la oferta de trabajo de Pierre era una piadosa mentira.

Tras seis meses de objeciones el padre autorizó el matrimonio de su hija menor. Monsieur Clérisse, que de leyes sabía lo suyo —y para protegerla—, le impuso una única condición: que en el contrato de matrimonio constara una cláusula jurídica de régimen dotal. Marga, al casarse, entregaba una parte de sus bienes a su esposo con el fin de que éste los administrase de manera adecuada y con sus frutos mantuviera a la familia. La esposa sólo podría recuperar su dote a la muerte del marido o en caso de divorcio, algo impensable en aquel tiempo para una familia tan conservadora como los Clérisse. Conociendo el carácter voluble de su hija menor, intentaba garantizarle una independencia económica en caso de separación. Con la boda ya en marcha, el matrimonio Clérisse decidió que

Mathilde, que llevaba un tiempo comprometida con el joven Louis de Bertier, se casara el mismo día.

El 13 de febrero de 1911 a las cinco de la tarde las campanas de la catedral gótica de Bayona anunciaban la boda de las «niñas de los Clérisse». Todo un acontecimiento social en una ciudad como Bayona, donde casi nunca pasaba nada especialmente relevante. Los alrededores de la catedral de Sainte-Marie situada en lo alto de un cerro que dominaba el Adour y el Nive, en el corazón del casco viejo, se llenaron de curiosos. Las dos hermanas del brazo de su padre atravesaron el largo pasillo de la catedral bajo la atenta mirada de los numerosos invitados. En el altar, apenas iluminado por la tenue luz que penetraba a través de las magníficas vidrieras, los esperaba el obispo Gieure, encargado de oficiar la ceremonia. Monseñor François-Marie Gieure era toda una institución en Bayona y conocía a las muchachas desde niñas. Célebre por su temperamento autoritario (le apodaban el Coronel), el obispo no dudaría en condenar el comportamiento de Marga cuando en 1934 anunció en la prensa su conversión al islam. Pero el día de su feliz boda, vestida con un sobrio traje blanco de finos encajes, nadie podía imaginar que aquella joven romántica, de aspecto inocente, muy pronto se convertiría en una pesadilla para algunos destacados miembros de la burguesía, el Ejército y la cultura de la región, invitados a su enlace. Entre los testigos de la boda que aparecen en el acta de matrimonio de Marga, se encontraban ilustres personalidades como el escritor y poeta Henri de la Chaume (tío del esposo); Maurice Labrouche, alcalde de la ciudad de Tarnos; Jean d'Andurain, hermano del esposo y teniente en el 8.º Regimiento de Dragones, y por último Pierre Clérisse, hermano de la novia. Todos ellos honorables caballeros sin profesión conocida. Al abandonar la catedral de la mano de su flamante esposo, Marga había conseguido a sus diecisiete años su primer triunfo en la vida: casarse con el hombre que ella había elegido.

No hay ningún testimonio escrito que revele los sentimientos de la joven hacia su futuro esposo. Parece que en un primer momento se enamoró de Pierre aunque tras la noche de bodas se sintió bastante decepcionada porque su esposo no era lo «apasionado» que ella imaginaba. En sus memorias Marga menciona sobre todo su enorme deseo de emancipación, como si el matrimonio para ella no fuera otra cosa que una huida en toda regla. En aquel tiempo, el único medio que una señorita de buena familia tenía para abandonar el hogar era encontrar marido. Convertida en madame d'Andurain podía disponer libremente de su vida y no depender de la autoridad paterna. Los recién casados descubrirían muy pronto sus diferencias pero siempre se tendrían un profundo afecto. A los pocos meses de su boda, Marga reconocía con cierta tristeza: «Sin duda la naturaleza no parecía habernos destinado el uno para el otro, a pesar del gusto común que teníamos por los viajes y los países cálidos, lo que nos hizo tras la boda poner rumbo a España, Marruecos y Argelia, parándonos donde nos apetecía».

La joven pareja emprendió una larga luna de miel que los llevó desde España al norte de África. Justamente en Argel un amigo de Pierre le ofreció trabajar en una agencia de seguros, pero al enterarse de que era una filial de una sociedad alemana rechazó el trabajo porque creía que era «una traición a su patria». Cuando el 4 de diciembre de 1911 nacía en la ciudad argelina de Tlemcen su primer hijo, llamado Jean-Pierre (apodado Pio), tenían un difícil futuro por delante. Sin un trabajo

estable y sin apenas recursos económicos, Pierre y Marga trataban de mantener las apariencias. A pesar de sus apuros económicos seguían adelante con su rumboso estilo, sin renunciar al
servicio doméstico y alojándose en buenos hoteles.

En el verano del siguiente año el matrimonio regresó a
Francia habiendo gastado en el viaje todos sus ahorros y se ins-
talaron en la casa familiar de los Clérisse en Bayona. Los padres
de Marga, preocupados por el futuro de su hija y su nieto, de-
cidieron ayudarlos. Tras varias consultas ambas familias acorda-
ron que la pareja probara fortuna en América del Sur, un continente donde los aguerridos conquistadores vascos habían
fundado, entre otras, las ciudades de Montevideo, en Uruguay,
y Buenos Aires, junto al Río de la Plata. El destino elegido fue
Argentina, un país que en aquel siglo XIX se presentaba como
un El Dorado para muchos emigrantes. Era un territorio inmenso, rico y uno de los menos poblados del continente; en
plena expansión Argentina necesitaba sobre todo mano de obra
y miles de emigrantes europeos, en su mayoría españoles e italianos, llegaron a sus costas atraídos por una vida mejor. A
Marga, fantasiosa por naturaleza, la idea de aquel viaje le resultó
irresistible; Pierre, por su parte, pensaba que en la pampa podría
dedicarse a la cría de caballos, un trabajo noble y digno de un
hombre con su distinguido apellido.

En los inicios del siglo XX el viaje a América era largo y
muy costoso. Los Clérisse y los d'Andurain estuvieron de
acuerdo en colaborar pagando los pasajes. Aunque los grandes
barcos de vapor eran más confortables y seguros que antaño, la
travesía del Atlántico era toda una aventura. Las terribles tormentas, las largas escalas en puertos remotos, el sofocante calor,
iban a poner a prueba el coraje y el espíritu aventurero de

Marga. Aquel inesperado viaje a la Argentina era sólo el aperitivo de las increíbles hazañas que unos años más tarde protagonizaría en Arabia, cuando pensaba explorar regiones nunca pisadas por un occidental. El viaje al continente americano ya estaba decidido; Pierre partiría primero y, una vez instalado en la pampa argentina, su esposa se reuniría con él.

A principios del verano de 1912 Pierre desembarcaba en el puerto de Buenos Aires dispuesto a explorar las mejores tierras y a comprar una buena finca donde criar sementales. Seis meses después Marga, en compañía de su hijo Pio —de poco más de un año— y de su joven doncella, pisaba por primera vez tierras argentinas. La única noticia que ella tenía de su esposo era que se había instalado en un lugar cerca de la ciudad de Rosario. Si Marga se imaginaba viviendo en una solariega finca de estilo colonial, con sus patios y aljibes, rodeada de jardines y atendida por criados nativos, iba a sufrir una tremenda decepción.

Marga d'Andurain llegó a la Argentina en uno de aquellos imponentes barcos a vapor de gran tonelaje que a principios del siglo hacían la ruta de América del Sur y aunque no dejó constancia en un diario de los pormenores de su travesía, debió de ser una experiencia inolvidable. El viaje desde Europa a la capital porteña duraba tres semanas con escalas en Lisboa, Dakar, Pernambuco (hoy Recife), Bahía, Río de Janeiro, Santos (el puerto de São Paulo), Montevideo y Buenos Aires, donde se llegaba un día sábado. Bautizados con nombres legendarios como *Amazonas*, *La Plata* y *Magallanes*, estos navíos ofrecían a los pasajeros de primera clase el máximo confort y la última tecnología. Bien equipados, dotados de luz eléctrica, con una velocidad de diecisiete nudos (considerable para la época), eran auténticos transatlánticos de lujo. Para Marga el viaje a América era una aventura llena de romanticismo, un viaje rumbo a lo desconocido que le permitiría, al fin, abandonar su Bayona natal.

Tenía veinte años y era la primera vez que afrontaba sola un viaje al extranjero. Aunque la acompañaba su doncella —de su misma edad— y pudo disfrutar de un camarote de primera clase, la travesía sería larga y monótona. La inexperta viajera se tuvo que adaptar a la rutinaria vida en el barco y convivir con una tripulación compuesta por cien hombres y veinte oficiales. Gracias a su buen humor y entretenida conversación, es fácil pensar que Marga pronto se sentiría a sus anchas en aquel mundo eminentemente masculino. La presencia de mujeres no era muy corriente entonces, las damas que al igual que ella viajaban por mar a los países de América del Sur lo hacían para reunirse con sus esposos comerciantes, funcionarios o militares.

Los viajeros que podían permitirse el lujo de viajar en primera como la señora d'Andurain tenían a su disposición confortables y elegantes cabinas con un amplio salón y un completo cuarto de baño. La sala de música y el salón de fumadores eran comunes a la primera y segunda clase. En primera, el comandante del buque presidía la mesa en el elegante salón comedor, todo un honor para los pasajeros que habían pagado la nada despreciable suma de 750 francos por la travesía, propinas aparte. Entre los viajeros se encontraban ricos hacendados argentinos y brasileños atraídos por la fama de la buena cocina y los vinos franceses que se servían a bordo de los barcos de esta compañía; también había algunos oficiales de infantería que viajaban a Dakar, capital de Senegal, funcionarios de la Administración colonial francesa y misioneros que marchaban a al-

gún remoto lugar de la selva amazónica brasileña para evange-
lizar a los indígenas.

Para los que no podían pagar las elevadas sumas de un pasaje en primera clase —entre ellos la mayoría de los emigrantes vascos—, el viaje era una dura experiencia. El viajero francés
Edmond Garnier, que realizó la misma travesía que Marga desde Burdeos a Buenos Aires en 1909, escribiría en sus memorias:
«En la última clase, si se puede llamar así, estaba el entrepuen-
te. Como dormitorio, una parte de la bodega, con sus camas de
jergones de paja, sin sábanas; como refectorio, comedor y paseo, la parte delantera del barco, donde nos servían la comida en
material de campaña, los viajeros se lavaban sus platos y vajilla,
era la clase de los emigrantes, el precio del pasaje era mínimo,
allí estaban los vascos, que apenas sabían francés, de la región de
Bayona y de Oloron, con su blusa corta y su pequeña boina
azul, tan corriente en toda la Francia tras la guerra. Para pasar
el tiempo tocaban y bailaban danzas de su país, se los veía dar
vueltas castañeteando los dedos, acompañados de una guitarra… cuando los vascos acababan, era el turno de los españoles y los portugueses, que animados por este espectáculo tocaban el acordeón».

Los barcos que unían los puertos europeos con Buenos
Aires hacían varias escalas para proveerse de carbón y alimentos frescos, lo que permitía a los viajeros estirar las piernas y
entrar en contacto con otras culturas. La ciudad de Lisboa era
la primera parada obligada antes de que el barco pusiera rumbo
a Dakar, en la costa occidental africana. A partir de ese instante comenzaba la parte más dura de la travesía por las altas temperaturas, la humedad y las fuertes tormentas tropicales. Al cruzar el ecuador, el calor resultaba cada vez más sofocante y los

pasajeros pasaban buena parte del día en su camarote o en cubierta protegidos del sol. En aquellos años Dakar era un puerto de difícil acceso para los enormes transatlánticos de gran tonelaje que se acercaban a sus costas cargados de pasajeros; no había puertos de gran calado y los turistas que deseaban llegar a tierra tenían que hacerlo en pequeñas embarcaciones a vapor que los acercaban a la costa. Las excursiones desde el barco por tierras africanas eran toda una aventura, sobre todo para las recatadas damas europeas que se veían rodeadas de nativos, completamente desnudos, que vociferaban en lenguas extrañas y les ofrecían exóticos productos que nunca habían visto: piñas, papayas, mangos, aguacates... La exuberante naturaleza, los penetrantes aromas del África negra, la visión de sus alegres mujeres envueltas en preciosas telas, se quedarían para siempre grabados en la memoria de nuestra viajera.

Aunque los termómetros marcaran temperaturas superiores a los cuarenta y ocho grados, Marga, que amaba el sol, se encontraba a sus anchas paseando por cubierta y contemplando los magníficos atardeceres tropicales. En los siguientes días la travesía continuaba rumbo a Brasil, con escalas en las ciudades de Bahía y Río de Janeiro, donde los pasajeros disponían de veinticuatro horas para descender y visitar los lugares más típicos. En el último tramo del viaje, y tras dejar atrás Montevideo, los buques atravesaban las turbias aguas del Río de la Plata, tan ancho que parecía un mar. Desde la cubierta los pasajeros distinguieron con alivio Buenos Aires en el horizonte.

Al llegar al puerto y tras una minuciosa inspección sanitaria, Marga tramitó su visado de entrada al país. Cuando consiguió reunir su voluminoso equipaje y realizar los pertinentes trámites aduaneros, alquiló una carreta con conductor y se dispuso a partir para encontrarse con su esposo. Dejó atrás la hermosa capital que entonces contaba con un millón y medio de habitantes y era una auténtica Babel de gentes: españoles, italianos, ingleses, franceses, sirios, griegos, turcos, judíos polacos y rusos, llegadas en barco, como ella, de todos los rincones del mundo. Un Buenos Aires en plena transformación que pronto se convertiría en la capital artística y cultural de todo el continente. El París de América Latina, como algunos la llamarían, en los años veinte era una ciudad de amplias avenidas, elegantes tiendas, barrios residenciales de estilo parisino y un teatro de la ópera donde actuaban las más importantes figuras del *bel canto*.

El viaje de Marga en compañía de su doncella desde Buenos Aires hasta la villa de Rosario, en la provincia de Santa Fe, fue toda una epopeya. Pronto descubrió que había sido un error llevar tanto equipaje, incluidos los muebles, parte de su dote y el ajuar de boda. En los días siguientes recorrieron más de trescientos kilómetros de caminos polvorientos y desiertos a lo largo del río Paraná, preguntando en todas las etapas por el paradero de su esposo pues desconocían el lugar exacto donde se encontraba la finca. Finalmente alguien les informó de que el señor Pierre d'Andurain vivía en un lugar llamado Las Rosas, cerca de Rosario. En el camino, y para complicar las cosas, su doncella se enamoró de un hidalgo argentino y decidió quedarse con él.

Sólo se conservan dos pequeñas fotografías en color sepia y en muy mal estado del paso de los d'Andurain por tierras argentinas. En una se ve algo borrosa la que parece una granja rústica y un poco desvencijada, rodeada de algunos árboles y vegetación muy pobre; en la otra, Pierre está subido en lo alto de una carreta y posa junto a unos gauchos a su servicio. Para Marga, tan ilusionada con la aventura, descubrir este inhóspito lugar en medio de la nada, carente de comodidades y aislado de la gran ciudad, fue una gran decepción. Pierre tuvo que dedicarse a la cría de ganado, algo mucho más duro y menos noble que la cría de caballos criollos. Por fortuna contó con la ayuda de unos gauchos que trabajaban como peones para los dueños de las fincas. Estos rudos hombres del campo, que desde hacía siglos habitaban estas tierras aún despobladas y sin dueño, eran hábiles jinetes y expertos ganaderos. Los gauchos habían heredado de sus ancestros el orgullo y las ansias de libertad. Pierre creía que eran «los auténticos caballeros de la pampa» y admiraba su valor y hospitalidad. Por las noches solía reunirse con ellos junto al fuego y compartían un buen mate caliente mientras sonaban los acordes de una guitarra. Ellos fueron su única compañía hasta la llegada de Marga y el pequeño Pio.

Los dos largos años que Marga d'Andurain vivió en Argentina fueron especialmente difíciles: no tenía la ayuda de su doncella para cuidar al niño y estaba casi siempre sola. Aunque en un principio pudo entretenerse decorando a su gusto las habitaciones de su modesta vivienda, montando a caballo en compañía de Pierre, asistiendo a una jineteada o contemplando las impresionantes puestas de sol en la infinita llanura, pronto le invadiría la monotonía y la nostalgia. Se sentía aislada, lejos de la civilización y sin ningún aliciente. Pierre, el hombre en quien ella había puesto todas sus esperanzas, se mostraba indeciso y poco emprendedor; no le resultaba fácil aceptar que había fracasado en su empeño de hacer fortuna. En el futuro ella llevaría las riendas del hogar y se encargaría de los negocios. Pierre se limitaría a respetar —y a apoyar— las decisiones de su esposa, por muy descabelladas que éstas fueran.

Marga d'Andurain apenas habla en sus memorias de su estancia en Argentina, pero sin duda aquella dura experiencia la hizo madurar. Lo que nunca olvidaría fue el recuerdo más doloroso de su viaje: la extraña enfermedad que contrajo su hijo y que le hizo temer por su vida. Al parecer, «un extraño insecto puso sus huevos en el oído izquierdo del niño y las larvas al eclosionar le obstruyeron los canales semicirculares del cerebro». Los padres, alarmados, consultaron con varios médicos. El primero, un doctor incompetente, agravó el mal del niño con un diagnóstico erróneo; el segundo acertó en el tratamiento y consiguió curarle. Sin embargo, aunque el pequeño de tres años estaba fuera de peligro, el doctor les anunció que Pio nunca sería normal, «que seguramente tendría algunas deficiencias que serían notables cuando comenzara la escuela».

Pierre y Marga no consiguieron hacer fortuna como se esperaba de ellos en el país de las grandes oportunidades y además se gastaron los pocos ahorros que tenían. Fue en ese momento difícil de reproches y desengaños cuando un grave suceso que estremecería Europa cambiaría para siempre su destino.

2

En busca de fortuna

Para mi querida madre, trabajar era incompatible con la tradición familiar. El verme fabricar perlas falsas, vender muebles, decorar el interior de apartamentos, le resultaba una vergüenza. Nunca me lo perdonaría, pero en el fondo conservaba la esperanza de que un día me cansaría, y de que mi marido y yo regresaríamos a casa para llevar una vida digna y monótona en el seno de la familia.

MARGA D'ANDURAIN, *Maktoub*, 1934

A principios de agosto de 1914, Pierre d'Andurain, a sus treinta y tres años, estaba a punto de tomar una de las decisiones más importantes de su vida. Las noticias que llegaban a la remota finca de Rosario sobre la guerra que amenazaba Europa eran cada vez más confusas, hasta que los titulares de la prensa anunciaron lo que muchos temían. El 4 de agosto dio comienzo la Primera Guerra Mundial, y Pierre, que se tenía por un hombre leal y patriótico, decidió regresar a Francia y luchar por su país, ahora en peligro. Una mañana, sin avisar, le dijo a Marga que hiciera el equipaje:

—Regresamos a casa, intentaré arreglar todo lo de la finca y sacaremos los pasajes…

A Marga la noticia le pareció un maravilloso sueño; por fin podía abandonar aquel desolado lugar donde se había sentido desterrada dos largos años. Aunque le preocupaba que su esposo quisiera ir a la guerra, de nada le hubiera servido retenerle, «el deber le llamaba, sentía que en aquellos difíciles momentos debía estar con los suyos y nadie conseguiría hacerle cambiar de idea». Para sorpresa de sus amigos argentinos y compatriotas franceses —que prefirieron quedarse en Argentina hasta el fin del conflicto—, Pierre liquidó en pocas horas todos sus bienes, malvendiendo el ganado y la hacienda. La familia embarcó en el primer buque de la compañía Messageries Maritimes que partía hacia Europa; desde la cubierta Marga contempló aliviada, por última vez, la deslumbrante ciudad de Buenos Aires con sus edificios de principios de siglo recortados en el horizonte rectilíneo de la pampa, a orillas del Río de la Plata.

Cuando regresaron a Bayona, y de nuevo instalados en la casa de la abuela en la rue Victor Hugo, se confirmaron los más sombríos presagios: la guerra sembraba el terror en Europa y miles de hombres eran movilizados. Convencido como la mayoría de que la contienda duraría poco, Pierre reclamó un puesto en una unidad de combate. El hijo del honorable Jules d'Andurain, oficial de la Legión de Honor, no deseaba un puesto administrativo sino luchar en primera línea; conseguir, quizá, la gloria militar que su padre le había negado. Tras el fracaso en Argentina, Pierre tenía ahora la oportunidad de demostrar que era un hombre valiente y leal a su patria. Pero el úni-

co acto verdaderamente heroico en su vida estuvo a punto de
costarle un consejo de guerra.

Pierre se enroló en el Ejército y partió al frente de Verdun
sin saber que sería una batalla larga y sangrienta. Durante el
tiempo que duró la guerra la familia Clérisse se trasladaría a
vivir a Hastingues. Marga, con su hijo Pío, y Mathilde —madre de los pequeños Clément y Maïa— vivirían de nuevo juntas hasta el final del conflicto. Las dos hermanas, de caracteres
bien distintos, soportarían juntas la dolorosa separación de sus
maridos y la incertidumbre de volverlos a ver con vida. Pasaron
los meses y Marga apenas tenía noticias de su marido. Preocupada por lo que pudiera pasarle y convencida de que Pierre
nunca pediría un permiso por timidez o respeto a sus superiores, decidió ir a su encuentro. Corría el mes de enero de 1916
cuando le dijo a su madre que pensaba reunirse en el frente con
su esposo. Tenía entonces veintidós años, y aunque la familia intentó disuadirla por todos los medios, hizo la maleta y abandonó la casa dejando al pequeño Pío al cuidado de la abuela Clérisse.

Su plan era descabellado. Verdun, en los primeros días de
1916, era ya la antesala de un infierno donde los hombres
morían cruelmente en las trincheras. Para llegar al lugar donde se encontraba su marido tendría que atravesar controles
militares, campos convertidos en barrizales y exponerse a morir
bajo el fuego cruzado. Nadie sabe, ni ella lo explicó en sus
memorias, cómo se las ingenió para conseguir llegar al frente,
entrevistarse con el general comandante del sector y que éste
le permitiera ver a su esposo. Pierre era teniente del 49.º Regimiento de Infantería de Bayona destacado en la zona y en
aquellos días su unidad se encontraba de reposo. Es fácil ima-

ginar su sorpresa al ver aparecer a su mujer en medio del campo de batalla. En contra de lo que Marga esperaba, Pierre gozaba de buena salud y se había adaptado con aparente facilidad a la dura vida en las trincheras. Lo peor, sin embargo, estaba aún por llegar: un mes más tarde, y desde el 21 de febrero hasta el 19 de diciembre de 1916, los alemanes recrudecieron sus ataques arrasando las posiciones enemigas. Las cifras de bajas fueron escalofriantes: más de doscientos cincuenta mil muertos y quinientos mil heridos, muchos terriblemente mutilados, cegados por el gas, quemados por los lanzallamas o enloquecidos por las insoportables condiciones de la guerra en las trincheras. Cuando la señora d'Andurain regresó a Hastingues su «marcha al frente» estaba en boca de todos; su victoriosa aventura se había convertido en un nuevo triunfo de su inquebrantable voluntad.

En el seno de la familia Clérisse, la precipitada partida de Marga sólo tenía una explicación: que la joven estuviera embarazada —fruto de un amor adúltero— y quisiera justificar que el hijo que esperaba era de su esposo. Cuando nueve meses después de su famosa escapada, el 26 de noviembre de 1916, nacía en la casa de Hastingues un niño de pelo castaño y ojos claros muy parecido a su padre, los rumores se acallaron. El pequeño fue bautizado como Clément Maxime Jacques d'Andurain (aunque siempre le llamarían Jacques), en honor a su tío Clément d'Andurain de Maytie, célebre escritor de lengua vasca, que murió en uno de los combates de Verdún a los treinta y ocho años. Para la familia d'Andurain, Clément, nombrado Caballero de la Legión de Honor a título póstumo, era un héroe; todo un ejemplo de valor y entrega a la patria.

A mediados de 1916 la batalla de Verdun alcanzaba su punto culminante y el Ejército francés sufría los terribles bombardeos de la artillería alemana. Fue entonces cuando el teniente Pierre d'Andurain fue alcanzado por un obús que lo enterró vivo. Tras la terrible explosión, sus hombres comprobaron con alivio que no estaba muerto pero sufría un fuerte shock traumático. A raíz de este incidente, que a punto estuvo de costarle la vida, y convencido de que el obús que le había herido provenía de su propio campo, Pierre envió una señal al cuerpo de artilleros indicando que la línea de tiro era muy corta y que debían ampliarla para evitar que los obuses siguieran cayendo sobre ellos. Viendo que no tomaban en serio sus advertencias, se acercó furioso hasta el puesto de comandancia para telefonear al coronel de artillería que controlaba el sector y avisarle del error. El coronel, ofendido porque un subalterno le pusiera en evidencia, le respondió que sus cálculos eran exactos y le colgó el teléfono. El teniente Pierre d'Andurain, persona tranquila y que pocas veces perdía los nervios, montó en cólera y fue en busca del coronel. Cuando lo tuvo delante, sin mediar palabra le abofeteó en plena cara, ante la mirada perpleja de sus hombres.

Pierre estaba tan indignado de que se hubiera puesto en duda su palabra que no pensó en las consecuencias de aquella reacción. Tras el grave incidente se entregó prisionero. Sabía que con su conducta se arriesgaba a sufrir un consejo de guerra y se enfrentaba a la pena de muerte. Podía ser acusado de abandono del puesto frente al enemigo, de motín y de violencia contra un oficial superior. Pero aquellos valientes vascos que formaban el 49.º Regimiento de Infantería de Bayona, considerado uno de los mejores y más respetados del Ejército francés, testigos de lo ocurrido, le apoyaron de manera incondicional. El esposo de Marga evitó así el temido consejo de guerra y, declarado enfermo a causa de su accidente, fue enviado al País

Vasco para asegurar la vigilancia de la frontera francoespañola en Saint-Étienne de Baïgorry. Allí se reencontraría con Marga tras varios meses de separación y conocería a su segundo hijo, Jacques.

La guerra había entrado en su cuarto año, el más sangriento, y Marga, retirada en su casa de Hastingues, leía en los periódicos las inquietantes noticias. Cuando el 11 de noviembre de 1918 finalmente se anunció el armisticio, tras la alegría llegó el horror de las cifras: ocho millones y medio de muertos y miles de lisiados y heridos. Pierre había salvado la vida, pero era el único herido de guerra de la familia, algo que para su madre Marguerite Chanard de la Chaume, viuda de un veterano militar, y para su hermano Jean, oficial de caballería, constituía una deshonra. Jacques, el hijo menor de Marga, escribiría en sus memorias: «Desde ese momento, para el resto de la familia, y sobre todo para su hermano mayor Jean d'Andurain, diez centímetros más alto que él, bien parecido y seductor que lucía monóculo y un gran bigote, Pierre sería una vergüenza para la familia».

El 31 de diciembre de 1919, Pierre se reunió con Marga en Hastingues y durante un tiempo vivieron tranquilos en Villa Le Pic. Fueron meses de calma tras el horror de la guerra; Pierre se recuperó lentamente de sus secuelas mientras su esposa aprendía a pintar, daba paseos a caballo por el campo y disfrutaba de las maravillosas vistas que en días despejados permitían divisar desde los alrededores de su casa las cumbres nevadas de los Pirineos. El buen clima y la paz que se respiraba en este pueblo de Las Landas le ayudarían a olvidar los sangrientos recuerdos del campo de batalla. Marga, por su parte, tuvo mucho tiempo para pensar de qué manera podría ganarse la vida.

Aunque siempre se había mostrado optimista, ahora le preocupaba el futuro. A sus veintiséis años creía que ya había perdido bastante el tiempo y era el momento de tomar una decisión. Las dificultades de la posguerra, el accidente de su esposo, el nacimiento de sus dos hijos, los problemas económicos que los acuciaban la hicieron pensar seriamente en abandonar Bayona. Allí nunca podría trabajar, aunque lo necesitara, porque para su arcaica familia era algo mal visto, casi pecaminoso; por otra parte, el estado de salud de su esposo tampoco les permitía embarcarse en grandes aventuras.

Pierre no era un lisiado pero sufría de estrés postraumático y necesitaría todo el apoyo de Marga para superar la terrible experiencia que había vivido. Como él, muchos soldados y oficiales regresaron del frente con problemas psicológicos y sentimientos encontrados. Tanto en el bando francés como en el alemán, el Alto Mando había demostrado un desprecio absoluto hacia la vida de sus hombres. Pierre había visto a los soldados de su unidad morir en las trincheras húmedas y heladas, sin tener tiempo para enterrar sus cuerpos. Pero todos estos recuerdos eran tan dolorosos que se negaba a compartirlos con su esposa. Prefería refugiarse en sí mismo y dejar que el tiempo curase las heridas. Además, se sentía frustrado y resentido con su propia familia, que en aquellos momentos le había dado la espalda.

Fue en los días de retiro en Hastingues cuando Marga supo que ya no podría contar con su marido y que en adelante ella tendría que tomar las decisiones por los dos. Tras las penurias vividas y su forzosa reclusión en Villa Le Pic, deseaba a toda costa cambiar de vida y entusiasmarse con algún proyecto. Pero tenía dos hijos pequeños que mantener y un marido que se consideraba un fracasado porque no había sabido estar a la altura de lo que su familia esperaba de él. Marga pensó que podría trabajar sin que lo pareciera para no contrariar a sus padres: les diría que deseaba dedicarse a la decoración como mera distracción. Con el paso del tiempo madame d'Andurain sería una auténtica maestra en el arte de ganar dinero sin que nadie supiera muy bien a lo que se dedicaba. En su autobiografía confesaba su ardiente deseo de prosperar para poder llevar la vida cómoda que siempre había anhelado: «Nuestra situación financiera y la salud de mi esposo no nos permitían llevar la existencia vagabunda que habíamos llevado antes de la guerra. El gusto por el dinero era más acuciante a medida que nos empezaba a faltar [...]. No es que yo me volviera avara y me empeñara en acumular riquezas. Yo quería ganar dinero para darnos las satisfacciones que necesitábamos, para no tener que llevar una existencia mediocre; en realidad, para poder gastarlo a manos llenas».

A principios de 1920, Marga se instaló con su familia en París dispuesta a dedicarse en serio a la decoración. Por primera vez era dueña de su vida y no dependía de nadie. Tras los años infaustos de la guerra y ante un futuro bien incierto, al igual que miles de mujeres aspiraba a encontrar un empleo y a ganar algo de dinero. Estaba convencida de que en París tendría la oportunidad que andaba buscando. Pierre, que siempre admiró el valor y el espíritu emprendedor de su esposa, descubriría muy pronto que nadie como ella era capaz de sacarle partido a los contratiempos más inesperados.

Al inicio de la guerra, Francia era una gran potencia mundial con un importante imperio en África y en el sudeste asiático. La hermosa ciudad de París brillaba con luz propia sobre todas las demás; era el epicentro del arte, del buen gusto y del

saber vivir. Los espectáculos que se anunciaban en las cartele-
ras de los teatros eran un fiel reflejo de la intensa y variada oferta cultural que ofrecía la ciudad: en la Ópera de París triunfa-
ba el *Parsifal* de Richard Wagner y en los escenarios musicales
nombres como Debussy, Ravel, Stravinski o Mahler. Los Ballets
Rusos de Diáguilev con sus vibrantes fantasías y vanguardistas
decorados pintados por el genial Picasso dejaban atónito a un
público que no conocía aún el significado de la palabra cubis-
mo. Pero en aquel caluroso verano de 1914 la ciudad se quedó
casi vacía; se sucedían los atentados y el miedo reinaba en las
calles, donde sólo se veía a familias enteras con sus maletas intentando huir a algún lugar seguro. Las tiendas, los restaurantes,
los teatros y la ópera cerraron sus puertas por tiempo indefini-
do. La vida social se trasladó a las ciudades de veraneo como
Deauville o Biarritz; la elegante place Vendôme a un paso del
hotel Ritz parecía desierta, sólo la tienda de modas de Coco
Chanel, en la rue Cambon, se mantuvo abierta al público. En
las playas y los lujosos balnearios de Biarritz, donde Marga había pasado tantos veranos inolvidables con sus primas, la gente adinerada se entregaba al placer; la guerra para ellos quedaba muy lejos.

El París que Marga encontró cuando descendió del tren
con sus maletas en la Gare d'Austerlitz, acabada la guerra, era
una ciudad abandonada y triste, golpeada y traumatizada por
sus muertos: un millón y medio de franceses cayeron en combate. Las heridas tardarían en curarse, pero la ciudad poco a
poco recobraría su especial magnetismo y acogería con los brazos abiertos a estudiantes, artistas, escritores, intelectuales y a un
buen número de expatriados americanos y rusos que llegaban
en busca del refinamiento y la libertad que París representaba.

La hermosa ciudad junto al Sena resurgiría de sus cenizas y pronto sería de nuevo la capital de las vanguardias artísticas y de la tolerancia. Los teatros y la ópera levantaron el telón, se reanudaron las carreras de caballos y en los clubes nocturnos sonaban las mejores bandas de jazz. Se avecinaban los «locos años veinte» contra la tristeza y el dolor. Tras su aislamiento en Hastingues, Marga deseaba disfrutar de la agitada vida social parisina. En aquella ciudad que parecía no dormir nunca, la gente se divertía asistiendo a bailes de máscaras, cabarets y fiestas extravagantes que ayudaban a olvidar las penas del pasado.

La señora d'Andurain se reconocía en aquel nuevo modelo de mujer que acababa de nacer tras la guerra. Una mujer sin corsés, seductora, moderna, independiente y deportista que lo mismo podía conducir un automóvil que pilotar un avión —en 1934 Marga se sacaría el título de piloto en el aeródromo de Villacoublay— o asistir a las carreras de caballos. Cuando se instaló en su hotel junto a las ruinas de Palmira, en Siria, conduciría a toda velocidad por las polvorientas pistas de tierra batida al volante de su descapotable. Marga siempre fue una mujer moderna y una adelantada a su época.

En el fondo se identificaba, como tantas otras mujeres de su generación, con la protagonista de *La Garçonne* (La Machona), una novela publicada en 1922 y tachada de obscena, que conmocionó a la sociedad francesa de su tiempo y en pocos días se convirtió en un éxito de ventas. Influida por su lectura, quería emular a su heroína, Monique Lerbier, una muchacha de la aristocracia que rechaza el matrimonio de conveniencia al que la empujan sus padres, logra independizarse económicamente cuando va a vivir sola y se hace famosa como diseñadora de interiores defendiendo su derecho al amor libre. El libertinaje de su protagonista —que mantiene una relación lésbica con una cantante de music-hall— y los turbios escenarios donde transcurre la acción provocaron un auténtico escándalo en un país donde las mujeres no tenían derecho al voto.

El matrimonio d'Andurain vivió primero a las afueras de la ciudad, en la zona periférica de Saint-Cloud. La idea inicial de Marga era renovar apartamentos, situados en barrios céntricos y elegantes de la ciudad, decorarlos a su gusto y venderlos después muy por encima de su valor inicial. Pronto se daría cuenta de que con dos niños a su cargo, que además siempre se estaban peleando, no le resultaría fácil poder trabajar en el mundo de la decoración, una profesión nueva para ella que cada vez le absorbía más tiempo. Fue en aquel momento cuando tomó otra de sus polémicas decisiones: mandaría de regreso a Bayona a su hijo Jacques de cinco años hasta que pudiera hacerse cargo de él. El pequeño viviría en la casa de sus abuelos Clérisse, al cuidado de la tía Marguerite. Esta solterona afable, de rostro triste y envejecido a sus cuarenta y un años, era la hermana pequeña de Marie Clérisse y cuidaría de Jacques como si fuera su propio hijo. Tía Marguerite, a la que llamaban cariñosamente Mitioulotte, en su juventud había sido la prometida del juez Garrelong de Bayona. Las dos hermanas pensaban casarse el mismo día, pero ocurrió un hecho imprevisto. Tras la petición de mano, la enamorada Marguerite sufrió un terrible eczema que anuló sus posibilidades de matrimonio. Nunca abandonaría la casa de la rue Victor Hugo y haría compañía a su hermana hasta el día de su muerte en 1936.

Marga tenía la cabeza llena de proyectos pero no disponía del capital suficiente para hacerlos realidad. Tía Marguerite, al conocer sus problemas financieros, le propuso un acuerdo que no podría rechazar: ella le adelantaría la suma de dinero para comprar su primer apartamento parisino y a cambio Marga le dejaba a su cuidado al pequeño Jacques. En su Bayona natal fueron muchos los que pensaron que Marga había vendido a su niño para poder llevar una vida disipada en París. Jacques se despediría de sus padres sin entender muy bien los motivos por los que tenía que separarse de ellos. Hasta los doce años viviría en la casa de la abuela Clérisse, salvo el período de seis meses que pasaría en El Cairo donde entonces residían sus padres. Aquel niño tan guapo de ojos azules y cabello claro que estudiaba en los Hermanos de las Escuelas Cristianas de Bayona y que la abuela Marie Clérisse creía predestinado al sacerdocio, heredaría el espíritu rebelde de su madre: a los quince años se declararía ateo y comunista, y luego participaría activamente en la Resistencia francesa contra los nazis.

Las cartas que enviaba Marga a sus padres desde París cambiaban a menudo de dirección; poco a poco los barrios en los que residía eran más distinguidos, lo que indicaba su rápida escalada social. Primero compró un pequeño apartamento en la rue de Turin, lo vendió y compró otro en la rue de Miromesnil, antes de adquirir un espacioso piso en el número 29 de la avenue Henri-Martin, muy cerca de los Jardines de Trocadero y el Sena.

En aquellos tiempos de la posguerra en París, la gente tenía necesidad de encontrar un buen piso y los que se lo podían permitir invertían en inmuebles bien situados y remodelados con gusto. Incansable y llena de energía, Marga recorría a diario las tiendas de antigüedades, compraba muebles de época para repararlos, tapizaba viejos sofás con telas brillantes, arreglaba espejos y confeccionaba cortinajes. Su esposo Pierre la ayudaría en su nueva faceta de decoradora de interiores contratando a pintores, ebanistas y albañiles, en un tiempo en que era fácil y barato disponer de mano de obra. Por primera vez desde su luna de miel, los dos parecían felices y compenetrados dedicados al negocio de la decoración.

Gracias a su innegable buen gusto y estilo, Marga conseguiría transformar los pequeños apartamentos que iría adquiriendo en acogedoras viviendas llenas de encanto. Le gustaba mezclar el arte oriental con muebles antiguos restaurados, incorporando biombos chinos, mullidas alfombras orientales, grandes espejos dorados, deslumbrantes cortinas y confortables sofás. Era una especialista en mobiliario chino y, al igual que Coco Chanel, tenía debilidad por los antiguos biombos lacados. La famosa diseñadora de moda se enamoró de los biombos Coromandel hasta tal punto que, según sus propias palabras, «cuando los descubrí creí que iba a desmayarme». Procedentes de la provincia de Hunan y fabricados por maestros artesanos en el siglo XVIII, eran piezas únicas que llegaban a Francia desde las fábricas de las costas de Coromandel, en el sudeste de la India. Mademoiselle Chanel los solía instalar delante de las puertas de su elegante apartamento en el número 31 de la rue Cambon cuando invitaba a sus amigos a cenar para que se olvidaran de que se tenían que marchar. Marga se llevaría en todos sus viajes sus apreciados muebles lacados y biombos de flores con los que decoraría las innumerables casas y villas —de alquiler o prestadas por amigos— en las que residiría a lo largo de su errática vida.

Pero no duraría mucho tiempo su nueva faceta de decoradora de interiores; es cierto que había conseguido conquistar en poco tiempo los barrios más chics de París, pero gastaba más dinero del que ingresaba. Sus proyectos decorativos, cada vez más suntuosos, la llevarían a la ruina. Tras su fracaso en el mundo de la decoración, Marga, que tenía intuición a la hora de captar las tendencias y los gustos del público, decidió dedicarse a la moda. Para ella su cuñada Suzanne Clérisse, la esposa de su hermano Pitt, era todo un ejemplo. Suzie —como todos la llamaban— era la única persona en la familia Clérisse que trabajaba y se sentía orgullosa de ello. Atractiva, elegante y emprendedora, era *première* —primera costurera— en la casa de Madeleine Vionnet, una de las figuras más destacadas de la alta costura parisina en el período de entreguerras. Suzie se había casado con Pitt, héroe de la aviación que participó en misiones especiales y fue hecho prisionero por los alemanes. Al final de la guerra él se encontraba sin trabajo, algo que no pareció importarle mucho porque su esposa se ganaba bien la vida. Gracias al salario de Suzie vivían holgadamente y Pitt podía dedicarse a sus dos grandes aficiones: los coches nuevos y el buen vino. Para Marga, esta mujer, independiente hasta el punto de mantener a su familia, era el símbolo del éxito; para su padre, Maxime Clérisse, era «una deshonra para la familia». La joven nunca fue invitada por sus suegros a la casa de Bayona; para ellos su profesión era comparable a la de una prostituta. Aislados en su mundo, los padres de Marga ignoraban el renombre que tenía Madeleine Vionnet en París.

Madame Vionnet había nacido en el seno de una familia modesta y con una gran fuerza de voluntad llegó a lo más alto en el mundo de la moda. A los doce años tuvo que abandonar el colegio y aprendió corte y confección. Trabajó en varias casas de moda de París hasta que pudo abrir su propia tienda en 1912 en la rue Rivoli. El éxito que cosechó en los años veinte le permitió comprarse un apartamento en la avenue Montaigne, convirtiendo aquel bulevar hasta los Campos Elíseos en el corazón de la alta costura. Vionnet, inventora del corte al bies y de hermosos drapeados que hasta el día de hoy ningún modisto ha conseguido superar, sería recordada también por sus trabajadoras, que disfrutaron de unas condiciones que la ley no impondría hasta más tarde: breves descansos, vacaciones pagadas y ayudas en caso de enfermedad. Marga visitaba con frecuencia la casa de modas Vionnet y gracias a su amistad con Suzie siempre —incluso en pleno desierto— iría a la última moda.

En aquel París de la primera década del siglo xx los nombres de la alta costura eran femeninos; junto a Coco Chanel, que comenzaba a hacerse un hueco con una selecta clientela, triunfaban otras mujeres como Jeanne Lanvin y la gran Vionnet, de la que se decía era un duende con las tijeras. Todas trabajaban para una clientela adinerada, por lo general damas de gusto exquisito y muy exigentes, que además de valorar sus magníficos diseños y la calidad de sus cortes, sentían verdadera pasión por los complementos. Coco vendía muy bien sus inimitables sombreros sin apenas adornos, pero los accesorios, como las joyas, los cinturones y los bolsos venían del extranjero. Marga quería dedicarse a los complementos de moda, en un momento de auge de la alta costura, cuando el vestir con elegancia era sinónimo de opulencia. Había muchas mujeres dispuestas a gastar su dinero en trajes de noche, perfumes, coches deportivos y deslumbrantes joyas.

El collar de perlas estaba de moda en aquel París de «fiestas y champán» y las damas los llevaban largos con dos y hasta tres vueltas. Coco Chanel adoraba las perlas y contribuyó a que sus clientas las consideraran un complemento indispensable del buen gusto y la elegancia. En la mayoría de los retratos que le hizo su amigo el fotógrafo Cecil Beaton, la gran dama de la costura aparece luciendo en su esbelto cuello largos collares de perlas falsas: «Me gustan las joyas falsas porque las encuentro provocativas y pienso que es una vergüenza ir de aquí para allá con el cuerpo cargado de millones por la simple razón de que una es rica. La finalidad de las joyas no es hacer rica a la mujer que las lleva sino adornarla, lo que no tiene nada que ver», explicaba Coco. En realidad, la diseñadora puso de moda las perlas falsas porque no podía lucir en la calle los valiosos collares de perlas auténticas que le regalaron algunos amantes —entre ellos el duque de Westminster— sin que todo el mundo la mirase y más en una época de penurias.

A lo largo de toda su vida, Marga d'Andurain también sentiría predilección por las perlas. En uno de sus retratos más conocidos, el que aparece en *Le Mari-Passeport*, posa misteriosa con un sencillo collar de perlas. De naturaleza supersticiosa, no sólo apreciaba su brillo y textura sino las leyendas y los poderes que desde tiempos muy remotos se atribuían a estas gemas. Los antiguos egipcios y los chinos utilizaban las perlas como cosméticos y creían en sus propiedades curativas y afrodisíacas. Pensaban que la perla era un indicador fiable de la salud de quien la llevaba: se apagaba su brillo cuando su portador caía enfermo y perdía su oriente cuando moría. Para los habitantes del golfo Pérsico las perlas eran un símbolo del poder de la luna y les atribuían poderes mágicos. En los primeros años de la Edad Media los caballeros solían llevar perlas al campo de batalla, pues creían que la magia contenida en su suave brillantez los protegería de cualquier peligro. Para la señora d'Andurain, las perlas también eran algo más que un complemento de lujo y elegancia. No renunció a ellas ni cuando vivía en el desierto de Palmira porque las consideraba un amuleto protector.

Cuando Marga emprendió su arriesgado viaje a La Meca lo hizo, entre otros —y misteriosos— motivos, porque conocía el gran valor que tenían en Europa las perlas marinas, especialmente las del golfo Pérsico. Su idea inicial era visitar La Meca y proseguir viaje a través del ardiente desierto hasta las idílicas islas de Bahrein, famosas por la calidad de sus perlas nacaradas. Allí pensaba comprar grandes cantidades de perlas a los pescadores y venderlas en Francia a un precio muy superior. Marga siempre conservaría un stock de sus perlas falsas fabricadas en su casa de París y cuando necesitaba dinero sólo tenía que acudir a los bazares y venderlas. El día que desembarcó con su familia en Alejandría llevaba con ella cajas llenas de perlas y joyas que pensaba vender a las ricas damas inglesas y egipcias de El Cairo.

En mayo de 1920, mientras Marga intentaba fabricar la perla más perfecta, no muy lejos de París, en la Riviera italiana, se celebraba en San Remo la famosa conferencia donde los aliados victoriosos de la Primera Guerra Mundial se disponían a repartirse los territorios del antaño glorioso Imperio otomano. En aquella reunión, británicos y franceses elegirían su parte del suculento botín: una extensa y fértil región, rica en petróleo, bautizada como Oriente Próximo. Los territorios árabes, gobernados durante más de cuatro siglos por el llamado Gran Turco, iban a convertirse en «mandatos» hasta que pudieran «gobernarse por sí mismos». El mapa de Oriente Próximo iba a sufrir grandes cambios de consecuencias imprevisibles: Siria y el Líbano quedaban bajo mandato francés, a la vez que eran

separados uno del otro. Bajo mandato británico estarían Egipto,
Irak —con Faisal I como soberano—, Palestina y Transjordania,
actual Jordania. Por el momento, Marga estaba más preocupada por ganar dinero y no parecía tener mucho interés en lo que
ocurría en una región que muy pronto se convertiría en el escenario de sus célebres aventuras.

«Nuestras economías habían mermado sensiblemente. Necesitábamos fondos; me hablaron de un suizo que fabricaba
perlas artificiales, estaba buscando un socio y un local. Nos
entrevistamos con él y nos pusimos en seguida de acuerdo.»
Marga estaba convencida de que este negocio podía ser muy
rentable. Gracias a su hermano Pitt había conseguido el contacto con el empresario suizo y a Marga le pareció una oportunidad única que no podía dejar escapar. En pocos días firmaron
un contrato de colaboración y el nuevo socio instaló su taller
en uno de los salones del elegante piso de ella en el número 29
de la avenue Henri-Martin.

Sin embargo, Marga, exigente por naturaleza, no estaba satisfecha del todo con el resultado de las primeras muestras; le parecía que el proceso de fabricación era imperfecto y que a simple
vista era muy fácil reconocer las perlas verdaderas de las falsas
pues los colorantes no acababan de conseguir el tono original. Al
poco tiempo rompió el contrato con su socio y se instaló por su
cuenta. Con la ayuda de un amigo de la familia, el primo Nodon,
astrónomo y apasionado de la química, conseguiría una perla
artificial perfecta: «Gracias a la colaboración de un químico experto y muy conocido, creamos una perla de gran calidad, de un
nacarado sin defecto y con un oriente muy hermoso».

El apartamento de Marga se llenó de estuches de ante rojizo
con la marca Arga —abreviación de Marga—, nombre de la re-

cién creada sociedad. Comenzaba así una nueva etapa para la emprendedora señora d'Andurain como fabricante de perlas. Pierre se encargaría de controlar el laborioso proceso y de vigilar el secado de las perlas —pinchadas por centenares sobre placas de corcho— evitando los movimientos bruscos que pudieran levantar partículas de polvo. La sociedad Arga parecía despegar y Pierre, más recuperado, se sentía a gusto en su nueva ocupación. Pero con el paso de los meses y aunque los pedidos iban en aumento, el negocio no prosperaba por los intermediarios: «Mis negocios —reconoció Marga— tomaban una envergadura que no esperaba, pero como sólo vendía al por mayor, los beneficios se quedaban en manos de los intermediarios. Tenía además una dificultad añadida: la imposibilidad de vender directamente a la clientela». La idea de abrir una tienda era impensable, su familia no se lo hubiera permitido y no quería enfrentarse una vez más a sus padres: «En un mes vendí perlas a una casa de modas por valor de 28.000 francos (de los de 1920). Al detalle, hubiera ganado cinco veces más. Pronto tendría que tomar la determinación de irme a trabajar lejos, bajo un sol más luminoso y a un país donde mis esfuerzos dieran el máximo».

En 1925, Marga d'Andurain decidió registrar la patente de las perlas falsas y venderla. En pocos días liquidó también su apartamento. Con su dinamismo y férrea voluntad podía haber conquistado París pero hacía falta mucho dinero para seguir invirtiendo o para montar su propia boutique como era su sueño. Además, aunque era una magnífica vendedora y relaciones públicas, no tenía la más mínima idea de cómo administrar un negocio y el dinero se le escapaba de las manos.

El 18 de abril recibió la noticia de que su padre Maxime Clérisse acababa de morir en Bayona. La oportuna herencia que recibiría la animó a abandonar Francia e instalarse en la ciudad de El Cairo. «Al morir mi padre, mi madre intentó hacernos volver junto a ella: quería que renunciásemos a ganar dinero con un negocio que le parecía vergonzoso. Pero todo fue en vano. No podíamos resistirnos al atractivo de un país rico, de cielo puro y sol cálido. Un hermoso día nos embarcamos en Marsella, con todo nuestro ajuar, en un paquebote rumbo a Egipto.»

La abuela Clérisse intentaría por todos los medios que su hija no se llevara a Egipto a sus nietos Jacques y Pío, pero fue inútil. Pierre, también sorprendido por la repentina decisión de su mujer de partir a Oriente Próximo, aceptó de buena gana un cambio de aires. La madre de Marga nunca les perdonaría que la abandonaran justo cuando acababa de quedarse viuda. Acostumbrada como estaba a dar órdenes y a que la obedecieran, consideraba una provocación el viaje de su hija a tierra de «infieles». Lo que ignoraba madame Clérisse es que el viaje a Egipto de su hija era sólo el inicio de una aventura que años más tarde la haría célebre en toda Francia.

«Me horrorizan los países fríos, brumosos, sin luz. Necesito el calor del sol», solía repetir Marga una y otra vez. No se conocen los motivos exactos por los que decidió viajar a Egipto, un destino muy de moda en aquellos años veinte. Es cierto que necesitaba ganar dinero, que amaba los países de clima cálido y estaba harta de pasar frío en París. Pero su hijo Jacques siempre pensó que si su madre se animó a viajar con toda la familia a cuestas a un país del que nada conocía fue porque había sido contratada de antemano para cumplir una oculta misión. De no haberlo hecho en este momento de su vida, ahora que disponía de una pequeña herencia y en París había cerrado una etapa, quizá nunca se hubiera marchado. «Nada me podría detener; la pasión que sentía por partir a un lugar cálido y soleado había invadido de nuevo mi ser. La agencia Cook cogió mis muebles y en una semana todo se arregló. Mi madre, que nos llamaba "los imprevisibles", había encontrado el calificativo más justo para designar nuestro matrimonio.»

Desde un principio el sueño de Marga d'Andurain fue montar un instituto de belleza en El Cairo. La ciudad se había convertido en un lujoso balneario a donde acudían los británicos para curar sus problemas de salud y descubrir los fabulosos tesoros de los faraones. Intentó en vano conseguir la representación de Elizabeth Arden, famosa por sus tratamientos de belleza y la calidad de sus productos. Finalmente, y tras una estancia en Londres que nunca mencionó —donde pudo hacer un curso de *esthéticienne* y aprender algo de inglés—, consiguió una marca menos conocida, Mary Stuart, que sonaba lo suficientemente rimbombante como para no pasar desapercibida. Durante los cinco años que vivió en París había descubierto el éxito de los institutos de belleza, lugares donde se aplicaban masajes faciales y se vendían productos de belleza para esa nueva mujer deportista que había nacido tras la guerra y que huía de los falsos maquillajes. Con el fin de la Gran Guerra, todas las grandes marcas abrieron salones de belleza en la capital parisina. Eugène Rimmel, que había estudiado los colores y las grasas protectoras que utilizaban los indios de América, causaba furor con un novedoso producto: la máscara de pestañas. Elizabeth Arden lanzaba desde América sus famosos productos que serían la base de una próspera industria. Helena Rubinstein, llegada desde Polonia, hizo fortuna vendiendo a sus clientas una crema hidratante que pretendía ser una receta de su abuela. El bronceado estaba de moda, ya no se llevaban los rostros pálidos, ahora primaba el culto al dios sol. Sin duda, no había nada más chic para triunfar en una ciudad cosmopolita como El Cairo que ser una dama francesa, estilosa y divertida, recién llegada de París, la capital del buen gusto y la elegancia.

Entusiasmada ante esa perspectiva, Marga comenzó los preparativos del viaje. Pero había algo que la preocupaba. Sabía que para poder introducirse en el selecto ambiente de la alta sociedad británica en El Cairo no bastaba con ser francesa y tener buena presencia: necesitaba un título nobiliario que le abriera las puertas. Los días anteriores a su partida Marga y Pierre se dedicaron a investigar si en alguna rama —aunque fuera lejana— de sus respectivos árboles genealógicos podían encontrar ese «toque» de honorabilidad que les faltaba. Descubrieron que dos ancianas tías, sin descendencia, vivían en su castillo de Lons, cerca de Pau, y su único deseo era hacer continuar el nombre y el linaje del último marqués de Lons, gobernador general de Navarra en tiempos de la Corona de Francia. Tanto la familia de Pierre como la de Marga tenían un lejano parentesco con los Lons. Sin embargo, para conseguir el título del marquesado había que recurrir ante el Consejo de Estado y era un proceso largo y costoso que no se podían permitir.

Finalmente, y buscando una solución a la desesperada, Marga recordó que en la historia de la región de la Soule, en el corazón del País Vasco francés, se guardaba la memoria de unos vizcondes y decidió apropiarse de dicho título. Sólo tuvo que acudir a una imprenta del boulevard Saint-Germain y encargar unas elegantes tarjetas de visita a nombre de «vizconde y vizcondesa Pierre y Marga d'Andurain». Su falso título le abriría muchas puertas durante su estancia en Oriente Próximo y nadie pondría en duda que aquella mujer con tanto *charme* fuera una verdadera aristócrata francesa. Marga no había conseguido enriquecerse en el París de la posguerra, pero ahora sólo pensaba en abrir un instituto de belleza para atender a todas aquellas aristócratas y millonarias que se alojaban en los lujosos hoteles y balnearios frente a las pirámides que estaban dispuestas a gastarse mucho dinero en el cuidado de su cuerpo.

La agencia Cook se encargaría de todos los detalles del viaje: veinticinco baúles y sus muebles orientales más queridos viajarían en la bodega del barco. En aquel tiempo la travesía a Egipto no era tan peligrosa y difícil como antaño. Hacia 1850 se inauguró un servicio de barcos de vapor entre Londres y Alejandría, lo que hizo que la región fuera mucho más accesible a los turistas que huían del terrible clima de Inglaterra. Se tardaba entre siete y doce días en llegar a Alejandría desde Southampton y el río Nilo sólo se podía remontar en un tradicional dahabié de vela latina. Cuando la británica Florence Nightingale, pionera en el campo de la enfermería, llegó de viaje de placer a El Cairo en 1849, confesaba en una carta a sus padres que algunos hombres que conoció durante su travesía por las aguas del Nilo reconocían no haber visto antes una mujer europea por aquellas latitudes.

En 1869 se había inaugurado el canal de Suez, una obra de ingeniería que acortaba en dos meses el viaje que unía Europa con la India y los destinos de Extremo Oriente. Ese mismo año el avispado empresario inglés Thomas Cook comenzó a vender sus viajes organizados de Londres a El Cairo. La agencia se ocupaba de todos los detalles de un viaje que había dejado de ser una peligrosa aventura: pasajes del barco, alojamiento en hoteles de lujo, excursiones con guías locales, cruceros exclusivos por el Nilo y visita a los museos. Los árabes contemplaban atónitos a aquellas atolondradas damas que paseaban por las pirámides a lomos de asno vestidas con encorsetados trajes de muselina blanca a cuarenta grados a la sombra.

A finales de octubre de 1925 Marga y su familia llegaron en tren a la Gare de Saint-Charles en Marsella. Se alojaron en uno de los hoteles más lujosos y antiguos de la ciudad, el Noailles, frecuentado por príncipes, artistas y políticos. Por fin se encontraban en la puerta de Oriente, a pocos metros del muelle de La Joliette donde embarcaban los grandes transatlánticos rumbo a remotos y exóticos destinos. El barco elegido era el majestuoso *Sphinx* que les llevaría en apenas cuatro días al puerto de Alejandría. Como recordaba Marga, surgieron imprevistos: «En medio del entusiasmo por la partida, nos surgieron obstáculos hasta el último momento. Sólo creí que verdaderamente nos íbamos cuando el barco hubo soltado amarras. La campana había sonado, la sirena desgarraba el aire; a bordo con mis dos hijos, escrutaba nerviosa el muelle y mi marido seguía sin aparecer. Por fin lo vi subido a un camión que traía nuestras veinticinco maletas. La gente pensó que era el empresario de la gira de Clara Tambor... ¡Qué partida! ¡Y qué suspiro de alivio cuando las hélices comenzaron a girar!».

Comenzaba para Marga una nueva vida en Oriente Próximo, donde protagonizaría un sinfín de aventuras impensables para una mujer de su tiempo. Para su hijo Jacques, el precipitado viaje de su madre a Egipto en aquel año de 1925 ocultaba otra realidad: Marga habría sido reclutada por el Servicio de Inteligencia británico para trabajar como espía o agente en El Cairo. El instituto de belleza Mary Stuart era sólo la tapadera para moverse sin llamar la atención entre las esposas de los ofi-

ciales británicos y franceses. Marga no conocía a nadie en Egipto y sin embargo a su llegada a la capital pudieron disponer de
un céntrico apartamento en la mejor zona de la ciudad. Una
misteriosa dama sería la persona encargada de introducirla en
el cerrado y exclusivo círculo de la alta sociedad británica: «Mi
madre viajó a Londres posiblemente antes de 1922 y allí fue
confiada a madame Brimicombe, cuyo esposo daba clases de
inglés en el College de Oxford. Todo estaba previsto para que a
su llegada a El Cairo alguien se hiciera cargo de ella, alguien que
seguramente fue la viuda del general británico, lady Graham».

3

Intriga en El Cairo

Mi tiempo estaba marcado por el trabajo y por
las relaciones mundanas que inicié desde nuestra llegada a Egipto. Fuimos muy bien recibidos
entre los miembros de la sociedad inglesa y sus
militares, y admitidos como miembros del Sporting Club. Los oficiales británicos tuvieron incluso el detalle de ofrecer espléndidos caballos a
mi marido.

MARGA D'ANDURAIN, *Maktoub*, 1934

«El puerto de Marsella es un lugar mágico y lleno de encanto
donde las despedidas tienen un aire festivo. A diferencia de El
Havre o Burdeos, donde siempre es triste y desagradable embarcar bajo la lluvia o en medio de la bruma.» Con estas palabras Marga recordaba su primera impresión del puerto de
Marsella, donde estaban a punto de embarcar rumbo a Egipto.
En el muelle de La Joliette el viajero se sentía transportado a algún exótico y bullicioso puerto de las costas africanas. Los penetrantes olores de las especias, las frutas tropicales, el pescado

y los efluvios del mar se mezclaban en el aire. En medio de la algarabía, los vendedores locales y los nativos llegados de África o la India vociferaban sus productos y ofrecían a los pasajeros baratijas doradas, lámparas de aceite, alfombras de tonos cálidos, cueros pulidos, pipas de agua... La Joliette era un gran bazar al aire libre, un hervidero de gentes llegadas de todos los rincones del mundo que iban y venían con sus baúles y mercancías a cuestas.

Apoyada en la barandilla de la cubierta superior del barco la condesa Marga d'Andurain —como ahora se presentaba en público— contemplaba por última vez los viejos edificios del puerto de Marsella que pronto desaparecerían en el horizonte. Era un día de invierno frío pero muy soleado. Había imaginado tanto este viaje que ahora le parecía un sueño estar con su familia esperando ansiosa el último aviso de la sirena para partir. Cuando los remolcadores alejaron lentamente el pesado buque hasta mar abierto, a lo lejos sólo se distinguía en lo alto la silueta de la basílica de Notre-Dame de la Garde, a cuya Virgen se encomendaban los viajeros más devotos.

Mientras Pierre y los niños exploraban sus nuevos dominios en el *Sphinx*, Marga llevada por la nostalgia escribiría la siguiente carta «a los dos seres queridos que abandonaba»:

> Mi querida mamá, mi querida tía Marguerite:
>
> [...] sabéis que si puedo dominar mi tristeza durante unos momentos para sentarme en esta mesa y escribiros, es porque a pesar de mi felicidad, siento en el fondo de mi corazón haberos causado una pena tan grande con mi partida y mis nuevos proyectos de trabajo. ¡Ah!, si yo pudiera explicarte, mamá, hacerte partícipe de mis ideas... Pero, como tú me lo has re-

petido una y otra vez, no hablamos el mismo lenguaje. Muchos siglos nos separan, ésta es la gran pena de mi vida. [...] Ahora voy rumbo no ya a tierras salvajes de Argelia, ni a las remotas pampas en Rosario, voy cerca, a sólo tres días de aquí. Pronto estaremos en Alejandría, y durante un largo tiempo sé que no volveremos a vernos. No podía más, no podía seguir viviendo, estancada en el lodo de la avenue Henri-Martin, respirando en una nube gris que me paralizaba; esperar junto a las ventanas mojadas por la lluvia la llegada de un rayo de sol que calentara todo París, sus avenidas, sus hoteles y sus jardines...

La decisión tomada es demasiado hermosa para que pueda arrepentirme. Me dirijo hacia un país desconocido, dorado donde nos vamos a encontrar el sol y yo. En esta atmósfera soleada y cálida, la única donde puedo vivir, trabajaré duro para las egipcias y las ricas millonarias que allí pasan el invierno; mujeres de lujo que aman las joyas, los adornos y ornamentos y todo lo que brilla al sol. Dentro de unos años, en compañía de los míos, nos encontraremos de nuevo durante las vacaciones en Hastingues. Los niños, Pierre y yo os amamos con todo nuestro corazón y os abrazamos con una infinita ternura,

MARGA

Madame d'Andurain viajaba a Egipto como una gran señora en compañía de su servicio doméstico y veinticinco maletas. Además de su esposo y sus hijos —Pio de catorce años y Jacques de nueve—, iban con ellos su fiel cocinera vasca Maïder Datcharie, la joven doncella parisina Germaine y Nénette G. en calidad de gobernanta. El matrimonio y los niños se acomodaron en los elegantes camarotes de primera clase, mientras las empleadas lo hicieron en las estrechas cabinas de literas de tercera. Todo un lujo en comparación con los sirvientes indígenas que viajaban en el mismo barco, obligados a dormir en el puente y que sólo accedían a la clase superior para atender a sus señores.

El *Sphinx*, construido en 1915, era un impresionante buque de diez mil toneladas propiedad de la legendaria compañía francesa Messageries Maritimes que unía los principales puertos europeos con las colonias. Formaba parte de la flota que hacía la línea del Mediterráneo, alternando un viaje circular con escalas en Marsella, Nápoles, El Pireo, Constantinopla, Esmirna, Beirut y Alejandría. Era un barco de ciento cincuenta metros de eslora con dos altas chimeneas pintadas de negro al igual que toda la quilla y una banda blanca que atravesaba su casco de proa a popa. Una auténtica ciudad flotante con capacidad para más de mil pasajeros, en su mayoría funcionarios coloniales franceses e ingleses, turistas adinerados y ricas familias egipcias que regresaban de sus vacaciones en Europa.

Los d'Andurain disponían en primera clase de un luminoso camarote con amplios armarios, un coqueto salón bien amueblado, un baño completo —con bañera de estilo Imperio— y un dormitorio de dos camas. La cena, servida a las seis y media en primera clase, exigía rigurosa etiqueta: las damas traje largo de noche y los hombres esmoquin. El capitán presidía la mesa en el gran salón comedor, ricamente decorado con muebles «fin de siglo» y mullidas alfombras en el suelo. Los ventiladores eléctricos instalados en sus altos techos hacían la travesía mucho más agradable. La velada era amenizada por una pequeña orquesta de músicos vestidos de frac que tocaban en un estrado. El menú era variado, abundante y de calidad, preparado por un prestigioso chef. En todos los barcos de Messageries Maritimes la cocina tenía una merecida fama y eran muchos los pasajeros que elegían esta naviera francesa únicamente por la calidad de sus vinos y su deliciosa gastronomía.

Marga y Pierre formaban una elegante y atractiva pareja de aristócratas franceses que no pasó desapercibida durante la breve travesía. Su falso título les permitió compartir mesa con el capitán y codearse en el viaje con diplomáticos europeos y miembros de la alta sociedad inglesa y cairota. Tras la opípara cena los caballeros se reunían en el salón de fumadores y las señoras acudían al salón de música para escuchar algún improvisado concierto de piano. Los que preferían respirar la brisa del mar podían descansar en las tumbonas de mimbre instaladas en cubierta, jugar a las damas y al ajedrez con otros pasajeros o simplemente contemplar el reflejo de la luna sobre el mar. A estas alturas del viaje, la temperatura aún era agradable y apetecía conversar bajo las estrellas, pero a partir de Port Said el calor sofocante obligaría a los pasajeros a buscar refugio en sus camarotes.

Los turistas que en aquellos años viajaban a la antigua tierra de los faraones eran en su mayoría adinerados británicos que querían aventura, pero sin renunciar a las carreras de caballos, el golf, los partidos de polo, el bridge o las reuniones en el club social. Atraídos por el buen clima, solían pasar en Egipto todo el invierno, donde se sometían a curas de relax. En temporada alta, de noviembre a finales de marzo, los viajeros —y enfermos— acudían a los lujosos balnearios cerca de El Cairo, como el Hélouan-les-Bains (Halwan) con sus aguas sulfurosas y sus famosos tratamientos de belleza, para luego acabar los días de descanso en alguno de los legendarios hoteles al pie de las pirámides, como el Mena House o el Winter Palace de Luxor.

La culpa de aquel repentino interés por todo lo egipcio la

tenía un hombre que el 26 de noviembre de 1922 había pasado a la historia: el arqueólogo y aventurero inglés Howard Carter, descubridor de la tumba del joven faraón Tutankamón. Tras treinta años de búsqueda en el Valle de los Reyes, Howard había encontrado un fantástico tesoro arqueológico en sus cuatro cámaras funerarias. La belleza de su sarcófago, los valiosos objetos de oro, alabastro, lapislázuli y ónice que guardaba en su tumba y la maldición —inventada por la prensa sensacionalista— que pesaba sobre los miembros de la expedición, provocaron un auténtico boom turístico. Artistas de cine, reyes, aventureros y excéntricos millonarios, todos querían en su visita a las pirámides hacerse una foto en la tumba del faraón más famoso de Egipto. Marga, más interesada en los productos de belleza que en las momias, estaba convencida de que aquellas mujeres que había conocido durante la travesía, vestidas a la última moda y luciendo magníficas joyas, pronto serían clientas habituales de su instituto de belleza.

«Tras un viaje sin historia —se lamentaba Marga— el drama nos esperaba en Alejandría.» Cuatro días después de abandonar Marsella, el *Sphinx* hacía su entrada en la hermosa bahía de Alejandría virando frente a la fortaleza de Qaitbay, construida a finales del siglo XV en el lugar donde se levantaba el famoso Faro de la Antigüedad. La ciudad, conocida antaño como la Perla de Oriente, en aquel año de 1925 era un centro financiero y comercial que carecía de encanto para los viajeros que buscaban el exotismo de postal. Su elegante paseo marítimo, sus amplias avenidas flanqueadas de árboles por donde circulaban las calesas, sus jardines y quioscos de música, los grandes hoteles y antiguos palacios convertidos en consulados, recordaban demasiado a una ciudad europea.

Alejandría, la legendaria ciudad fundada por Alejandro Magno en el año 331 a.C., donde para decepción de los turistas no se conservaba en pie ni su famoso faro, ni su magnífica biblioteca, ni sus espléndidos palacios, era para Marga su primer contacto con Oriente. En realidad, los viajeros europeos pasaban de puntillas por esta cosmopolita ciudad —de «cinco razas, cinco lenguas y una docena de credos», como la definió el escritor Lawrence Durrell— que en nada recordaba a la fastuosa urbe antigua un día capital del saber y escenario del amor entre Cleopatra y Marco Antonio. Aunque Alejandría era la sede de las principales legaciones extranjeras y el lugar de veraneo de la familia real egipcia que huía de la abrasadora temperatura de El Cairo, los turistas se sentían más atraídos por los imponentes monumentos del Antiguo Egipto.

Los empleados de la agencia Cook, con sus inconfundibles uniformes, esperaban en el muelle a los pasajeros del *Sphinx* para ayudarlos a transportar el equipaje hasta la estación del tren de Sidi-Gaber o conducirlos hasta el hotel Majestic. Marga y su familia aún tendrían que esperar unos días para poder llegar a El Cairo porque un pequeño incidente con las autoridades locales les retrasaría la partida. «A causa de una firma mal puesta sin pensar, al final de un formulario, y esto en el mismo momento en que estaba anotando escrupulosamente todo lo que teníamos que declarar, los aduaneros pretendían imponerme una multa de… ¡cien mil francos! Tras ocho días de negociaciones y con la intervención del cónsul de Francia, conseguimos librarnos de tal ruina. Pero, con todo, el incidente nos costó muy caro.»

Al parecer, en su voluminoso equipaje la señora d'Andurain ocultó entre la ropa una importante cantidad de perlas falsas y joyas. Los aduaneros, siempre dispuestos a sacar dinero a los extranjeros y a pesar de que Marga traía consigo las facturas que eran necesarias, según indicación de la Cámara de Comercio de París, consideraron que se les había ocultado la mercancía que transportaban. Además, la policía de la aduana había encontrado en los baúles de la dama francesa un buen número de libros antiguos, con hermosas tapas labradas, que en realidad eran cajas de puros vacías que Marga pensaba vender en El Cairo. La familia pasó su primera noche en Alejandría en las dependencias de la aduana a la espera de que al día siguiente se aclarase lo ocurrido. Gracias a la intervención de un amable oficial que había viajado con ellos y que era el cuñado del cónsul francés en Alejandría, se pudo llegar a un acuerdo y rebajar la suma que les pedían.

Marga y su familia llegaban a principios de noviembre a Bab al-Hadid, la enorme y bulliciosa estación central de El Cairo. Habían recorrido en seis horas los doscientos veinte kilómetros que separaban Alejandría de El Cairo. Egipto fue uno de los primeros países del mundo en adoptar el ferrocarril; en 1852, bajo el mandato del virrey Abbas I, los británicos construyeron esta línea férrea que unía ambas ciudades y que cinco años después se ponía en funcionamiento acortando la distancia con la capital. Partiendo desde la estación alejandrina de Sidi-Gaber, los turistas que viajaban a las pirámides lo hacían en confortables vagones y disfrutando desde sus ventanillas de la hipnótica visión del árido desierto. Antes de la inauguración de esta línea férrea, los visitantes que querían llegar a Suez o a El Cairo tenían que viajar en barco o a lomos de mula bajo un sol implacable. La mayoría se arrepentía a las pocas horas de haber elegido este destino aunque la visión de la Gran Esfinge, entonces casi sepultada bajo la arena, compensaba la agotadora travesía.

En El Cairo la familia se alojó los primeros días en una pensión familiar a la espera de que un contacto de Marga les indicara cuál sería su definitiva vivienda. Pronto se trasladaron a un espacioso y acogedor apartamento, aún en construcción, en el primer piso del número 3 de la plaza Soleiman Pasha. Era un barrio muy céntrico y elegante de marcada influencia francesa donde la condesa podría sentirse a sus anchas y hablar francés con los comerciantes de la zona. En su gran plaza, situada en la intersección de tres importantes avenidas, destacaba la figura en bronce a tamaño natural de Soleiman Pasha vestido con el original uniforme de zuavo. Este oficial de las guerras napoleónicas nacido en Lyon, Francia, y cuyo verdadero nombre era Jean Anthelme Sève, se convirtió al islam y entrenó a los oficiales del nuevo ejército del virrey Muhammad Ali, obteniendo importantes victorias militares. En 1922 su bisnieta Nazli Sabri sería la primera reina de Egipto de los tiempos modernos al contraer matrimonio con el rey Fuad I.

«Días más tarde estábamos instalados en El Cairo, en un piso nuevo, frente al célebre Groppi. Hubo que trabajar pero el éxito fue inmediato.» El elegante barrio de Tawfiqiyya donde residirían los d'Andurain recordaba un rincón de París con sus anchos bulevares y sus grandes almacenes que servían a su clientela la última moda parisina, cafeterías con acogedoras terrazas, clubes exclusivos y edificios de estilo Belle Époque. En plena rotonda estaba el célebre hotel Savoy, antiguo palacio que durante la Primera Guerra Mundial sirvió como cuartel general del mando británico. El nuevo apartamento de Marga, donde tenía su vivienda y el instituto de belleza, se encontraba a un paso del Savoy y enfrente del café Groppi, un refinado salón de té de estilo parisino —que también funcionaba como cine al aire libre en su encantador jardín interior—, con sus columnas de mármol, ventanas con grandes vidrieras al más puro estilo *art nouveau* y bellos mosaicos florales en la fachada. En su terraza se daban cita miembros de la alta sociedad internacional, políticos, espías y turistas que reponían las fuerzas tras su agotador *tour* por las pirámides. Su propietario, Giacomo Groppi, un suizo natural de Lugano que llegó a El Cairo en 1909, se convirtió en el principal proveedor de bombones de la realeza egipcia y británica. Durante la Segunda Guerra Mundial se contaba que el rey Faruk regaló a las princesas Isabel y Margarita de Inglaterra un cofre lacado con cien kilos de bombones Groppi que aceptaron encantadas.

En 1925 la capital cairota era una ciudad cosmopolita y desordenada en plena expansión. Con alrededor de un millón de habitantes —de entre ellos once mil británicos frente a nueve mil franceses— era un crisol de razas, credos y nacionalidades. El contraste de El Cairo colonial con la ciudad antigua era enorme. En realidad eran dos mundos que se daban la espalda: al este, la ciudad árabe de corte medieval, un dédalo de zocos, callejuelas laberínticas, viejas mezquitas y barrios con mil años de antigüedad donde vivía la población nativa; al oeste, el lugar de residencia de los europeos y egipcios adinerados, con sus grandes mansiones, jardines, tiendas, bancos y hoteles de lujo. A los viajeros occidentales, El Cairo islámico, antaño rodeado de murallas, les resultaba pintoresco pero demasiado desordenado y peligroso para permanecer muchas horas en él. En sus barrios detenidos en el tiempo, la población era en su mayoría analfabeta y las casas no tenían agua potable ni luz eléctrica. Los vendedores ambulantes y los chiquillos acosaban a los escasos turistas que se arriesgaban a explorar sus estrechos y malolientes callejones a la búsqueda de alguna antigüedad. No se recomendaba a las damas que fueran solas a la ciudad vieja y las guías turísticas aconsejaban guardar las distancias con los intérpretes nativos, que en ocasiones trataban de seducir a sus clientas.

Existen muy pocas fotografías de los dos años —de 1925 a 1927— que el matrimonio d'Andurain pasó en El Cairo. En una de ellas la familia al completo aparece retratada en las pirámides de Giza frente a la Gran Esfinge. Como cualquier turista de su época, posan serios y con aire solemne a lomos de camello junto a su dragomán (guía local). Marga y Pierre visten, como siempre, muy elegantes: ella con una amplia pamela, vaporoso vestido y collar de perlas, él con traje de chaqueta, pajarita y sombrero de ala ancha. A su lado los niños con cascos coloniales, pantalón corto y calcetines parecen disfrutar de su aventura en las pirámides. Lo curioso de esta fotografía que Marga envió en 1926 a su madre con el pie *«Maman, papa, Jacques et Pio aux Pirámides»* es que tachó con tinta sus piernas que quedaban al descubierto, para no molestar a su pudorosa madre.

Las pirámides estaban entonces separadas de la ciudad y una hermosa carretera asfaltada construida en 1869 para la inauguración del canal de Suez flanqueada de frondosos árboles conducía a los visitantes a un paso del conjunto funerario. En la década de 1920 la afluencia de turistas a las pirámides de Giza era tan grande que había que hacer cola para ver de cerca la enorme cabeza de la Esfinge y escalar Keops con la ayuda de los guías. La ascensión a la cima de la gran pirámide —entonces permitida— resultó para Marga mucho más fácil que para sus predecesoras vestidas con faldones y corsés. Hacia 1858 la viajera Emily Beaufort, que viajó por Egipto en compañía de su hermana, describía con ironía el «inevitable» ascenso a las pirámides: «La única manera de superar esta dura prueba es adoptar una actitud tranquila y pasiva poniéndose en manos de los tres árabes que se encargan de cada visitante... Ellos saben cómo anudar las prendas de vestir para que no entorpezcan el avance [...], el único consejo que doy a mis paisanas es que les permitan que las alcen... y que dejen su miriñaque en El Cairo».

La familia d'Andurain hizo el tradicional y muy concurrido *tour* por las pirámides de Giza. Tras fotografiarse frente a la Esfinge, dieron un corto y divertido paseo en camello por el desierto y probaron los deliciosos dátiles que les ofrecieron en una tradicional tienda beduina de pelo de cabra; la tarde la destinaron a visitar Keops, la mayor de todas las pirámides. Entonces estaba de moda merendar o tomar un cóctel en su cima, a 147 metros de altitud, cuya plataforma de diez metros cuadrados ofrecía unas vistas impresionantes del desierto y el viejo Cairo. Allí, sobre alfombras persas y sentados en cómodas sillas de mimbre, los visitantes tomaban el sol en traje de baño y despedían el día con champán francés. La jornada se completaba, para los que lo deseaban, con un romántico paseo en dahabié por las tranquilas aguas del Nilo.

Hacia finales de noviembre Marga inauguraba su salón de belleza, que muy pronto contaría con una distinguida y fiel clientela femenina. Su marido era el encargado de llevar la contabilidad del negocio y de cobrar a las clientas la factura que un sirviente, con guantes blancos, le llevaba en una pequeña bandeja de plata. Al conde d'Andurain el contacto directo con el dinero le resultaba una vulgaridad para alguien de su condición. Siempre vestido de manera pulcra, con impecables trajes de chaqueta de lino, chalecos de seda y su inseparable pajarita al cuello, parecía un galán de cine. En las únicas fotografías que se conservan del instituto Mary Stuart se ve al matrimonio posando sonriente y relajado en el vestíbulo, al poco tiempo de abrir sus puertas. Marga decoró su interior mezclando muebles y biombos chinos lacados con objetos orientales que compró en los bazares de El Cairo. Dos magníficos mantones de Manila cubrían los sofás donde se sentaban las amistades. La condesa consiguió, sin gastarse apenas dinero, darle a su negocio un toque oriental «a la francesa» muy apreciado por sus sofisticadas clientas.

Marga emprendió pronto una frenética vida social. Al disponer de servicio doméstico pudo disfrutar con su marido de las divertidas noches de El Cairo y asistir a un buen número de bailes amenizados con orquesta. Los niños acudían a un colegio cercano a la casa, en Bab el Louk, de la misma orden de los Hermanos de las Escuelas Cristianas de Bayona. Jacques y Pío iban cada día caminando a la escuela a través de un laberinto de estrechas callejuelas que olían a pan árabe recién hecho. Parecían sentirse felices en aquel pequeño universo lleno de misterios por descubrir donde sus padres podían controlarlos menos. Pero a los seis meses, el matrimonio de mutuo acuerdo decidió que lo mejor para el pequeño Jacques era que continuase sus estudios en Bayona. Entre las razones que pesaron para tomar esta decisión se encontraban «las malas compañías» del niño, en concreto la estrecha relación que tenía con un muchacho francés de origen judío. Su regreso a Francia garantizaba su educación católica supervisada por la abuela Clérisse.

Una vez más, Jacques d'Andurain se despidió con tristeza de su hermano y de sus padres y embarcó en el vapor *Providence* rumbo a Marsella. En Bayona le esperaban con los brazos abiertos su abuela y su tía Marguerite, quienes tras la muerte del señor Maxime se sentían muy solas en la enorme casa familiar. Jacques seguiría sus estudios en las Escuelas Cristianas de Bayona y los únicos amigos de su edad que le visitarían en la casa de los Clérisse serían sus primos Jean de Bertier y Raymond Clérisse.

Madame d'Andurain consiguió en poco tiempo un enorme éxito con su instituto de belleza. Aparte de los tratamientos que ofrecía y la calidad de sus novedosos productos, a las clientas les gustaba que la propia condesa les hiciera la manicura francesa, muy de moda en los años veinte. El éxito se lo debía a lady Graham, la misteriosa dama que los recibió a su llegada a la capital y quien les mostró la vivienda que iban a ocupar en el mejor barrio de El Cairo. Viuda de un general inglés, esta mujer de la que no se conserva ninguna fotografía vivía en una habitación independiente en el mismo apartamento de la familia d'Andurain. Fue ella quien le abrió las puertas a la alta sociedad británica y quien le presentó a las ricas damas egipcias y a los miembros de la familia real. Muy pronto, entre sus clientas se encontraría la esposa del rey Fuad I, la sultana Nazli Sabri, madre del príncipe heredero Faruk y de la hermosa princesa de ojos esmeralda Fawzia, primera esposa del sha de Persia.

El salón de belleza era una fuente magnífica de información donde las esposas de los oficiales británicos y militares de alta graduación hablaban en una atmósfera relajada. No era la primera vez que un lugar como éste se utilizaba como tapadera para el espionaje. La famosa espía francesa Marthe Richer, a la que Marga conoció en 1943 en París durante la ocupación alemana, también abrió un instituto de belleza, El Espejo de las Alondras, que en realidad era una oficina de espionaje. Esta valiente e intuitiva espía, conocida durante la Primera Guerra Mundial como el agente S-32, entre otros logros reveló el secreto de la tinta invisible que usaban los alemanes. En su centro de estética ubicado en Madrid se enteró de datos cruciales como la existencia de un paso secreto que el enemigo utilizaba para hacer llegar a Francia, a través de los Pirineos, espías sin pasaporte.

Cuando el matrimonio d'Andurain se instaló en El Cairo, Fuad I era el rey de Egipto. Educado en Italia, este hombre de rostro severo y prominente barriga era la viva imagen de un bajá de provincias. A la muerte de su hermano Husayn Kamil en 1917, accedió al poder convirtiéndose en sultán de Egipto cuando el país permanecía todavía bajo protectorado británico. En 1922 fue proclamado rey de Egipto y Sudán e instauró la monarquía bajo la atenta supervisión de los ingleses, que seguían controlando el país. Fuad, que hablaba a la perfección el italiano, el francés y el alemán, despreciaba a sus súbditos egipcios cuyo idioma apenas conocía. Su reinado, marcado por la aparición de un fuerte movimiento nacionalista en torno al partido Wafd, duraría trece años y aunque no fue un soberano muy popular, debido a su desmedida ambición y autoritarismo, se ganó el respeto de los occidentales. Dueño de una inmensa fortuna, cuando murió el 28 de abril de 1936 apenas había tenido tiempo de preparar a su hijo para la sucesión. Faruk, que entonces contaba dieciséis años, pasaría a la historia como uno de los dictadores más extravagantes del siglo XX: amante del lujo, los coches de carreras y las mujeres, dilapidaría la fortuna de su padre y acabaría en la ruina. En 1952 la corrupción generalizada del Gobierno propició el golpe militar de un grupo de oficiales que derrocó al rey.

En el instituto de belleza de Marga los cotilleos y rumores que circulaban en El Cairo sobre la familia real estaban a la orden del día. Pero era la relación del rey Fuad con su segunda esposa, la reina Nazli Sabri, con la que se había casado en un palacio de cuento de hadas el 26 de mayo de 1919, lo que despertaba mayor interés entre las aburridas damas europeas. Mujer de fuerte carácter, apasionada y muy atractiva, Nazli era la madre del príncipe Faruk, el único varón, y de las princesas Fawzia, Faiza, Faika y Fathia, cuyas vidas ocuparían durante años las páginas de las revistas del corazón. A la muerte de su esposo la reina madre llevaría una vida poco virtuosa a los ojos de su pueblo. En los últimos años la relación de la pareja sería muy tempestuosa y el monarca ordenó que no dejaran a su esposa abandonar los aposentos del palacio Kubba donde residían. Tras la coronación de Faruk la reina vivió unos años en palacio pero poco a poco se fue distanciando de su hijo y acabó por abandonar su país. Nazli Sabri partiría a Europa acompañada de su joven amante copto y de su hija menor, la princesa Fathia. En Roma, y antes de proseguir su viaje a Estados Unidos donde residiría hasta su muerte en 1978, se convertiría al catolicismo arruinando así la poca popularidad que ya entonces tenía Faruk.

Gracias a esta clientela cosmopolita y bien situada en el Gobierno, Marga se integró sin problemas en la sociedad egipcia. Entre sus nuevos amigos figuraba también el príncipe Michel Lotfallah, que pasaba los veranos en un opulento palacio a las orillas del Nilo y cuya hermana visitaba con frecuencia su salón de belleza. Fuad I había otorgado a los hermanos Lotfallah el título de emir —príncipe y princesa— aunque a ellos lo que les fascinaba era el juego de la política. Pertenecientes a una acaudalada y respetada familia de origen sirio que se encontraba a la cabeza de la lucha nacionalista en su país —financiando el llamado Partido del Pueblo— contaban con el respaldo de los ingleses. Aunque la embajada francesa veía con malos ojos a la familia Lotfallah por sus ambiciones nacionalistas, la princesa sería una de las mejores amigas de Marga durante su estancia en Egipto.

La colonia británica en El Cairo recibió de manera hospitalaria a los condes d'Andurain, que se sentían halagados de poder formar parte de su exclusivo mundo. En realidad era un gesto bastante excepcional porque los ingleses no se mezclaban apenas con los nativos ni con ciudadanos de otras nacionalidades. Eran una comunidad aparte, con unos gustos y placeres bien simples que «incluían concursos florales, antigüedades, teatro amateur, partidos de polo en el Gezira Sporting Club y alguna que otra fiesta benéfica». Marga contaba con cierto orgullo que unos oficiales británicos tuvieron el detalle de ofrecer a su esposo unos magníficos caballos purasangre para que pudiera practicar el polo, su deporte favorito. Pierre se sentía cómodo entre aquellos militares, en su mayoría oficiales de caballería de las tropas británicas acantonados en los cuarteles de Qasr al-Nil, con los que compartía el sentido del honor y el amor a los caballos.

Marga consideraba a los ingleses mucho más nobles, educados y hospitalarios que sus compatriotas. La dama francesa, que había cumplido treinta y dos años, nunca pasaba desapercibida en las reuniones sociales por su simpatía y fluida conversación. Divertía a sus anfitriones hablando muy rápido «un inglés con un marcado acento francés» que no todo el mundo entendía. Se sentía complacida de haber sido admitida junto a su esposo en el selecto Gezira Sporting Club, toda una institución británica en Oriente Próximo. No era habitual que unos franceses dedicados a los negocios pudieran disfrutar de las magníficas instalaciones del club más esnob de todo El Cairo. En un terreno ofrecido por el jedive Tufik, los ingleses crearon en 1882, a semejanza del Hurlingham Club de Londres, su primera institución en Egipto para uso exclusivo de sus oficiales; más adelante el Gezira aceptó en sus filas a miembros distinguidos de la colonia británica, sin dejar de ser un club elitista. Los d'Andurain podían, en sus magníficas pistas, jugar al polo, al críquet y al tenis, los deportes de moda. O sentarse en las terrazas bajo los ventiladores de aspas y saborear algún delicioso cóctel rodeados de un selecto grupo de caballeros y damas que se sentían los dueños de aquel país que llevaban décadas ocupando.

En aquellos años El Cairo era un hervidero de espías, informadores y agentes dobles; un escenario de intrigas y rivalidades donde Marga se movía como pez en el agua. Franceses y británicos desde sus respectivas oficinas de inteligencia, el Deuxième Bureau y el Intelligence Service, intentaban controlar a los más carismáticos líderes árabes y ponerlos a su favor. Durante la Primera Guerra Mundial, los servicios secretos británicos habían contado con los agentes mejor preparados, entre ellos el coronel T. E. Lawrence —el legendario Lawrence de Arabia—, los eminentes arqueólogos David Hogarth y Leonard Wolley o la veterana arabista y exploradora Gertrude Bell, por quien Marga sentía una gran admiración. Las oficinas del Ser-

vicio de Inteligencia británico se encontraban entonces en la
primera planta del hotel Savoy, en cuya terraza Marga quedaba a veces con sus amigas para tomar un cóctel. La señorita Bell
—consejera de su amigo Lawrence de Arabia y la mejor especialista en política de Oriente Próximo— y la condesa francesa
no llegarían a conocerse nunca. El 12 de julio de 1926, mientras
Marga se codeaba con la flor y nata de la sociedad europea en El
Cairo, Gertrude Bell se quitaba la vida en su residencia de Bagdad; faltaban tres días para que cumpliera los cincuenta y ocho
años. Al igual que ella, Marga intentaría explorar lugares prohibidos del corazón de Arabia.

La señora d'Andurain nunca opinaba abiertamente de política, pero no ignoraba la delicada situación que atravesaba el
país en el que había elegido vivir. Oficialmente el 22 de febrero
de 1922 Gran Bretaña suprimió el protectorado y se instauró
una monarquía independiente en la figura del rey Fuad I, aunque los ingleses se reservaron el derecho para intervenir en los
asuntos egipcios si sus intereses se veían amenazados. Egipto no
era ni una colonia inglesa ni había conseguido su anhelada independencia. Las luchas internas por dominar el país que im-
plicaban al rey, al embajador británico y al Wafd, el movimiento
nacionalista que pedía el fin de la tutela inglesa, estaban a la
orden del día. En este ambiente enrarecido de luchas, secretos
y presiones políticas, la amistad de los d'Andurain con algunos
miembros de la sociedad británica muy pronto despertaría las
sospechas del Deuxième Bureau.

Aunque conocía la legendaria rivalidad que existía entre
Francia e Inglaterra por el control de Oriente Próximo, Marga desde su llegada a El Cairo se comportaría de manera bastante insensata. Parecía no importarle —más bien le divertía—

que al frecuentar a militares británicos las autoridades francesas la pudieran considerar una espía o agente doble. «Los ingleses se sienten en su casa en Egipto y son unos anfitriones que saben recibir. Peligrosos adversarios cuando se sienten en competencia con otros pueblos, y que no dudan en utilizar todos los medios en el interés superior de su patria, muestran, sin embargo, la más perfecta corrección cuando abandonan el campo de batalla económico y político. Nosotros [los franceses] tenemos la reputación de ser las gentes más educadas del mundo, no sé si merecemos esta fama, pero hay que reconocer en la alta sociedad británica una fidelidad perfecta a su tradición de hospitalidad y cortesía. [...] El privilegio de ser admitido en el Sporting Club, cuando la gente que se dedica como yo a los negocios no es aceptada, suscitó muchos comentarios malévolos contra nosotros, algo que no sabría hasta más adelante», escribiría Marga en 1934.

A pesar de la simpatía y admiración que los d'Andurain sentían hacia los británicos, la breve visita a Egipto del duque de Orleans, pretendiente al trono de Francia en el exilio, causaría una gran emoción a Marga. Philippe de Orleans, hijo del conde de París y casado con la princesa imperial Marie-Dorothée de Habsburgo-Hungría, era para los partidarios de la Casa de Orleans el legítimo rey de Francia. La condesa, deseosa de conocer en persona al hombre que hubiera podido convertirse en Felipe VIII si el curso de la historia no se lo hubiera impedido, intentó por todos los medios entrevistarse con él. Gracias a su tarjeta de visita y a su título aristocrático, madame d'Andurain consiguió a través de su médico personal, el doctor Récamier, ser invitada a un almuerzo con el príncipe. Para Marga, educada en el seno de una familia tradicionalista como los Clérisse adscritos al movimiento de L'Action Française —para quienes sólo los Orleans estaban destinados a reinar en Francia—, era una oportunidad histórica. Estaba convencida de que aquel encuentro —del que daría buena cuenta a través de una serie de cartas a su familia de Bayona y de París— iba a agradar a su madre, molesta con ella tras su precipitada partida a Egipto. No todos los días uno podía compartir mesa y mantel con un descendiente de Luis XIII, y Marga, que sentía debilidad por los títulos nobiliarios, tenía mucho de que hablar con aquel hombre que además de príncipe heredero era duque de Valois, duque de Chartres, delfín de Auvergne, barón de Beaujolais, marqués de Folembray, conde de Soissons y príncipe de Joinville.

El día señalado, la condesa, vestida con un elegante traje de chaqueta de Vionnet recién llegado de París y del brazo de su marido, acudió al hotel donde se alojaba el duque de Orleans. Durante el almuerzo, como ya era habitual, Marga cautivaría a todos los presentes por su espontaneidad y animada conversación. Además, para demostrar su patriotismo, advirtió al príncipe que desconfiara de los hermanos Lotfallah, con quienes el príncipe tenía una audiencia al día siguiente. Fue, según palabras de Marga, un día memorable e irrepetible, porque veinte días después el heredero a la Corona moría en Palermo de una extraña enfermedad contraída durante su viaje a Oriente Próximo.

Marga guardaba como recuerdo de aquel inolvidable encuentro una carta fechada en enero de 1928 y dirigida a su esposo, que les envió el doctor Récamier tras la muerte del príncipe, donde les decía:

Querido monsieur:

Su visita al príncipe, en El Cairo, le proporcionó un gran placer; gracias al carácter alegre y optimista, tan francés, de madame d'Andurain, pasó con ustedes momentos dichosos, como cada vez que encontraba franceses que le demostraban su afecto. Pero el príncipe les agradeció algo más que un rato de calma y de reposo moral; ustedes le rindieron un gran servicio al hablarle, como hicieron, de la verdadera personalidad, de las tendencias e intenciones de Lotfallah, que intentaba ganar la confianza del príncipe. Por lo que a mí respecta, les estaré eternamente agradecido.

Tampoco olvido el homenaje que la colonia francesa de El Cairo le dedicó tras su muerte, gracias a la iniciativa de ustedes.

Presente, querido monsieur, mis respetuosos saludos a madame d'Andurain y reciba mi afecto más sincero.

L. RÉCAMIER

Al enterarse de la inesperada noticia de la muerte del duque de Orleans, la señora d'Andurain había tomado la iniciativa de organizar entre los miembros de la colonia francesa en El Cairo una misa en su memoria. Aunque apenas asistió un reducido grupo de compatriotas, Marga sintió que como ciudadana francesa había hecho lo que debía. Con este acto quizá intentaba acallar los rumores que pesaban sobre ella; había demostrado que era una mujer leal a su país y si las autoridades francesas sospechaban que podía trabajar para el Servicio de Inteligencia británico, ahora sabrían hasta dónde podía llegar su amor a Francia.

«Con el polo, los bailes, las carreras y los caballos, El Cairo empieza a parecer una ciudad inglesa donde se conservan ciertas vistas orientales para deleite de sus habitantes, igual que el propietario de una casa de campo tiene una reserva de gamos o un parque de ciervos para su entretenimiento», escribiría un periodista inglés hacia 1891. Para Marga la ciudad de El Cairo era una lujosa Riviera oriental, un lugar frecuentado por gentes acomodadas y caprichosas, donde los días transcurrían entre deslumbrantes fiestas y bailes hasta el amanecer en antiguos palacios o hermosas residencias al borde del Nilo rodeadas de exuberantes jardines. A medida que pasaban los meses su agenda se llenaba de compromisos. Amante de la vida social y satisfecha de que su negocio prosperara, se sentía feliz en su nueva vida; el fracaso en París quedaba ya como un lejano recuerdo.

La condesa d'Andurain se encontraba a gusto en El Cairo de los años veinte, una ciudad mundana y vibrante. Una sociedad donde hablar cinco idiomas —inglés, francés, italiano, árabe y turco— y pasar de uno a otro en una conversación informal era moneda corriente. Marga y Pierre asistirían a un buen número de bailes y fiestas, entre ellas a las más suntuosas que tenían lugar en el palacio Manyal, en la isla de Rhoda. En medio de un extenso jardín botánico que ocupaba toda la isla, oculto tras bananos, palmeras y árboles de caucho se alzaba la refinada residencia que mandó construir el príncipe Muhammad Ali Tufik, primo del rey, para albergar el salón del trono. En sus estancias decoradas con magníficos azulejos y pinturas orientales, la cena era servida por auténticos esclavos sudaneses vestidos de librea.

En los primeros meses Marga no tendría mucho tiempo para aburrirse entre fiestas, bailes y conciertos al aire libre como los que ofrecían en el suntuoso escenario del hotel Gezira Palace. Este fabuloso palacio construido por un arquitecto francés en 1865 para alojar a la emperatriz Eugenia durante los

fastos de la inauguración del canal de Suez era uno de los edificios más deslumbrantes de la capital. Las salas principales estaban decoradas con estuco en estilo morisco y los suelos eran
de mármol de Carrara. Media docena de chimeneas de ónice
y preciosos muebles de fundición provocaban la admiración de
los visitantes. En 1910 una joven y romántica muchacha llamada Agatha Christie se alojó con su madre durante tres meses en
este hotel. La futura reina de la novela policíaca lo pasó tan bien
en el Gezira Palace que se negó a abandonar aquel incomparable marco de *Las mil y una noches* para visitar el museo de El
Cairo. Eso sí, asistió a cincuenta bailes en los grandes hoteles, sin
imaginar entonces que se casaría con un arqueólogo y que un
día escribiría una novela titulada *Muerte en el Nilo*.

El hombre que había creado El Cairo moderno «vulgar,
ostentoso y funambulesco», como lo definía el escritor Pierre
Loti, era el jedive Ismail Pasha. Nieto de Muhammad Ali, educado a la francesa, soñaba con convertir su ciudad en el París de
Oriente. Tras seis años de obras el príncipe sólo pensaba en las
fastuosas fiestas de inauguración del canal de Suez, una obra
faraónica que había conseguido unir el Mediterráneo y el mar
Rojo. Ismail, que había visitado hacía dos años la Exposición
Universal de París de 1867, quiso trasladar toda la grandiosidad
de la arquitectura de aquel tiempo a sus palacios y residencias.
Deseaba que para la apertura del canal la capital egipcia des-
lumbrara al mundo entero. Pierre Loti, enamorado de El Cairo
antiguo, se lamentaba en 1908 de las transformaciones que había sufrido la antaño conocida como «ciudad de los mil minaretes»: «¿Qué diablos es esto, dónde nos hemos metido? Falta
poco para que estemos en Niza o en la Riviera o en Interlaken,
en una cualquiera de esas ciudades carnavalescas donde el mal

gusto del mundo entero se recrea en las temporadas llamadas elegantes…».

El paisajista jefe de la ciudad de París fue contratado para convertir el distrito de Azbakiya en un parque siguiendo el modelo del Bois de Boulogne de la capital francesa. El Cairo medieval que cautivó a tantos viajeros románticos quedó olvidado. En un tiempo récord se levantaron palacios residenciales y opulentas villas, grandes plazas adornadas con estatuas ecuestres de héroes militares, avenidas iluminadas con luces de gas. Se diseñaron puentes de hierro flanqueados por leones de bronce sobre el Nilo, parques, jardines con grutas, pabellones chinos y lagos de recreo donde los paseantes podían ir subidos en barcos de pedales. Ismail Pasha mandó construir el Teatro de la Ópera de El Cairo y encargó a Verdi la composición de una ópera para estrenar en tan insigne ocasión. Pero el maestro rechazó la propuesta y en su lugar se representó *Rigoletto*, más acorde con el ambiente que se respiraba en la ciudad. *Aida*, la ópera que el jedive encargó a Verdi, no se estrenaría en El Cairo hasta el 24 de diciembre de 1871 con un éxito que llevaría a su autor a la cúspide de la fama.

Las fiestas de inauguración fueron un triunfo de Ismail. El 17 de noviembre de 1869 seis mil invitados presenciaron un deslumbrante espectáculo de fuegos artificiales previo a un baile en honor de la emperatriz Eugenia. Entre los asistentes figuraban los principales representantes de la realeza europea, además de un nutrido grupo de periodistas, artistas y hombres de negocios. El jedive, que tenía fama de ser un gran mujeriego, sucumbió ante los encantos de la española Eugenia de Montijo, esposa de Napoleón y prima de Ferdinand de Lesseps, artífice del canal. Cuentan que Ismail le regaló un orinal de oro macizo en cuyo fondo relucía una esmeralda montada en un ojo; Ismail también tenía unos hermosos ojos verdes. En el Gezira Palace, el magnífico palacio que acogió a los huéspedes de alto rango, ordenó decorar el interior de la suite que la emperatriz debía ocupar con una réplica exacta de sus aposentos imperiales de las Tullerías. El sueño del virrey megalómano había costado la friolera de doscientos millones de francos y había conducido a su país a la ruina. En 1878, obligado a exiliarse, abdicó en su hijo Tawfik y pasaría sus últimos años en Estambul. Con el país sumido en el descontento y la bancarrota, Gran Bretaña y Francia asumieron el anhelado control económico de Egipto.

Algunos palacios y residencias privadas que el jedive Ismail levantó para impresionar a sus invitados se convirtieron en exclusivos hoteles frecuentados en su mayoría por una clientela europea. Sus agradables y frescas terrazas eran antaño el punto de reunión de aventureros, escritores y audaces exploradores en busca de los últimos misterios del continente africano; Henry Stanley, antes de remontar el Nilo hasta Sudán, se tomaría una cerveza bien fresca en el Shepheard's. Estos míticos hoteles eran, en los años veinte y treinta, el lugar elegido por la alta sociedad para dejarse ver e intercambiar chismes. Bajás con *tarbush*, millonarios americanos, mujeres misteriosas, oficiales ingleses, diplomáticos franceses, americanos en busca de fortuna… se mezclaban en los decadentes escenarios de sus suntuosos salones orientales. Los franceses eran asiduos al Continental, al Savoy y al majestuoso Semiramis a orillas del río; los británicos se quedaron confinados en el Gezira Sporting Club y en el Shepheard's. Este hotel legendario, que en su día sirvió de cuartel general a Napoleón durante su campaña de Egipto, fue reconstruido y ampliado en 1891 para convertirse en el preferido por los británicos que pasaban por Egipto y el mar Rojo rumbo a la India.

A los dos años de su llegada a Egipto, Marga d'Andurain comenzó a aburrirse. Ya no sentía ninguna emoción al perderse sola por los oscuros y misteriosos callejones de la ciudad vieja o al explorar la gran Cueva de Alí Babá, como llamaba al extenso bazar de Jan al-Jalili donde vendía sus perlas falsas cuando necesitaba dinero. Estaba cansada de frecuentar siempre a las mismas estiradas damas británicas y acaudaladas egipcias que la invitaban a tomar el té, a jugar al brigde o a cenar en palacios majestuosos que ya no la impresionaban. El príncipe Michel Lotfallah en 1908 había comprado el palacio de Gezira para convertirlo en su residencia privada. Marga, amiga íntima de la princesa, los visitaba con asiduidad. Aunque la decoración de sus salones interiores, una extraña mezcla de barroco europeo y motivos ornamentales islámicos, le pareció de dudoso gusto, sus cuidados jardines eran un paraíso. Diseñados por un reconocido arquitecto francés, con sus fuentes y quioscos, ocupaban prácticamente toda la isla de Gezira; con el tiempo la pista de carreras de caballos y el campo de polo que rodeaba a la residencia original del jedive se transformó en el Gezira Sporting, el club inglés al que Marga se sentía tan orgullosa de pertenecer.

Nunca olvidaría la hospitalidad de los Lotfallah ni sus impresionantes fiestas en el jardín a la luz de las antorchas que se prolongaban hasta la salida del sol. Pero Marga necesitaba una vez más cambiar de aires. Se sentía atrapada en aquella reducida comunidad británica que poco a poco le iría dando la espalda. Egipto era a fin de cuentas un destino de moda lleno de turistas. Si quería vivir nuevas experiencias debía cruzar el inhóspito desierto de Libia, remontar el Nilo en dirección a Nubia o peregrinar a Tierra Santa para descubrir los lugares bíblicos como hacían entonces muchos viajeros y peregrinos llegados de Europa.

«Uno se pregunta, sin duda, por qué sólo me quedé dos años en Egipto, cuando mis negocios iban bien y yo llevaba una existencia de lo más confortable y agradable. Mi pasión por los viajes y lo imprevisto, mi "manía de moverme", como decía mi marido, me arrastraron de nuevo a otros lugares que cambiarían mi destino.» Había conseguido un gran éxito entre la rica clientela femenina de El Cairo, pero odiaba la monotonía y la relación con su esposo no pasaba por el mejor momento. Entre ellos la pasión se había acabado en su larga luna de miel y aunque se habían dado libertad para vivir cada uno de manera independiente, Marga no había encontrado un nuevo amor. Por su parte, a Pierre le resultaba cada vez más humillante tener que cobrar a las clientas del salón de belleza y ser el esposo de la invitada permanente; el acompañante discreto de la atractiva y estilosa condesa francesa que siempre sabía cómo entretener con sus divertidos comentarios a los flemáticos caballeros británicos. Tímido por naturaleza, el conde d'Andurain apenas había hecho amigos en El Cairo y sólo se sentía a gusto en compañía de los oficiales británicos con los que jugaba al polo o practicaba la equitación.

Fue entonces cuando un encuentro aparentemente fortuito cambiaría de nuevo el destino de Marga. En la terraza del hotel Shepheard's, coincidió con una baronesa inglesa que le habían presentado en el Sporting Club: «En el Shepheard's conocí a la baronesa Brault, inglesa de nacimiento. Un día me habló de un viaje que tenía que hacer a Siria y Palestina, en compañía de un oficial del Servicio de Inteligencia inglés de Haifa y de la honorable Mrs. Mead, ahijada del rey Eduardo VII. Al caer ésta enferma en el último momento, ocupé su lugar toda contenta… Una amiga me advirtió que me cuidara de las relaciones demasiado estrechas con los ingleses y me predijo que este viaje iba a ocasionarme la apertura de un dossier. Yo me eché a reír, pues sus consejos me parecieron exagerados…».

Marga aceptó encantada el ofrecimiento de lady Brault sin consultárselo a su esposo. Aquel viaje precipitado y algo temerario era la excusa perfecta que andaba buscando para huir de El Cairo y de la vida anodina junto a su marido. Ajena a los consejos de sus amigos y a la opinión de Pierre, que tampoco veía con buenos ojos aquel viaje por zonas poco seguras, hizo las maletas. Una mañana temprano, en un Buick descapotable de 1925 conducido por un chófer nativo, dos intrépidas mujeres —una baronesa inglesa y una falsa condesa francesa— pusieron rumbo a la ciudad costera de Haifa, donde las esperaba el mayor Sinclair, el hombre que iba a comprometer seriamente la reputación de Marga d'Andurain en todo el Oriente Próximo.

4

Amistades peligrosas

Mi amistad con el mayor Sinclair hizo que algunos oficiales de mente estrecha creyeran que había venido a Palmira para informarme sobre importantes secretos militares y venderlos provechosamente al enemigo.

Le Mari-Passeport

La pequeña ciudad de Haifa, a orillas del Mediterráneo, se asentaba desordenada en las faldas del monte Carmelo. En los callejones cercanos al puerto, el aire olía a una peculiar mezcla de salitre, pescado y especias. Tras la ajetreada y mundana vida social que había llevado desde su llegada a El Cairo, Marga se sentía al fin libre de ataduras familiares y obligaciones. Para ella, amante del sol y el mar, Haifa, con sus casas de fachadas encaladas y sus callejones perfumados por donde deambulaban mujeres con el rostro cubierto por un velo y hombres envueltos en vaporosas túnicas blancas, le pareció el preludio perfecto de su romántica aventura. El mayor W. F. Sinclair recibió a sus invitadas en su hermosa residencia del barrio europeo, situado en las empinadas laderas del Carmelo. A los pies de esta montaña sagrada, donde según la Biblia el profeta Isaías buscó refugio en una gruta para combatir a los seguidores paganos del dios Baal en el siglo IX a.C., se encontraban las villas más elegantes de la ciudad que disfrutaban de unas magníficas vistas sobre la bahía. En esta exclusiva y tranquila zona residencial vivía una reducida colonia europea formada por diplomáticos, funcionarios, hombres de negocios y militares británicos de alto rango. En 1918, durante la ocupación de Palestina, la antigua ciudad de Haifa conquistada por los cruzados a principios del siglo XII y más tarde fortificada por los turcos, fue tomada por los ingleses que no se retirarían hasta treinta años más tarde. Antes de partir, Marga y la baronesa pudieron visitar su próspero y bullicioso puerto, el más importante durante el mandato británico en Palestina, que en los años cuarenta se convertiría en la puerta de entrada de miles de judíos europeos llegados a sus playas en viejos buques huyendo del exterminio nazi.

W. F. Sinclair era un hombre de cuarenta y cinco años —once años mayor que Marga—, alto, moreno, de rostro bronceado y con un cuidado bigote que le daba un aire varonil. Desde el primer instante, a la condesa le pareció un perfecto caballero, atento, educado y siempre pendiente del bienestar de sus invitadas. Sinclair era comandante de policía en Haifa y jefe del Servicio de Inteligencia británico en Palestina con una intachable carrera militar a sus espaldas. Antes de regresar a su hogar en Inglaterra deseaba hacer el tradicional viaje a Tierra Santa y recorrer los escenarios descritos en la Biblia. El oficial y sus acompañantes pusieron rumbo a Jerusalén en el flamante Buick de la baronesa conducido por un chófer árabe y experto mecánico; un lujo indispensable para transitar con seguridad por estas rutas apenas señalizadas que en época de lluvias se convertían en auténticos barrizales. Tenían por delante 131 kilómetros en una tierra salpicada de ruinas de antiguas ciudades romanas o fenicias y de restos de las imponentes fortalezas que levantaron los cruzados cuando emprendieron la conquista de Jerusalén.

A pesar del calor y la monotonía del paisaje, Marga disfrutó de su viaje a Jerusalén. Sinclair parecía encantado con la compañía de esta mujer simpática y rebosante de energía, que hablaba con rapidez un curioso inglés con marcado acento. Madame d'Andurain, vestida siempre de manera coqueta y elegante —con entallados trajes, estolas de piel y originales sombreros—, le resultaba muy seductora, y desde el primer instante trató de agradarle. Marga no pudo encontrar un guía mejor que este veterano oficial, enamorado de Oriente Próximo, que hablaba el árabe a la perfección, montaba a lomos de camello como un experto jinete y sentía una secreta admiración hacia los nómadas beduinos que habitaban el desierto. Hombre erudito y sensible, era un gran conocedor de la historia de la antigua Mesopotamia, cuna de las primeras civilizaciones —asirios, sumerios, babilonios, persas…— que aquí levantaron sus poderosos imperios. Marga encontró en Sinclair una fuente inagotable de información que le resultaría muy útil para comprender la compleja situación política de estos países.

Cuando finalmente llegaron a la ciudad amurallada de Jerusalén, Marga se emocionó al cruzar la puerta de Jaffa, como una peregrina más, y al adentrarse en el laberinto de oscuras callejuelas de la ciudad antigua. Rodeada por las altas murallas que mandó construir el sultán Solimán el Magnífico en 1527 sobre los restos de las fortificaciones romanas, la ciudad apenas había

variado su fisonomía en los últimos cinco siglos. Para los car-
tógrafos alemanes del siglo XVI fue el centro geográfico del
mundo y para los viajeros occidentales un lugar cargado de
leyendas y simbolismo religioso que merecía la pena visitar al
menos una vez en la vida. Tres veces santa, Jerusalén era para los
musulmanes, después de La Meca y Medina, la tercera ciudad
en importancia y durante el Ramadán los peregrinos llegaban
en multitud de todos los rincones del mundo para orar en la
Cúpula de la Roca y la mezquita de al-Aqsa. Los cristianos
creían que Jerusalén era el camino hacia Dios y el lugar más
importante del mundo porque aquí transcurrió la vida de Je-
sús. Para los judíos era la capital del antiguo Israel, creado por
el rey David, y no sólo era un lugar de obligada visita sino que
los que pudieron se quedaron a vivir allí.

Cuando Marga visitó por primera vez Jerusalén, poco o
nada tenía que ver con la ciudad hedionda y abandonada que
era a finales del siglo XIX. En 1899 los europeos se sorprendían
de la miseria y suciedad reinante en sus calles, mal pavimenta-
das y cubiertas de excrementos y restos de comida. Desde que
en 1917 el general Allenby, al frente de las fuerzas británicas en
Palestina, hiciera su entrada triunfal en Jerusalén para liberarla
de los turcos, la ciudad sagrada había cambiado notablemente.
Los ingleses unificaron el color de sus construcciones, a base de
piedra blanca y rosa, levantaron escuelas, edificios administrativos y militares, y sanearon las canalizaciones y el alcantarillado.
Marga pudo pasearse por una ciudad bastante limpia y ordena-
da jalonada de sinagogas, iglesias y minaretes, y visitar los lugares
más emblemáticos desde la iglesia del Santo Sepulcro y la Vía
Dolorosa hasta el monte de los Olivos venerado por todas las
religiones.

«Un baño en el mar Muerto me dejó un recuerdo bastante divertido y curioso. Recogí un ramillete de violetas en el monte de los Olivos y, después de diez días de viaje de gran interés, reviviendo a cada paso la historia santa que me enseñaron en mi infancia, un grave dilema se interpuso entre nosotros cuando llegamos a Damasco.» Cuando Sinclair y las dos damas llegaron a la capital siria cubiertos de polvo y quemados por el sol, las vacaciones del mayor estaban a punto de finalizar. Fue entonces cuando les hizo elegir entre visitar la ciudad de Bagdad o las ruinas de la acrópolis de Palmira, en medio del desierto sirio. Lady Brault, como buena dama británica, se inclinaba por Bagdad, fundada en el año 762 a orillas del Tigris por el califa al-Mansur y escenario de los fascinantes relatos de *Las mil y una noches*. La capital iraquí se encontraba bajo el mandato británico, era una ciudad segura y lady Brault creía que en Palmira «además de las ruinas, no había nada de interés». Marga, por el contrario, prefería visitar las espléndidas ruinas de Palmira alejadas de las rutas más turísticas.

—Sinclair, lléveme a Palmira…

—Lo haré encantado pero ya sabe que es un viaje largo y agotador, y que no hay muchas comodidades en Palmira…

A Marga poco le importaban las incomodidades del viaje, ni el calor sofocante, ni el molesto viento del desierto que levantaba auténticas nubes de polvo. Deseaba visitar Palmira porque le parecía uno de los lugares más románticos de la Antigüedad y porque allí había reinado Zenobia, una mujer hermosa, ambiciosa y valiente que en el 270 d.C. se atrevió a desafiar al todopoderoso Imperio romano. Admiraba, como tantas otras viajeras de siglos pasados, a esta extraordinaria soberana que se creía descendiente directa de Cleopatra y que al frente de su propio ejército conquistó todo el Asia Menor y el Bajo Egipto. Cuando Marga conoció la descripción que hizo de ella un historiador latino del siglo IV llamado Trebelio Polio, se sorprendió del gran parecido físico que existía entre ellas: «Viose a una extranjera, de nombre Zenobia, que se vanagloriaba de pertenecer a la raza de Cleopatra y de los Ptolomeos; de vestir el manto imperial tras la muerte de su esposo Odenato [...]. Zenobia era de piel morena, de ojos negros y resplandecientes, de alma fuerte y gracia incomparable, de dientes tan blancos que parecían perlas, de voz sonora y grave...».

La primera visión de Damasco, con sus altos minaretes blancos y sus brillantes cúpulas doradas recortadas en el azul del cielo, a un paso del monte Hermón coronado de nieve, seguía cautivando a los viajeros aunque en 1927 la mítica ciudad era una pálida sombra del pasado. Sus amplias avenidas y edificios públicos mostraban aún los signos de los terribles bombardeos ocurridos hacía dos años; el río Barada, cuyas frescas aguas manaban de la cordillera del Antilíbano y antiguamente regaban —gracias a un sofisticado sistema de compuertas— los frondosos jardines y las huertas de las casas damascenas, era apenas un arroyo seco de aguas fétidas. Las instalaciones sanitarias eran escasas, el transporte público casi inexistente y la mitad de la ciudad seguía en ruinas. En algunos barrios el hedor de las alcantarillas y las nubes de insectos que llegaban de las aguas estancadas resultaban insoportables.

A su llegada, Sinclair y las dos damas se alojaron en el hotel Victoria, uno de los más limpios y confortables de la ciudad, donde era posible darse un buen baño de agua caliente, comer a la europea y dormir en sábanas limpias. Frecuentado entre otros por ilustres huéspedes como Lawrence de Arabia, Gertrude Bell y Agatha Christie, con sus salones tapizados de tela, muebles de estilo victoriano y espléndidas arañas de cristal, tenía un aire sombrío y decadente como la propia ciudad. La baronesa Brault, que a estas alturas del viaje se encontraba cansada —y algo molesta porque su amigo Sinclair no disimulaba la atracción que sentía por Marga—, decidió quedarse en el hotel para recuperar las fuerzas. No tenía ningún interés en hacer de carabina de la condesa y mucho menos en ser asaltada en alguna de las frecuentes emboscadas que aún tenían lugar en la ruta a Palmira. Lady Brault había oído contar que hacía unos meses el arzobispo anglicano en Jerusalén, que viajaba en coche con su secretaria, había caído en una emboscada cerca del paso del Jordán; no sólo les robaron todas las pertenencias sino que los bandidos los obligaron a desnudarse completamente y los abandonaron a su suerte en medio del desierto. Por fortuna consiguieron llegar a pie a un puesto de la gendarmería y se libraron así de una muerte segura. La dama británica no estaba dispuesta a pasar por una experiencia tan humillante y declinó amablemente la invitación de acompañarlos en su excursión.

Sinclair dio dos días de merecido descanso al chófer y se ofreció en llevar él mismo en coche a Marga hasta las ruinas de Palmira. Pero antes quiso enseñar a su invitada algunos de los ocultos secretos que guardaba celosamente esta ciudad que cautivó a poetas y escritores. Aunque Damasco ya no era «la ciudad eterna», como la definió Mark Twain durante su estancia en 1868, ni el «pedazo de tierra en el paraíso», como la bautizaron los sirios, sus desgastados muros de piedra y sus espléndidos monumentos religiosos recordaban su glorioso pasado. Considerada una de las ciudades más antiguas del mundo aún habitada, desde su fundación en el 4000 a.C. fue objeto de deseo de todos los grandes imperios de la Antigüedad. Alejandro Magno se la arrebató a Darío el Persa y, al morir éste, pasó a formar parte del reino seléucida. En el 64 a.C. Pompeyo la conquistó para Roma y según el Nuevo Testamento el apóstol san Pablo fue convertido en el camino a Damasco tras una visión donde se le apareció Cristo. En los tiempos del califa Muawiya, fundador del Imperio omeya, la ciudad ganó una gran reputación y se convirtió en el corazón del mundo árabe. Después de que el último califa omeya muriera a manos de los abasíes en el 750, los cruzados intentaron arrebatársela a Saladino. Más tarde los conquistadores mongoles —al frente de Hulagu, nieto de Gengis Jan y el temido Tamerlán— saquearon violentamente la ciudad, masacraron a sus habitantes y destruyeron sus monumentos.

Tras siglos de ataques, ocupaciones y devastación, en 1516 la «perla de Oriente» pasaría a manos del sultán otomano. A partir de ese momento la ciudad gozaría de cierta tranquilidad y prosperidad como punto de reunión de los peregrinos que iban a La Meca. El antaño encantador oasis al borde del desierto de Siria con sus fuentes cantarinas, delicados palacios y mansiones rodeadas de aromáticos jardines, era en 1927 una ciudad ocupada por fuerzas extranjeras donde la tensión se respiraba en el aire. Para los árabes, la antigua capital de los omeyas que llegó a conquistar para el islam el más vasto imperio conocido hasta entonces, era aún un orgullo y un símbolo vivo de la grandeza de su pueblo.

De la mano de Sinclair, Marga se perdió por los estrechos y bulliciosos callejones de la ciudad vieja salpicada de mezquitas, recoletos patios de naranjos, zocos laberínticos de especias y

perfumes, tiendas diminutas, hammanes y cafés donde los da-
mascenos fumaban tranquilamente el narguile. Visitó la espléndida mezquita de los omeyas con su enorme patio pavimenta-
do en mármol, la vía Recta mencionada en la Biblia y la casa
de Ananías donde se alojó san Pablo. Pasearon por los restos de
las altas murallas del siglo XIII que rodeaban la ciudad y pudieron admirar algunas de sus viejas puertas que antaño se cerraban al atardecer. Aquí, en el corazón de Damasco, pudo comprobar con estupor los daños causados por los bombardeos de
octubre de 1925. Durante veintiséis horas la aviación y la artillería se ensañaron a fondo en esta zona de la ciudad que había
caído en manos de los rebeldes drusos. Los franceses, que desde
1919 por mandato de la Liga de Naciones eran los nuevos go-
bernadores de Siria, respondieron de manera desproporcionada
contra la población civil. En sus vuelos rasantes sobre el corazón de la ciudad redujeron a cenizas el barrio de Harica, colindante al zoco de Hamidie. El gran bazar cubierto quedó completamente destruido y hubo centenares de muertos. Los
franceses vencieron porque estaban mejor equipados pero el
odio y la desconfianza que los árabes sentían hacia ellos aún era
bien visible.

La presencia de soldados franceses uniformados por las calles de Damasco y las zonas militares cercadas con alambres de
púas recordaban al visitante que la ciudad seguía siendo un
polvorín que podía estallar en cualquier momento. La rivalidad
entre franceses e ingleses —quienes dominaban desde El Cairo
hasta Bagdad pasando por el estratégico golfo Pérsico— se
debía en buena parte a la expulsión del emir Faisal, el joven
príncipe que había liderado la revuelta árabe. Damasco, que
durante cuatro siglos había estado gobernada por el Gran Turco,

fue liberada a principios de septiembre de 1918. Aquel histórico día Faisal entraba triunfal a caballo en la ciudad junto a su amigo y consejero el coronel T. E. Lawrence. Los británicos fueron bien recibidos por la población que los consideraba aliados y en los edificios se izó la bandera que representaba la unión de los árabes de Oriente a través de los colores de los tres grandes califatos: el verde, color del islam, el blanco del califato omeya y el negro del califato abasí. Lawrence, que creía sinceramente en la promesa británica de apoyar la creación de un Estado árabe independiente, descubriría decepcionado que tras los acuerdos secretos de Sykes-Picot, Oriente Próximo se repartiría entre Francia y Gran Bretaña traicionando así la causa árabe.

Faisal era hijo del jerife Husayn de La Meca y pertenecía a la dinastía hachemí, descendientes directos del profeta Mahoma a través de su hija Fátima. Su ambicioso sueño de levantar en Siria un nuevo Estado árabe unificado —desde Alepo (Siria) hasta Adén (Yemen)— no se haría realidad. Apenas tres meses después de la Conferencia de San Remo celebrada en 1920, el general Henri Gouraud al frente de ochenta mil soldados franceses marchó sobre Damasco y obligó al príncipe a exiliarse. Desde esa fecha hasta 1945 los franceses ocuparían la ciudad eliminando por la fuerza cualquier foco de resistencia. Para los árabes la derrota de Faisal fue una profunda humillación y el fin de su anhelado sueño de alcanzar la independencia prometida por los ingleses. Francia, fiel a la máxima de «divide y vencerás», separó el Líbano del resto de Siria y confinó a los drusos a vivir en sus pueblos de las montañas. En la zona británica, las antiguas provincias otomanas de Mosul, Bagdad y Basora se unieron para formar un nuevo país llamado Irak, en cuyo trono los británicos colocarían al derrotado emir Faisal. Bajo mandato británico quedaba también Palestina, que se comunicaría con Irak a través de un pasillo en el desierto al que llamarían Transjordania (actual Jordania) poniendo al príncipe Abdallah —hermano de Faisal— como rey. Éste era el mapa de la convulsa región que la condesa recorría ahora del brazo de su atento anfitrión Sinclair.

Marga, como ciudadana francesa, despreciaba la política colonial que su país practicaba en Oriente Próximo. En esta situación de ocultos enfrentamientos entre los dos países, su viaje a Palmira —donde existía una pequeña guarnición francesa— en compañía de un oficial británico levantaría las sospechas del Deuxième Bureau, encargado «del control de los extranjeros y de los hoteles, el contraespionaje y la vigilancia de sujetos sospechosos». Como muy pronto descubriría, la lucha entre los servicios secretos franceses e ingleses estaba a la orden del día. «Todos los funcionarios británicos en Oriente —aseguraba el historiador Robert de Beauplan—, ya fueran civiles o militares; todo el Servicio de Inteligencia británico, cuya acción era más eficaz que secreta, sólo tenían en mente un pensamiento: crear a Francia las mayores dificultades posibles para conseguir empañar su mandato.» En este contexto, la presencia en Siria de madame d'Andurain en compañía del mayor Sinclair sólo tenía una explicación: se trataba de una peligrosa espía que trabajaba para el enemigo, el Servicio de Inteligencia británico en El Cairo.

El desierto sirio no era un mar de ondulantes dunas de arena fina, sino una estepa pedregosa, salpicada de matorrales y barrida por el viento. La polvorienta pista de tierra que conducía a Palmira atravesaba esta extensa e infinita llanura reseca tan inhóspita que parecía impensable que alguna forma de vida humana pudiera sobrevivir en semejante entorno. Sinclair y la condesa tenían por delante un día entero de viaje en automóvil, bajo un sol sofocante y a una velocidad que nunca superaba los treinta o cuarenta kilómetros por hora. Cuando el agua del radiador se calentaba demasiado —algo muy frecuente—, Sinclair detenía el coche para dejarlo enfriar mientras la pareja contemplaba un paisaje difícil de olvidar. En medio de aquella gran inmensidad no se veía ni una aldea cercana y podían pasar varias horas hasta que uno se cruzara con algún pastor o comerciante de camino a Alepo. Tan sólo a lo lejos se distinguían unas pequeñas manchas oscuras; eran las tiendas negras de piel de cabra donde vivían los beduinos. Estos nómadas del desierto, vestidos con su larga túnica blanca y la tradicional *kefiya* (el pañuelo de algodón que los nómadas se enrollaban con un cordón negro alrededor de la cabeza para protegerse del sol y el polvo), no sabían de fronteras y desconocían la noción del tiempo; sus vidas aún se guiaban por los ciclos del sol y de la luna. Dueños y señores de estas tierras, famosos por su valor y lealtad tribal, antaño cobraban un elevado peaje por escoltar las caravanas hasta su destino y conducirlas hasta los pozos de agua. Algunas tribus beduinas eran el terror de los viajeros, a los que saqueaban o secuestraban para pedir un rescate por su liberación. Aquellos fieros guerreros, que organizaban inesperados *ghazous* —las mortíferas emboscadas de bandidos beduinos—, ahora se dedicaban al pastoreo llevando a sus rebaños de ovejas y cabras de aquí para allá, en busca de los mejores pastos.

Aunque, tal como le había advertido Sinclair, la ruta a Palmira era incómoda y aún poco segura, nada tenía que ver con el infierno al que tuvieron que enfrentarse los viajeros que en el pasado querían visitar la ciudad oasis de Palmira, llamada Tadmor —en arameo «la ciudad de los dátiles»— en la Biblia. En el siglo XVIII las epidemias de peste y de cólera que azotaban estas regiones, los bandidos, los despóticos bajás turcos, la falta de alojamiento —sólo posible en los *jan* o caravasares, rústicas posadas pensadas para dar cobijo y alimento a los viajeros y a sus animales— y el clima extremo hacían muy difícil esta travesía por el desierto sirio. Sin embargo, un buen número de intrépidas damas, en su mayoría aristócratas inglesas, se aventuraron por estas tierras atraídas por sus ciudades milenarias y la vida primitiva de sus habitantes. Era un viaje caro y peligroso; había que contratar sirvientes, un traductor y varios guías, alquilar camellos y tiendas; también comprar provisiones como para una semana, el tiempo que entonces se tardaba en llegar a las ruinas desde Damasco, pagar a las tribus beduinas una elevada suma para poder transitar por sus tierras y contratar a una escolta de soldados turcos como protección.

La célebre escritora Emily Beaufort, autora de una guía de Siria publicada hacia 1860 en Londres, advertía a sus lectores sobre los riesgos de un viaje a las ruinas: «Se debe ser inhumanamente fuerte para hacer el viaje de ida y vuelta a Palmira, cincuenta horas cabalgando a camello y ni siquiera veinte para dormir o descansar. Las ruinas tienen una extensión de unos cinco kilómetros de longitud y sólo da tiempo a echar un vistazo a sus edificios principales incluso si pasas diez horas recorriéndolas. El miedo a los beduinos y la necesidad de agua nos obligaron a cabalgar el último tramo del viaje en etapas de veinticuatro horas sin parar tanto a la ida como a la vuelta; a pocas personas les gustaría realizar semejante esfuerzo».

A pesar de la incomodidad y la poca seguridad que ofrecía

un viaje a Palmira a mediados del siglo XIX, una excéntrica y rica aristócrata inglesa llamada lady Hester Stanhope consiguió llegar a las puertas de la antigua ciudad sin sufrir ningún contratiempo. Sobrina predilecta del primer ministro inglés William Pitt, lady Stanhope, a sus treinta y siete años, se convertiría en la primera europea en conseguir tal hazaña. En marzo de 1813, vestida como una auténtica princesa oriental y montando un semental regalo del bajá de Damasco, la indómita dama partió de la ciudad al frente de una espléndida caravana: cincuenta camellos cargados de provisiones, agua y magníficos regalos, una escolta de beduinos armados con largas lanzas, una veintena de jinetes, dos guías, dos cocineros y su médico personal. El 27 de marzo, tras ocho días de viaje, llegó a los alrededores del oasis de Palmira donde se habían reunido para la ocasión todas las tribus del desierto. La noble inglesa y su séquito hicieron una entrada triunfal por la calzada de la avenida principal, la Gran Columnata, donde fue aclamada por sus habitantes en medio de emotivos cantos y danzas. Los jóvenes y los niños lanzaban guirnaldas de flores y hojas de palmera al paso de la comitiva. El momento más emotivo de su histórica visita a Palmira fue cuando un niño se acercó a ella y le colocó una corona sobre la cabeza. En una carta a un amigo de Inglaterra, le diría: «He sido coronada reina del desierto bajo el arco triunfal de Palmira».

Marga, que al igual que lady Hester, odiaba la monotonía y le gustaba desafiar las normas, se identificaría con esta aristócrata inglesa que se autoproclamó «reina de los árabes». Algunos autores llegan a confundir las vidas de ambas mujeres que dejaron su particular huella en el desierto sirio. Tras su estancia en Palmira, la inglesa se instalaría a vivir como una eremita, rodeada de una extraña corte de esclavos y sirvientes y docenas de gatos, en un remoto monasterio fortificado de las montañas del Líbano. Por entonces, su autoridad y poder en la región eran tan grandes que ni siquiera el sultán otomano se atrevía a desafiarla.

A diferencia de lady Stanhope, la condesa d'Andurain no tenía ninguna intención de vivir recluida como una monja y acabar sus días sola, enferma y arruinada. A estas alturas del viaje, el mayor Sinclair ya no disimulaba la atracción que sentía por ella. Marga, por su parte, no sólo se dejaba querer sino que por primera vez pensó seriamente en abandonar a su esposo. Durante la larga y monótona travesía pudieron conocerse mejor y Sinclair le abrió su corazón contándole algunos detalles de su desdichado matrimonio. Al parecer, durante la Gran Guerra su mejor amigo le había pedido en las trincheras que si algo le ocurría se hiciera cargo de su esposa y del hijo que ésta esperaba. En uno de los combates, el amigo de Sinclair murió a manos del enemigo y el oficial decidió casarse, más por piedad que por amor, con la joven viuda. Tras la boda comenzaron los problemas de la pareja; el niño que esperaban nació muerto y la madre sufrió una crisis nerviosa de la que nunca se recuperó. Sinclair se hizo cargo de los gastos de su internamiento en un asilo y del mantenimiento de su propia madre, también enferma. Aunque hubiera querido divorciarse de su esposa, nunca lo hubiera conseguido debido a su enfermedad mental.

Ante esta conmovedora historia, Marga no sólo se compadeció de Sinclair sino que entre ellos surgió una estrecha complicidad. La condesa tampoco era feliz con su esposo y no le veía ningún futuro a su matrimonio. Pierre la amaba con devoción pero la suya era una relación basada en la amistad; hasta el final de sus días Marga reconocería que su esposo había sido su único y más fiel amigo. Por otra parte, el hecho de que el conde d'Andurain no tuviera iniciativa ni trabajo propio remunerado le convertía en una pesada carga para su independiente esposa. Aquellos pensamientos y confidencias se desvanecieron en el aire cuando al atardecer, poco antes de la puesta de sol, divisaron la ciudad en ruinas emergiendo del desierto a un paso de un frondoso oasis de palmeras. «La primera impresión que me llevé al llegar a Palmira —recordaría emocionada— fue enorme. Aquella extensión inmensa de ruinas doradas, las filas de columnas perdidas en la arena, los horizontes sin límites, el palmeral cuyo verde sombrío cortaba la extensión vacía del desierto... y por encima de todo, la soledad, el silencio, una realidad que parecía de otro mundo. De repente comprendí que había descubierto el lugar de mis sueños. Desde mi llegada me sentí como una hija de esta tierra extraña.»

El paisaje que tenía ante sus ojos era de una belleza sobrecogedora y muy similar a como lo describían los viajeros de siglos pasados. Sobre la colina que dominaba la acrópolis y recortada en un cielo de tonos malva, se levantaba la fortaleza de Qalaat ibn Maan que a principios del siglo XVIII un emir libanés ordenó construir para asegurarse el control de esta parte del desierto sirio. A sus pies, en medio de una gran extensión de terreno, se distinguía un bosque de esbeltas columnas de piedra caliza, alineadas en una larga avenida principal, agrupadas en templos o rotas y esparcidas por el suelo. Como telón de fondo, el interminable desierto y las blancas extensiones de sal, a sólo cinco días de marcha del Éufrates. A esa hora de la tarde, la piedra de los edificios de Palmira —de estilos helénico, parto y romano— adquiría un tono ocre, suavemente amarillo, idéntico al del desierto que la rodeaba.

Cansados por el fatigoso viaje, la pareja se alojó en el único hotel que entonces existía en Palmira. Se trataba de un feo edificio de cemento gris, de una sola planta y estilo neoclásico, construido a pocos metros del templo de Baal Shamin. Desde allí se divisaba una magnífica perspectiva de toda la acrópolis y al fondo el majestuoso templo de Bel. Como la sociedad Kettaneh, propietaria del mismo, había quebrado, el hotel estaba a medio construir y sólo un ala del mismo estaba operativa. Aunque tenía previsto que hubiera luz eléctrica y agua corriente, por el momento ésta se llevaba en cubos hasta los cuartos de baño de las habitaciones.

Tras una liviana cena a la luz de los quinqués, Marga le pidió a Sinclair que la acompañara a dar un paseo por las ruinas a la luz de la luna. Si durante el día la temperatura alcanzaba los 48 grados, por la noche una agradable brisa refrescaba el sofocante ambiente. El guardián del hotel, un hombre llamado Félix que trabajaba como confidente de la policía y sería el causante de los primeros problemas de Marga con las autoridades francesas locales, les contó la leyenda de una columna de piedra, blanca y solitaria, que se encontraba no muy lejos del hotel. Según se decía, si dos enamorados de abrazaban a ella a medianoche bajo la luna llena, uno de los dos moriría en el transcurso de aquel año. Marga y el mayor se rieron al escuchar lo que consideraban una superchería y durante el paseo no dudaron en abrazarse con fuerza a la esbelta columna. Fue en aquel romántico momento cuando el mayor Sinclair se sinceró con ella.

—Te amo, Marga, vamos a rehacer nuestra vida juntos.

Marga no le respondió, pero aquella noche de luna llena en

Palmira descubrió que Sinclair reunía todas las cualidades que buscaba en un hombre. Al regreso al hotel pasaron su primera noche juntos en una de las modestas y malolientes habitaciones. Aunque a su llegada habían pedido cuartos separados para no despertar sospechas, aquella mágica noche en Palmira se hicieron amantes; un detalle que el encargado del hotel anotaría cuidadosamente en su libreta. Con la cegadora luz del día, la condesa exploró en compañía de Sinclair las extensas ruinas de la ciudad desierta. Paseando por sus calles y avenidas flanqueadas por centenares de columnas coronadas por capiteles ricamente labrados, su imponente arco triunfal, el ágora con sus paredes profusamente decoradas con estatuas y los templos, Marga descubrió que el estéril paisaje que la rodeaba era muy similar al de la pampa argentina. Pensó que allí su esposo podría criar caballos purasangre muy apreciados por sus amigos los oficiales ingleses que frecuentaban el Gezira Sporting Club de El Cairo. Además, en el puesto militar cercano al templo de Bel, residía una compañía formada por doscientos meharistas —cuerpo especial creado por el Ejército francés y formado por soldados indígenas montados a camello— y una docena de oficiales franceses entre los que Pierre se sentiría muy cómodo. Marga le contó sus pensamientos a Sinclair:

—Mi marido sólo ama el Ejército y los caballos; si se instalara aquí con mi hijo, podría comprar algunos caballos y vivir como en Argentina en plena naturaleza. Además tendría a sus amigos militares, oficiales franceses como él, y sería feliz. Yo vendería mi negocio en El Cairo y cuando esté todo listo partimos juntos hacia América...

Los amantes comenzaron a hacer planes de futuro y a ilusionarse con una vida en común. La condesa, decidida a hacer realidad su sueño, visitó al capitán Bouteille —al frente de la guarnición francesa acantonada en Palmira— para preguntarle sobre la posibilidad de criar caballos y ganado en esta región. El militar, sorprendido por la presencia de la dama francesa y no sabiendo muy bien qué responderle, le aconsejó que hablara con el jeque de la aldea de Palmira, el *sheik* Abdallah. Este anciano y sabio beduino —cuya edad nadie se atrevía a calcular— era la máxima autoridad árabe local y desde el primer instante congenió con Marga. Al *sheik* no le resultaba nada extraño que una dama europea se enamorara de Palmira y deseara quedarse a vivir allí. Él mismo, cuarenta años atrás, había viajado a París invitado por madame Perouse, sobrina del entonces presidente francés Jules Grévy. La joven dama, de paseo por Palmira hacia 1880, sedujo a este noble y entonces apuesto beduino y le invitó a visitar su país. En tiempos de la III República, Abdallah se alojó en el palacio presidencial y aún recordaba con emoción su visita a la Ópera, su estancia en Chenonceaux y el esplendor de Versalles.

No era la primera vez que un jeque árabe de Palmira sucumbía a los encantos de una viajera europea. En 1872, la periodista y viajera rusa Lidia Paschkoff visitó las ruinas en compañía de un pequeño séquito que incluía al cónsul ruso, a su dragomán, dos doncellas europeas, un fotógrafo francés y los sirvientes de ambos. Como escolta había contratado a un grupo de soldados turcos a caballo y fuertemente armados. Fueron necesarias treinta y tres mulas para llevar los pesados baúles de la acaudalada dama y sus acompañantes, y un número similar de camellos para transportar el agua. Cuando finalmente Lidia llegó a Palmira, invitó a su tienda al *sheik* y a sus hombres, ofreciéndoles un banquete digno de un rey. El menú, que incluía langostas, espárragos, paté de venado, ternera en salsa, pollo asado y como postre un delicioso pudín de pasas —todo ello regado con un excelente borgoña y abundante champán—, dejaría una huella imborrable en el jefe. Tras el ágape, el jeque de Palmira exclamó: «¿Estaremos soñando?... Sin duda es a los genios propicios de estas ruinas a quienes debemos la maravilla que nos ha caído del cielo; el único temor es que estas tiendas puedan también desaparecer por arte de magia».

El venerable Abdallah le propuso a Marga alquilarle una parcela en su huerta para que allí pudiera construirse una casa mientras esperaba a que la Administración le diera permiso para su proyecto de criar ganado. «Determiné establecerme en Palmira y montar una granja o criar ganado como había hecho en América del Sur. Sólo me faltaba convencer a mi marido. Volví a El Cairo y todo se arregló sin problemas.» Marga y la baronesa Brault acompañaron al mayor Sinclair de regreso a la ciudad de Haifa y de ahí tomaron la serpenteante carretera de la costa hasta El Cairo. La aristócrata inglesa ya no sentía ninguna simpatía por su compañera de viaje y más ahora que sabía que ella y Sinclair eran amantes. Lady Brault —más tarde Marga se enteraría de que era agente del Servicio de Inteligencia británico— pasaría a engrosar la larga lista de personas que se dedicarían a desprestigiarla públicamente.

Madame d'Andurain regresó de su viaje a Tierra Santa bronceada, relajada y dispuesta a comenzar una nueva vida junto al hombre del que se había enamorado. Pero antes quería dejar a su familia bien instalada en Palmira. No fue difícil convencer a Pierre, aburrido de los partidos de polo y de llevar las cuentas del salón de belleza, para que abandonara El Cairo y se dedicara al lucrativo negocio de la cría de caballos. Quince días más tarde el conde d'Andurain y su hijo Pio, de dieciséis años, partían en un coche cargado de baúles y maletas, rumbo al oasis de Palmira. Mientras, Marga se encargaría de la mudanza y de liquidar su famoso salón de belleza. Sus amigos ingleses prometieron hacerles una visita y de paso conocer las espléndidas ruinas de la antigua acrópolis.

Tal como Marga imaginó, Pierre, que había sido ascendido a capitán y era el oficial de mayor graduación en todo el destacamento de Palmira, fue muy bien recibido por sus compañeros. No le fue difícil congeniar con estos jóvenes oficiales de caballería, expertos jinetes, que galopaban a gran velocidad por el desierto a lomos de camello. Pierre comía con ellos en la cantina, jugaba a las cartas y al atardecer los acompañaba a caballo en sus salidas de reconocimiento. Desde el primer momento el *sheik* y su hijo pequeño Hamid, que hablaba muy bien el español porque había vivido una larga temporada en Argentina, ayudaron a los d'Andurain a instalarse en Palmira. En poco tiempo dispusieron de una pequeña y fresca vivienda, construida a la manera local con los muros de adobe y piedra, en la propiedad del jeque. Marga recordaba que la casa se encontraba a un paso de un manantial de agua «caliente y sulfurosa, donde lavábamos nuestros cuerpos, la ropa y la vajilla. Era nuestro mayor placer en esta precaria vida en el desierto».

En los primeros meses la señora d'Andurain se dedicó por entero a la mudanza de su casa y su abnegado Sinclair la ayudó a organizar el transporte de sus muebles así como de sus innumerables baúles y maletas. El mayor aún no había informado a sus superiores de la renuncia a su cargo, a la espera de que Marga tomara una decisión. Gracias a Sinclair la condesa pudo transitar a su antojo por las carreteras de Siria y el Líbano evitando los controles policiales y las molestas inspecciones en los puestos fronterizos. Cuando finalizó su mudanza y se trasladó definitivamente a vivir a la casa colindante a la vivienda del jefe Abdallah, comenzó a disfrutar de una nueva vida «salvaje y encantadora» a un paso de las ruinas. Pronto visitaría a los beduinos en sus tiendas y compartiría con ellos las interminables rondas de café, bien amargo, especiado con cardamomo y servido en diminutas tazas. Marga, enfrascada en sus asuntos domésticos, ignoraba los rumores que a sus espaldas circulaban sobre ella y que muy pronto empañarían su idílica existencia.

Desde que por primera vez visitara Palmira en compañía de Sinclair, las autoridades francesas sospecharon de ella. Tanto el capitán Bouteille como su superior, el coronel Ripert, jefe de puesto en Deir ez-Zor, situado al norte de Palmira, se preguntaban por qué aquella aristócrata francesa se había presentado allí en compañía, nada menos, que del jefe de la Inteligencia británica en Palestina. «El coronel Ripert se había mostrado sorprendido de que yo hubiera ido a Palmira con el mayor Sinclair, oficial temido y mal visto por los franceses. Me rogaba que dejase de frecuentarle y sobre todo que no volviera nunca con él a Siria bajo ningún pretexto. Me quedé perpleja. ¿Por qué tenía yo que recibir consejos, casi órdenes de un coronel? Como me he visto obligada a repetir cientos de veces desde entonces, no soy más que una persona civil, sin nada que ver con el Ejército, y me considero libre de tratar con quien me plazca.»

En aquellos días Marga se enteró a través de unos oficiales que estaban esperando la llegada del inspector general del Ejército en el Levante. Dio la casualidad de que el hombre que ostentaba este cargo era su primo, el general Henri Péria. La idea de encontrarse con él en Palmira y poder hablar de la familia de Bayona le resultó de lo más divertida. Al día siguiente, le escribió una carta invitándolo a comer con ellos cuando visitara la guarnición. Creía que a Henri le agradaría conversar con ella y con Pierre, pero pasaron los días y no hubo respuesta. Marga imaginó que el general, de inspección en la zona, estaría demasiado ocupado y se olvidó de él.

Hacía seis meses que había llegado a Palmira y los sentimientos hacia Sinclair no habían cambiado. Sin embargo, ahora que vivía de nuevo con Pierre y su hijo no se veía capaz de abandonarlos. Sentía que su esposo se hundiría si ella se marchaba para siempre de su lado y en cuanto a sus hijos, el pequeño Jacques, que ya había cumplido once años y seguía viviendo en Bayona, pronto se reuniría con ellos. Pio, por su parte, era un muchacho tímido y algo retrasado a causa de la enfermedad contraída en Argentina y no había podido seguir con regularidad sus estudios en el colegio.

La fecha en la que Marga tenía que dar una respuesta a su amante se acercaba. Como en aquellos días debía viajar a Damasco para arreglar algunos asuntos relacionados con la compra de terrenos en Palmira, aprovechó para quedar con él. Una mañana, al volante de su nuevo coche, un flamante Citroën C6 adquirido en Beirut, enfiló la monótona y rectilínea pista de tierra batida en dirección a Damasco. Le acompañaba su hijo Pio y estaba decidida a romper su relación sentimental con el mayor Sinclair. Jacques d'Andurain recordaba en sus memorias que aquel encuentro de su madre con Sinclair en el hotel Ommayad de Damasco fue para ella un trance muy doloroso. Cuando el oficial llamó a la puerta de su habitación, en lugar de echarse a sus brazos, Marga le indicó con un gesto que hablara bajo pues su hijo estaba durmiendo. «No puedo hacerlo, es imposible, no tengo fuerzas», le dijo angustiada. Sinclair, que llevaba meses esperando este momento y estaba muy ilusionado con la idea de partir juntos a Estados Unidos, no supo reaccionar. Sin mediar palabra desapareció por el pasillo del hotel como una sombra. No volverían a verse y Marga, aunque nunca se arrepentiría de su decisión, reconocería que lo había amado de verdad.

Habían pasado diez días desde que llegara a Damasco y cuando se disponía a abandonar la ciudad para regresar a Palmira se encontró en el vestíbulo de su hotel con su primo Péria. Lejos de alegrarse, éste se mostró nervioso y muy incómodo ante la presencia de Marga. Discretamente la cogió por un brazo y la condujo a uno de los salones del hotel donde podrían hablar sin ser vistos. Ella le echó en cara que no hubiera respondido a su invitación y lamentó que no tuviera tiempo para comer con miembros de su familia.

—Marga, cálmate —le suplicó el general—; si me dejas hablar te lo explicaré todo.

—Y bien, dame una explicación…

—Marga, lo sabemos todo de ti. He leído tu informe policial y por este motivo anulé mi viaje a Palmira. No quiero que nadie sepa que soy el primo de una espía.

—¿Espía? Tú te has vuelto loco.

—No te hagas la tonta, sabemos tu relación con los oficiales ingleses del Intelligence Service, especialmente con Sinclair.

Marga no daba crédito a lo que oía pero escuchó atentamente la lista de acusaciones que pesaban sobre ella y que hasta entonces desconocía. «Sólo logré del inspector general Péria los siguientes detalles: me reprochaban las relaciones que había mantenido en El Cairo con los príncipes Lotfallah, de quienes se conocía su papel relevante en la política siria; también la propaganda antifrancesa que yo había llevado a cabo en Bagdad; mi relación con la baronesa Brault, agente secreto del Intelligence Service; la compañía y trato con esta dama eran mucho más comprometedores, decía mi pobre primo, que relacionarse con la famosa Gertrude Bell. Además, y para rematar, ¿cómo podíamos explicar mi marido y yo que, a pesar de tener un salón de belleza en El Cairo, pudiéramos ser miembros del Sporting Club? ¿No demostraba esto bien a las claras mis relaciones secretas con los Servicios de Inteligencia?» De nada le hubiera servido decirle que ella nunca había estado en Bagdad —lo que era cierto— y que ignoraba que su compañera de viaje lady Brault fuera una espía británica. Su primo le recomendaba que regresara a Francia con su familia, pero Marga no tenía ninguna intención de abandonar el país.

—De todo lo que has dicho —reconoció Marga— lo único cierto es que amo al oficial Sinclair y que tenía intención de huir con él lejos de aquí… incluso de casarme con él.

—Sinclair ha muerto, hace ocho días se suicidó en la habitación del hotel donde se alojaba. Al parecer se pegó un tiro en la boca con su pistola.

No era difícil adivinar lo ocurrido. Aquel domingo después de su triste encuentro en el hotel, W. F. Sinclair había decidido que su vida no tenía ningún sentido si Marga no estaba a su lado. Al menos esto era lo que ella imaginaba. La condesa, al conocer la terrible noticia, calló por un instante y se puso a llorar desconsoladamente. Se culpaba —y se culparía toda su vida— de su inesperada y absurda muerte. Los que conocían bien a Sinclair sabían que era un hombre de firmes convicciones y dudaban que hubiera sido capaz de quitarse la vida. Nunca se conocerían las causas exactas de su muerte. En 1946, cuando Marga vivía en París, consiguió averiguar a través de un conocido suyo en el Ministerio de Guerra británico, que en el certificado de defunción del mayor Sinclair constaba que su muerte se debió «a unas virulentas fiebres que en cuatro días acabaron con su vida».

—Mi pequeña Marga —le diría Péria para consolarla—, es necesario que vuelvas a Francia… He escrito a tu madre, le he dicho que te acusaban de espionaje y que lo mejor era que te repatriaran discretamente y que ingresaras un tiempo en un convento, para evitar el escándalo.

—¡Cómo has podido escribir a mi madre! ¡Si ella cree que su hija es una espía, se morirá del disgusto…!

Marga, que recordaba la reacción de su familia ante el caso Dreyfus, imaginaba lo que podía pasar por la cabeza de su madre al leer la carta de Péria. Decidida a llegar hasta el final le pidió a su primo que le indicara el nombre de la persona del Deuxième Bureau que tenía su «terrible dossier».

—El jefe del Deuxième Bureau está en Beirut, es el coronel Catroux.

—Bien, ahora mismo me voy a verle y aclararé esta historia.

Tras despedirse precipitadamente de su primo, Marga cambió de planes y avisó a Pierre de que no la esperara en Palmira. Casi al anochecer llegaba en su coche a Beirut, a 120 kilómetros de Damasco, y se alojaba en el confortable hotel Bassoul junto al paseo marítimo. Al día siguiente vestida muy elegante cruzó con paso firme la gran escalinata del Grand Sérail que conducía al vestíbulo. Esta enorme y palaciega residencia de estilo otomano, situada en lo alto de una colina, albergaba la Secretaría General del Alto Comisionado y el Estado Mayor del Ejército en el Levante (Siria-Líbano). En 1943, dos años después de proclamarse la independencia del Líbano, el palacio se convertiría en la sede del Gobierno.

Marga no tenía aquel día cita con Catroux, el «hombre fuerte de los Servicios de Información en el Levante», pero no necesitaba que nadie la anunciase. Saltándose el protocolo entró como un torbellino en el despacho que ocupaba el coronel en la primera planta del edificio.

—¿Es usted, señor, el coronel Catroux? ¿El que dice que soy una espía…?

—Pero, señora, no sé quién es usted… yo no la conozco, por favor, cálmese…

—Soy Marga d'Andurain, usted me acusa de ser una espía inglesa, tiene en su poder un dossier, quiero ver ese informe, no me iré sin verlo.

El coronel Georges Catroux era un veterano militar con una brillante y fulgurante carrera a sus espaldas que siendo muy joven había formado parte del Ejército colonial francés en Argelia e Indochina. Durante la Primera Guerra Mundial había sido capturado por los ingleses cuando estaba al mando de un batallón y fue llevado a un campo de prisioneros; allí conocería al capitán De Gaulle. Al acabar la guerra fue destinado a Marruecos y Argelia, donde trabajó como ayudante de campo del mariscal Lyautey. Catroux tenía treinta años, era un hombre culto y educado, de talante liberal, que a diferencia de sus compañeros se ganaría el respeto y el aprecio de aquellos que se mostraban hostiles al mandato francés. En 1941, el general De Gaulle, como representante de la Francia Libre, le nombraría comisionado para el Oriente Próximo, reconociendo poco después de su nombramiento la independencia de Siria. Éste era el hombre que algo aturdido por la explosión de cólera de Marga intentaba tranquilizarla.

—Pero ¿quién le ha dado esa información, señora?

—Mi primo, el general Péria...

—Si el señor inspector general Péria se lo ha dicho, él sabrá de qué habla... pero yo no tengo nada que ver en este asunto, al contrario, hace unos días recibí una carta del mariscal Lyautey, en la cual me recomendaba al joven matrimonio d'Andurain, que seguramente conocería durante mi estancia en Siria.

Al escuchar estas palabras, Marga se sintió profundamente aliviada. Estaba segura de que todo había sido un malentendido, que alguien en Palmira había interpretado de manera equívoca su presencia en compañía del mayor Sinclair. Antes de despedirse Catroux le aseguró que tanto ella como su esposo ya no tendrían más problemas ni con los Servicios de Información ni con las autoridades militares del puesto de Palmira. La condesa abandonó la hermosa residencia del Grand Sérail satisfecha de su entrevista con este militar que parecía un hombre de palabra. De regreso, mientras conducía por la desierta carretera a Damasco sólo pensaba en la noche en que ella y Sinclair habían abrazado confiados la blanca columna solitaria frente al hotel. Y recordaba, con un cierto escalofrío, que la maldición se había cumplido.

Tras el escándalo que había organizado en la sede del Alto Comisionado en Beirut, Marga regresaba triunfante a Palmira. Tenía la sensación, una vez más, de haberse salido con la suya. El coronel Catroux, quien años más tarde se referiría a ella como «una aventurera de altos vuelos», se encargó de limpiar su historial aunque estaba convencido de que su compatriota había sido reclutada en El Cairo por los servicios británicos. Pero la ingenua Marga no tenía la menor idea de que sus verdaderos enemigos no se detendrían hasta conseguir expulsarla de Palmira. La guerra entre la dama francesa y un puñado de mediocres oficiales no había hecho más que empezar. A muchos kilómetros de allí, en su Bayona natal, otro escándalo estaba a punto de estallar. La inoportuna carta del general Péria acababa de llegar a la casa de los Clérisse, en el número 25 de la rue Victor Hugo.

5

La condesa de Palmira

A veces venía el jeque, para asegurarse de que
estaba bien tapada, y me arropaba paternalmen-
te. Al despertar, me daban en un cuenco de madera leche de camella, fuente de fuerza y de salud
para mis anfitriones. Yo disfrutaba de la tranquila
y sencilla vida beduina, de una profunda satisfacción interior, algo que no sé expresar, pero que
nunca me ha dado la vida civilizada.

Le Mari-Passeport

Lo primero que hizo Marga al regresar a Palmira fue enviar un
telegrama urgente a su madre. Decía así: «Error burdo, asunto
concluido felizmente». Por desgracia el mensaje llegaba tarde.
Madame Clérisse ya había leído la carta enviada por el general Péria desde Beirut. Para la madre de Marga, ferviente se-
guidora de L'Action Française, que su hija pequeña pudiera
dedicarse al espionaje le parecía «un crimen monstruoso».
Jacques d'Andurain, que entonces se encontraba interno en el
pequeño seminario de San Francisco Javier, en Ustaritz, loca-

lidad cercana a Bayona, recordaba que el día que su abuela recibió el fatídico telegrama le mandó llamar con urgencia para que se reuniera con ella en Bayona. Jacques, que desde los cinco años había sido criado por madame Clérisse, cuya autoridad nunca se discutía, cogió su bicicleta y se presentó en su casa lo antes que pudo. El hijo menor de Marga tenía once años y se encontraba interno en los jesuitas. Su abuela estaba convencida de que este niño «de aire angelical y rostro bondadoso» tenía vocación religiosa y acabaría dedicándose al sacerdocio.

Al llegar a la casa de la rue Victor Hugo, Jacques se dirigió veloz por el largo pasillo hasta el salón donde la abuela le esperaba. Ésta le abrazó con fuerza y rompió a llorar. Acto seguido le pidió que se pusiera de rodillas junto a ella y rezaran «por su madre». En aquel instante Jacques creyó que su madre había muerto, pero la abuela no le dio ninguna explicación. Lo único que la oyó decir antes de retirarse abatida a su dormitorio fue: «No está muerta, pequeño, pero hubiera sido mejor…».

Ajena al escándalo que se avecinaba en el seno de su familia en Bayona, Marga estaba dispuesta a llegar al fondo de aquel desagradable asunto. Quería descubrir por sí misma quién estaba detrás de aquella gravísima acusación que tantos problemas le estaba causando. Las amables palabras del coronel Catroux no habían calmado su indignación ni tampoco la carta enviada a su marido unos días más tarde y firmada por el coronel Arnauld, jefe del Servicio de Información en el Levante (Siria-Líbano):

Secretaría General

Servicio de Información

Beirut, 19 de diciembre de 1927

Monsieur:

puedo asegurarle de nuevo que no es usted objeto de ninguna vigilancia especial y que han sido dadas todas las instruccio-
nes para que, tanto usted como madame d'Andurain, puedan
vivir en paz en Palmira. No dudo tampoco de que con la buena voluntad de todos, el incidente se aclare. No obstante, le
agradecería recomendar a madame d'Andurain ser muy prudente en sus relaciones con personas extranjeras, al objeto de
no levantar ninguna sospecha en algún agente subalterno. Si
me permito darle este consejo es porque sé que el señor inspector, pariente suyo, se lo dio ya a madame d'Andurain. En
espera de que estas líneas le puedan dejar más tranquilo, reciba, monsieur, mis mejores saludos.

CORONEL ARNAULD

Esta carta no era tan sólo una formalidad o cortesía por
parte de Catroux hacia el matrimonio d'Andurain pues, antes
incluso de que Marga regresara a Palmira, las autoridades habían recibido la orden de colgar en la puerta del puesto militar una nota que decía: «Los d'Andurain son franceses perfectamente honorables, a quienes no hay nada que reprochar. Los
militares deben ser siempre correctos con ellos».

Los principales enemigos de Marga en Palmira eran Félix,
el guardián del hotel, y el capitán Bouteille, uno de los «héroes»
de la sangrienta batalla contra los drusos, para quien todos los
ingleses, sin excepción, eran enemigos de la patria. Bouteille,
desde el día en que la condesa irrumpió en su despacho para

informarse sobre la posibilidad de criar ganado en Palmira, estaba convencido de que esta excéntrica dama trabajaba para el Intelligence Service. Por este motivo —y también porque no estaba dispuesto a que ninguna mujer europea se instalara en la aldea— había solicitado su inmediata expulsión al Alto Comisionado con sede en Beirut. En cuanto a Félix, todo el mundo sabía que era un chivato y un tipo siniestro que trabajaba a las órdenes del capitán.

El hotel Kettaneh —como entonces se llamaba— había sido financiado por dos sociedades: la siria Kettaneh y la británica Nairn Eastern Transport Company. Ambas tenían previsto la construcción de un lujoso hotel que serviría de escala en la futura carretera entre Damasco-Bagdad-Teherán. Finalmente la ruta cambiaría su itinerario y pasaría por Routba, al sur de Siria, en Transjordania, muy cerca de la zona de influencia británica. El edificio quedó abandonado a su suerte, sin que los trabajos de construcción hubieran finalizado. De 1927 a 1930, mientras las dos sociedades comenzaban un largo proceso jurídico, legalmente el hotel no perteneció a nadie. En ese momento los militares, la única autoridad local, se habían hecho responsables del mismo y aceptaron que un hombre llamado Félix —nunca se supo su verdadera identidad— fuera su encargado.

Como resultado de su entrevista con el coronel Catroux, Marga se enteró de que Félix había sido expulsado de Palmira y de que el capitán Bouteille pronto sería sustituido por otro militar. El hotel se quedaba vacío, sin gerente y sin nadie que lo cuidara. Algunos militares de la guarnición, que tenían buena relación con los d'Andurain, les ofrecieron que se hicieran cargo del hotel en compensación a las molestias que les habían

ocasionado. A Marga, que tras la muerte de Sinclair y su falli-
da huida a Estados Unidos no atravesaba su mejor momento, la
idea de dirigir el hotel le devolvió la ilusión. En aquellos años
se acercaban muy pocos turistas a las ruinas, el coche aún era
una rara curiosidad por esas latitudes y el hotel daba poco trabajo porque casi todo el año estaba vacío. Su magnífico empla-
zamiento, a un paso del templo de Baal Shamin —consagrado
al dios de los cielos y de las lluvias tan necesarias en Palmira—, y el hecho de que fuera el único hotel de la aldea, eran
alicientes añadidos.

—De acuerdo —dijo Pierre—, acepto encargarme del hotel, pero que quede bien claro que este lugar no será la cantina de los soldados. Los militares nunca serán aceptados como
clientes, sólo como invitados privados.

De repente, Marga y Pierre se habían convertido en geren-
tes de un hotel medio abandonado en pleno desierto sirio; el
romántico proyecto de criar caballos árabes y ganado quedó
olvidado. Por su nuevo empleo no recibirían ningún tipo de
remuneración pero tampoco tendrían que pagar un alquiler, tan
sólo llevar un registro de los turistas que se alojaran y acondicionar el desvencijado hotel. La condesa no podía disimular su
satisfacción y más teniendo en cuenta que sería la única mujer
europea residente en la que muchos consideraban «la ciudad
romana más hermosa de todo Oriente». Las esposas de los militares tenían prohibida la entrada a la aldea debido a su clima
insalubre y a la falta de comodidades. A Marga, sin embargo,
aquel clima extremo y la vida al aire libre la fortalecían; ni el
calor opresivo, ni las molestas nubes de moscas que campaban
a sus anchas o las hienas salvajes que de noche se acercaban a las
inmediaciones del hotel podían con su entusiasmo. Sólo le irri-

taban la prepotencia y la mala educación de algunos militares, a los que no dudaría en ridiculizar en público.

La condesa estaba dispuesta a «reinar» en aquel mundo feudal, rodeada de militares y orgullosos beduinos, como la legendaria Zenobia. Marga, supersticiosa por naturaleza, estaba convencida de que había encontrado en Palmira su lugar en el mundo; quería seguir la estela de heroínas como lady Hester Stanhope o la hermosa lady Jane Digby —una rica aristócrata inglesa que acabaría casándose con un jeque beduino del desierto sirio—, que en el pasado abandonaron el confort de sus mansiones por una vida nómada y salvaje en esta región. Ahora le tocaba a ella dejar su propia huella en Oriente Próximo y quizá pasar a la historia como sus ilustres antepasadas.

Cuando ella llegó a Palmira, las hazañas de la legendaria Zenobia se desgranaban a la luz de las hogueras en los campamentos beduinos del desierto sirio, donde había reinado en el tercer siglo de nuestra era. Los árabes se sentían orgullosos de esta soberana célebre por su belleza, valor y ambición, que dirigió ejércitos y organizó grandes caravanas al golfo Pérsico y al mar Rojo. Durante su reinado, que duró apenas seis años —entre el 266 y el 272—, tuvo en sus manos el poder supremo. Zenobia entró en la historia al quedarse viuda siendo aún muy joven. Su esposo, el rey Odenato, fue asesinado en el 267 y como su hijo Wallabaht era menor de edad ella asumió el poder. Durante los diez años que reinó Odenato, Palmira, situada en un lugar estratégico entre el Mediterráneo y el Éufrates, se había convertido en la capital de un reino muy próspero y con una relativa autonomía respecto a Roma. En su máximo apogeo la ciudad alcanzó un grado de lujo y refinamiento desconocidos en la región.

Para Zenobia todas estas conquistas no serían suficientes y llevada por una desmedida ambición se propuso dominar militarmente todo el territorio del Imperio romano, que se extendía hacia Oriente desde Palmira. La que para los romanos era una desleal usurpadora acabó ganándose el respeto y la admiración de su pueblo. La reina Zenobia, que se jactaba de ser descendiente de Cleopatra, era no sólo una mujer joven y emprendedora, sino que poseía una gran cultura. Hablaba el arameo, el griego, el latín y el egipcio; se rodeó de poetas, filósofos y hombres eruditos a los que escuchaba y pedía consejo. Era una gran amazona, podía cabalgar horas y horas por el desierto al frente de su ejército vestida de púrpura y con yelmo, arengando a las multitudes que se congregaban a su paso. Convencida de su poder y de que el pueblo la seguiría, poco después de otorgar a su hijo el título de rey de reyes y a sí misma el de reina, inició una serie de temerarias campañas militares que inquietaron al Imperio romano. Corría el año 270 y las tropas de Zenobia llegaban hasta la India por el Nilo y el mar Rojo, y hasta el Bósforo por el Occidente.

El emperador romano Aureliano decidió tomar cartas en el asunto y parar los pies a esta reina rebelde que había osado proclamar a su hijo Augusto (emperador) y había acuñado monedas de oro con su efigie. En el año 272 d.C. declaró la guerra a Zenobia y ordenó a sus tropas sitiar Palmira. La reina se mostró desafiante hasta el último momento y se negó a aceptar las generosas condiciones de rendición que le ofreció el emperador. Cuando la escasez de víveres se hizo acuciante, abandonó la ciudad a lomos de un camello en dirección al este —posiblemente con la intención de llegar a Persia y conseguir allí el apoyo de los sasánidas para derrotar a Aureliano—, pero fue descubierta y capturada por las tropas romanas mientras trataba de cruzar el Éufrates. En cuanto al destino de Zenobia, son muchas las leyendas que se cuentan sobre la suerte que corrió. Algunas crónicas dicen que tras su captura fue conducida a Roma como botín de guerra y exhibida por toda la ciudad atada con cadenas de oro. Otras fuentes apuntan a que Aureliano le perdonó la vida y acabó casada con un senador romano viviendo como una feliz matrona en una villa palaciega a orillas del Tíber.

Para Marga d'Andurain, esta dama que quiso conquistar todo el Oriente era un ejemplo de coraje y determinación. Su admiración hacia ella le hizo bautizar el hotel con su nombre y encargó una efigie para colocarla en un lugar destacado de la fachada principal. Un buen día le dijo a Pierre:

—El hotel se llamará Zenobia en honor de la reina de Palmira; es un nombre que le dará categoría…

Tras un año viviendo en la parcela del anciano Abdallah, la posibilidad de mudarse a este amplio y tranquilo edificio algo alejado del puesto militar, resultaba de lo más reconfortante. «Nos instalamos en el hotel, mi marido, mi hijo mayor y yo. Unos años más tarde, cuando se liquidó el consorcio, pasé a ser su propietaria, y lo sigo siendo aún hoy. Estos años podían haber sido tranquilos y, en lo que respecta a la gestión del hotel, hasta productivos. Pero tropecé con todos los obstáculos administrativos que habían desanimado a los anteriores propietarios; además, me tuve que enfrentar a las mil dificultades que me crearon dos de los oficiales de Información, de los tres que se sucedieron durante mi estancia.»

En los meses siguientes, Marga se enfrascó en una febril actividad. Tenía que organizarlo todo y con rapidez: acondicionar las siniestras habitaciones, encargar los muebles y contratar a los empleados. En compañía de su fiel criado Ali —confidente y traductor— exploró los bulliciosos zocos de Damasco y Beirut en busca de alfombras, tapices, lámparas y objetos orientales de decoración. Ninguno de ellos tenía la extensión y la variedad del gran bazar Jan al-Jalili de El Cairo, pero aquí encontraría magníficos tejidos: bordados damasquinados, brocados con finos hilos de oro y la famosa seda de Alepo.

Aunque Marga tuvo varios y pacientes profesores desde su llegada a Palmira, nunca habló bien el árabe y tampoco el inglés. Al igual que la mayoría de los viajeros europeos consideraba que era un idioma muy difícil porque, entre otras cosas, «ninguna frase significa exactamente lo que se dice en ella y la complejidad de la gramática árabe es legendaria». Su sirviente Ali poseía un raro privilegio: era el único que entendía el árabe de «La Comta» —como la llamaban los beduinos—, o al menos eso decía. Cuando Marga iba de compras a la ciudad o al pequeño y mal abastecido mercado de la aldea, Ali la seguía como una sombra. Aunque el muchacho no comprendía bien el francés, consiguió que Marga depositara toda su confianza en él. El «árabe de Marga d'Andurain» sería más adelante objeto de estudio por parte de algunos lingüistas franceses. El profesor Jean Cantineau, investigador de los dialectos árabes, hace referencia en sus estudios a las modificaciones del árabe hablado en Palmira debido a la influencia de la condesa d'Andurain. Marga crearía una especie de argot que los habitantes de Palmira incorporarían a su vida cotidiana.

La condesa deseaba convertir su hotel en un auténtico palacio oriental en medio del desierto. Un establecimiento lujoso y a la vez confortable, con una buena cocina, a la altura de los hoteles más célebres de Damasco o de Beirut como el Bassoul, el Saint-Georges o el Victoria donde se alojaban reyes, personajes de la política colonial, oficiales de alto rango y turistas acaudalados. En poco tiempo conseguiría su propósito y un año más tarde el Zenobia ofrecía un encanto y un confort que atraería a un incipiente flujo de turistas. «Entre las ruinas de Palmira —escribiría un viajero—, en un desierto de leyenda, unos cuantos árboles rodean el albergue de la reina Zenobia. El frontón redondeado de su larga fachada de una sola planta aparece detrás de unas palmeras barridas por los vientos. Vientos de arena y de leyendas. Lejos de todo, madame d'Andurain ha construido un hotel, en los dominios donde reinó la última soberana de Palmira.»

Lo primero que hizo Marga cuando cogió las riendas del hotel fue encargar a su carpintero de confianza de El Cairo —un armenio llamado Arslanian— todo el mobiliario; llevada por la nostalgia se decantó por sobrios muebles de estilo rústico vasco, que le recordarían los de su casa de veraneo en Hastingues. En cuanto a los manteles y la ropa de cama, ella misma bordaría algunas servilletas a mano y el resto se lo encargaría a las Bernardinas del convento de clausura de Anglet, un pintoresco pueblo entre Bayona y Biarritz. Estas monjas llevaban una vida de gran soledad y austeridad —tenían prohibido hablar entre ellas— y eran famosas por el fino trabajo de sus bordados. En apenas unas semanas el interior del hotel sufriría una notable transformación y la condesa imprimiría su particular estilo en la decoración: una extraña mezcla de robustos muebles vascos, tapices y alfombras orientales y algunos objetos antiguos pertenecientes a la familia d'Andurain.

Mientras Marga se ocupaba de la intendencia del hotel Zenobia, a Palmira llegaba el sustituto del capitán Bouteille. Las autoridades de Beirut habían nombrado al capitán Ghérardi jefe del puesto de Palmira, creyendo que se llevaría bien con madame d'Andurain. Sin embargo, desde el primer instante la relación entre ambos sería tensa y complicada. El nuevo capitán, natural de Córcega —y tan mediocre y prepotente como su antecesor, según palabras de Marga—, había leído muy atentamente el dossier abierto contra ella donde se la acusaba de espionaje. A su llegada, el militar había invitado a su esposa a pasar unos días en Palmira para conocer las famosas ruinas. Cuando madame Ghérardi llegó al hotel en visita de cortesía, Marga comprobó en seguida que sus manos «parecían las de una cocinera». La condesa, que no sólo era una experta manicura, sino que había dirigido el mejor salón de belleza de El Cairo, no se limitó a juzgar a la esposa del capitán por sus manos poco aseadas sino que dio su opinión en voz alta. La guerra de mutuos ataques y reproches entre el capitán corso y la dama francesa no había hecho más que empezar.

En poco tiempo el hotel Zenobia cambió de aspecto; ahora parecía mucho menos desolado que la primera noche que Marga durmió en él en compañía de su amante Sinclair. La condesa mandó construir una original baranda alrededor del edificio y plantó numerosos árboles. El interior, acogedor y discreto, resultaba mucho más cálido gracias a su toque personal. De las ventanas colgaban vaporosas cortinas, las paredes lucían originales tapices orientales y los suelos se cubrieron con kilims de vistosos colores. Los sobrios muebles vascos de madera y asiento de rafia daban la bienvenida al visitante en el pequeño hall de entrada, donde Marga instaló la recepción. La vajilla llegó de París y para las ocasiones especiales la condesa sacaría la cubertería de plata y los candelabros con los escudos de armas de la familia d'Andurain, un detalle que impresionaba a las visitas. Nadie dudaba entonces del origen aristocrático del matrimonio y como ningún familiar de Bayona tenía el menor interés en visitarlos, el engaño perduraría durante todo el tiempo que residieron en Siria.

El hotel, con su original entrada flanqueada por columnas, fue construido en 1924 por Fernando de Aranda. Este genial arquitecto español, afincado en Damasco, diseñó algunos de los edificios más notables de la ciudad, entre ellos la estación de ferrocarril de Hiyaz. El Zenobia disponía de un amplio hall, una docena de habitaciones con altos techos y ventiladores de aspas y un luminoso salón comedor que también se utilizaba como bar. En 1932 un joven esclavo negro llamado Abbas —ofrecido a Marga como regalo por el emir Fawaz, jefe de la tribu de los rowalla y amigo de la familia— daba la bienvenida a los clientes vestido como un paje de *Las mil y una noches*. El hotel tenía una agradable y sombreada terraza a un paso de las ruinas; allí los clientes podían tomar un refresco utilizando como improvisadas mesas unos magníficos capiteles romanos esparcidos frente al hotel. Marga se instaló en las dos primeras habitaciones del ala izquierda, las que disponían de las mejores vistas y que transformó en una amplia y soleada suite que le servía de salón, escritorio y dormitorio. El lugar preferido de Pierre era el salón principal, cuyas paredes estaban recubiertas de libros y grabados antiguos. Al anochecer la familia al completo se reunía en torno a la chimenea para charlar o escuchar en el viejo gramófono los últimos éxitos de La Voz de su Amo. Al final de un largo pasillo, Marga disponía de una discreta claraboya desde donde podía ver y escuchar lo que se hablaba en el salón contiguo. El hotel no tendría electricidad hasta 1929 pero los clientes se podían duchar por la mañana con agua caliente —casi hirviendo— ya que los tanques estaban situados en lo alto de la azotea, a pleno sol.

Poco antes de la inauguración Marga le propuso a Pierre que se divorciaran para poder disponer de dinero en caso de que la compañía propietaria del hotel quisiera venderlo. El 12 de noviembre de 1928, en Damasco, el matrimonio quedó legalmente disuelto aunque los hijos y la familia Clérisse en Bayona tardarían un tiempo en saberlo. Según las cláusulas de su matrimonio Marga disponía de una reserva de dinero que sólo podía utilizar en caso de muerte del esposo o de divorcio. La idea de separarse de Pierre sólo se debía a una cuestión práctica: la de recuperar la parte que le había sido asignada por el régimen dotal. «Nos divorciamos —confesaba Marga—, llevándonos a las mil maravillas. Pierre d'Andurain seguiría siendo mi verdadero esposo y mi mejor y más fiel amigo. Pero, desde el punto de vista legal, era libre.» La condesa seguiría viviendo con su esposo en el hotel, compartirían la misma habitación y en público se presentaban como marido y mujer.

En 1930 Marga compraría a la sociedad Nairn Eastern Transport Company el hotel Zenobia de Palmira por la suma de 150.000 francos. Hélène Hoppenot, esposa del diplomático francés Henri Hoppenot, destinado en Siria, conoció a Marga en abril de aquel año y así recordaba sus «ambiciosos y extravagantes» proyectos para mejorar su negocio: «Quiere ampliar el edificio construyendo otro en la parte de atrás (para relegar a los turistas maleducados), instalar una moderna central lechera, una piscina, un palmeral, y tener una avioneta de turismo que pensaba encargar en Nueva York; en fin, representar el papel de una Zenobia del siglo xx».

Para festejar la compra del hotel, Marga y Pierre se hicieron fotografiar juntos delante del hotel, sentados sobre dos enormes capiteles ricamente labrados y a espaldas el templo de Baal Shamin. Vestidos muy elegantes —él con camisa blanca de manga corta y pajarita, pantalón corto y sandalias, y ella con un chaleco a rombos, a juego con las medias, y una falda de lanilla blanca—, la fotografía serviría como calendario de aquel prometedor año. La condesa le contaría en repetidas ocasiones a su hijo Jacques que «la foto y el calendario eran un recuerdo de lord Michel de Bunsen, quien en 1914, cuando era embajador británico, había declarado la guerra al emperador de Alemania, Guillermo II».

A finales de año, el hotel Zenobia fue oficialmente inaugurado. La lista de invitados no era muy amplia, apenas ocho oficiales franceses, amigos de Pierre, y alguna autoridad local. En total una decena de hombres y una sola mujer, ella, que como era habitual sería el centro de todas las miradas. Marga organizó una cena informal en el salón comedor amenizada por la música de algunos viejos discos que Pierre había traído de París. Ali, el inseparable sirviente de la condesa, vestido con una túnica blanca impoluta y turbante en la cabeza, era el encargado de recibir y anunciar a los oficiales que iban llegando. El último en presentarse —y la persona que Marga menos deseaba ver— fue el nuevo capitán que se hizo anunciar con gran pompa como «el comandante Ghérardi, jefe del destacamento de Palmira». Madame d'Andurain, que lucía para la ocasión un elegante vestido largo de noche y uno de sus hermosos collares de perlas, recibió con una falsa sonrisa al capitán. Aquélla podía haber sido una velada agradable: música clásica, apuestos y galantes oficiales, burbujeante champán y la suave brisa de la noche creaban un ambiente mágico. Pero tras la cena, cuando el coronel Vernier sacó a bailar a Marga, Ghérardi se acercó a ella y le dijo casi al oído: «Creo que este baile es mío, condesa». Sin que Marga pudiera reaccionar, el capitán la tomó por la cintura y comenzó a bailar con ella un tango. Mientras la sujetaba con fuerza, Ghérardi la condujo hasta el exterior en total penumbra.

—Baila usted muy bien —dijo el capitán mientras trataba de acercarse aún más a ella.

—No exagere, no puedo bailar más. Por favor, suélteme —replicó Marga.

—Condesa, el comandante del puesto de Palmira vale más que un mayor inglés.

El grosero comentario provocó la ira de Marga, que regresó al salón y delante de todos los oficiales comenzó a insultar al capitán:

—Es usted un monstruo, un patán, un don nadie…

Ante la colérica reacción de Marga, el capitán Ghérardi optó por retirarse bajando las empinadas escaleras de la entrada con paso firme y se perdió en la noche. La fiesta continuó hasta el amanecer y aunque los invitados se mostraron un poco nerviosos e incómodos tras la inesperada retirada de su superior, el grupo de oficiales continuó charlando y bebiendo como si nada hubiera ocurrido. La inauguración del hotel Zenobia no había tenido lo que se dice un final feliz, pero al menos ahora todos los oficiales sabían que madame d'Andurain no era —como quizá les había hecho creer su prepotente capitán— una mujer fácil, más bien todo lo contrario: una dama de fuerte carácter capaz de poner en su sitio al mismísimo diablo.

A las ocho de la mañana del día siguiente, mientras todos dormían, unos golpes en la puerta despertaron a Pierre. El conde creyó que el capitán mandaba a alguien para recoger la capa y la gorra que se había olvidado la noche anterior. Pero un ordenanza se limitó a entregarle un sobre dirigido al «gerente del hotel Kettaneh» (Ghérardi, para fastidiar a los d'Andurain, nunca se referiría al hotel por su nuevo nombre). Tras firmar en un cuaderno, Pierre regresó a la cama y horas más tarde abrió el sobre en presencia de su esposa. Se trataba, sin duda, de una auténtica declaración de guerra. El texto decía así: «El capitán Ghérardi impone una multa de 83 francos al gerente del hotel Kettaneh por haber mantenido abierto el hotel después de la medianoche, sin la autorización escrita de los servicios competentes».

Mientras Pierre amenazaba en voz alta con ir a abofetear al capitán para enfrentarse con él en un duelo, Marga, más pragmática, decidió ir a visitar a los superiores de Ghérardi y pedirles su cese inmediato. Aquella misma tarde viajaría en su coche a Beirut donde al día siguiente tenía una cita para comer con el embajador del Alto Comisionado, monsieur Ponsot. A pesar de haberse vestido para la ocasión con uno de sus trajes de chaqueta a la última moda de París, Marga sólo conseguiría del embajador la promesa de que todo se arreglaría. Ponsot, como buen diplomático, le recomendó que se olvidara de la multa y que intentara hacer las paces con el capitán, que a fin de cuentas era la máxima autoridad en Palmira. Pero la condesa no iba a tirar la toalla y seguiría provocando a Ghérardi hasta el día en que, por primera vez, descubrió de lo que aquel hombre era capaz.

«Desde que nos instalamos en nuestra casa de Palmira —recordaría Marga—, recibimos frecuentes visitas de los árabes e innumerables invitaciones. Esta gente, tan diferente de nosotros, me gustaba, y no tardé en encontrar un verdadero placer en las visitas que yo misma les hice en las tiendas negras que los beduinos utilizan, en su lenta trashumancia a través del desierto. La generosa hospitalidad de estos nómadas, su trato exquisito, su sentimiento de honor tan desarrollado, todo ello me hacía olvidar las diferencias que hubieran podido separarnos en otros aspectos.» El matrimonio d'Andurain se adaptó con gran facilidad a las costumbres y la forma de vida de los beduinos. Si la relación de Marga con los militares del puesto de Palmira fue desde el primer momento problemática, con los jefes beduinos el trato era de lo más cordial. Marga admiraba el espíritu indómito y el coraje de este pueblo libre, que nadie había conseguido doblegar. Para muchos europeos, los beduinos eran seres violentos, impulsivos y orgullosos con los que resultaba muy difícil tratar. Si Marga y Pierre consiguieron ser aceptados por ellos, fue porque se identificaban —como otros viajeros románticos de antaño— con sus valores. Pierre los consideraba unos auténticos caballeros del desierto, hombres de palabra y de honor como él, capaces de dar la vida por un ideal; Marga era tan orgullosa, dinámica e independiente —y amante de las peleas— como ellos, así que prefería la compañía de los desaliñados beduinos a la de los militares con sus impolutos uniformes.

Los beduinos respetaban a La Comta porque les parecía una mujer poderosa, bien relacionada con las autoridades de Beirut y Damasco. Habían visto a la condesa enfrentarse al temido capitán Ghérardi y admiraban su valentía y fortaleza. Además, la dama francesa daría trabajo en su hotel a algunos jóvenes de la aldea y también haría negocios con los beduinos a los que compraba ganado y les prestaba dinero a un alto interés. Durante el tiempo que vivió en Palmira, Marga solía adquirir en los bazares de Damasco y Beirut monedas de oro —libras esterlinas, napoleones y libras turcas— que luego prestaba a los jeques a cambio de un elevado interés. Cuando hubo organizado los asuntos domésticos del hotel, Marga comenzó la ronda de visitas para saludar a los jeques de las principales tribus beduinas que acampaban a las afueras de la aldea. De todos los *sheik*, con quien más amistad tendrían los d'Andurain sería con la máxima autoridad de la tribu de los haddidin, el muy noble Nawaf as-Saleh as-Sharj. Como todos los hombres de su tribu, era enjuto pero de complexión fuerte, de profundos ojos negros, nariz aguileña, barba poblada y tez muy oscura. Su tribu era entonces una de las más grandes, contaba con cerca de tres mil quinientas tiendas y unas veinte mil personas. Nawaf, antiguo coronel del ejército otomano, más tarde condecorado con la Legión de Honor, era un hombre de grandes cualidades: instruido —había estudiado en Damasco con los jesuitas—, inteligente, trabajador, de carácter tranquilo pero a la vez muy emprendedor. Las autoridades francesas solicitaron su colaboración para acabar con los numerosos *ghazous* (ataques) que todavía eran muy frecuentes en esta región, y para animar a sus hombres a hacerse sedentarios.

«Naouaf es un gran jefe, un aristócrata cuyos nobles ancestros se remontan a siete generaciones. Caza el zorro y cerca de él un sirviente lleva sobre su puño enguantado de cuero un halcón encadenado. Hombre muy rico, poseía tres mil camellos, así como tres modernos coches con los que conducía a más de

cien por hora por las polvorientas pistas», escribiría George Le
Fèvre, uno de los miembros de la famosa expedición francesa
La Croisière Jaune que en 1931 hizo escala en Palmira. En *Le
Mari-Passeport* Marga describe de manera muy poética las visitas
a las tiendas beduinas y especialmente el trato paternal que le
daba Nawaf. «Cuando llegaba al campamento rodeado de camellos pastando, iba a la tienda del jeque, siempre fácil de reconocer por sus dimensiones. Le saludaba, llevando mi mano a la
frente, y me acuclillaba, como todos los hombres presentes,
junto al fuego, donde se alineaban las cafeteras de largo pico y
las teteras. Un hombre molía café en un mortero, ritmando su
trabajo con una cadencia caprichosa. La infusión se bebía bien
caliente, sin azúcar y perfumada con unos granos de cardamomo, en unas tacitas sin asas. Por la noche llegaba el *kassud*, un
poeta improvisado, que acompañaba su recitación con una mí-
mica expresiva. Después me iba a la tienda de las mujeres, donde se agitaban los niños cuando yo entraba. Allí me dormía, sin
desvestirme, con unas mantas, protegida por un biombo de
juncos unidos con hilos multicolores.»

Marga d'Andurain era una mujer mundana pero disfrutaba
de la tranquila y primitiva vida que le ofrecía Palmira. Era feliz entre estos hombres de aspecto fiero y rostro curtido que la
trataban con suma cortesía y la invitaban a sus tiendas. Al igual
que la célebre exploradora y arabista Gertrude Bell —en su
tiempo la mujer más poderosa del Imperio británico—, era
agasajada por estos jeques como un huésped de honor. Le gustaba sentarse en el suelo de sus amplias y ventiladas tiendas
negras, sobre las mullidas alfombras beduinas, y saborear un
suculento plato de cordero preparado a la manera tradicional
con arroz, pasas y especias; rodeada de aquellos hombres de

mirada penetrante, que fumaban pausadamente su aromática pipa de agua y vestían flotantes túnicas blancas, se sentía transportada a otros tiempos. Aquí, en el desierto sirio, Marga respiraba una sensación de libertad que la embriagaba.

La condesa tenía el privilegio de ser tratada como «un hombre honorario» y no se veía obligada —como las mujeres árabes del campamento— a comer lo que los hombres dejaban en sus platos. Las beduinas la observaban con extrañeza porque no era frecuente que una europea pasara tanto tiempo con ellos. La sacrificada y ruda vida de estas mujeres, siempre descalzas, con los ojos pintados de kohl para protegerse del sol implacable, el rostro tatuado y envueltas en sus batas de algodón azul, le producía una gran curiosidad. A Marga, que no toleraba que nadie le diera órdenes, la sumisión que mostraban hacia sus maridos le resultaba intolerable. Eran ellas, además, las que realizaban todo el trabajo duro: levantaban y desmontaban las tiendas de pelo de cabra, ordeñaban sus camellas, preparaban la comida a sus esposos y les lavaban los pies en señal de respeto.

En noviembre, cuando comenzaban las migraciones de los beduinos a través del desierto, algunas tribus desmontaban su campamento y desaparecían en el horizonte como por arte de magia. Los douala, los beni jaled, los maouali y los sbaa, que acampaban cerca del oasis de Palmira, partían con la llegada del invierno en busca de nuevos pastos para sus rebaños de camellos y cabras. Cientos de personas y decenas de animales se ponían en marcha para recorrer distancias de hasta tres mil kilómetros. El itinerario que seguían era el mismo que siglos atrás y cuando hacia febrero llegaban a la frontera sur de su territorio allí se detenían para que los animales pastaran y las camellas parieran. A finales de marzo se movían lentamente hacia el norte, siguiendo los mejores pastos. Entonces, el árido desierto resultaba de una belleza sobrecogedora porque aparecía cubierto de flores de mil colores, arbustos aromáticos e interminables praderas de hierba alta. Un espejismo que duraba hasta el mes de mayo, cuando ya apenas quedaba una brizna de hierba y el agua escaseaba. Luego los beduinos regresaban con su ganado a las aldeas, a la espera de un nuevo cambio de estación.

Este tipo de vida nómada y salvaje, que había permanecido inalterable desde tiempos muy remotos, estaba a punto de desaparecer. Francia, interesada en pacificar esta franja del desierto sirio para proteger el oleoducto iraquí que proveía de petróleo a una compañía francesa, temía un sabotaje por parte de algunas de estas tribus, bien armadas y belicosas. A cambio de que se hicieran sedentarios se les ofrecía importantes indemnizaciones, con la única condición de poner fin a los *ghazous* y admitir que el Ejército francés supervisara el «proceso de pacificación».

Poco a poco, Marga se ganaría la confianza de Nawaf quien la solía invitar a cazar con él gacelas. En los años treinta, los beduinos todavía cazaban con halcón la liebre y la avutarda. Pero la caza de la gacela se hacía casi siempre en los elegantes Buick descapotables de doble techo modelo de 1925, el medio de transporte habitual de los jeques más poderosos y acaudalados. La condesa recordaba la caza de la gacela como una de sus aventuras más excitantes: «Se necesitaba un coche resistente. Yo iba delante, entre Sattam —el hijo mayor de Nawaf— y su chófer negro, y detrás iban apretujados seis beduinos, con sus amplios vestidos drapeados. Recorríamos kilómetros y kilómetros hasta que alguien gritaba: *"Gazellan, gazellan"*. Inmediatamente se pisaba el acelerador y todos cargaban

su fusil. A ciento diez por hora llegábamos en medio del reba-
ño; los ágiles animales se lanzaban a una huida loca, sus finas
patas apenas tocaban el suelo [...]. Pero no hay piedad y dispa-
rábamos».

En ocasiones la cacería duraba casi hasta el anochecer y
entonces los hombres encendían una hoguera en medio del
desierto y despiezaban varios animales para comer. En un bi-
dón vacío de gasolina, que servía de improvisada cazuela, se
asaban las patas de gacela en su propia grasa o se dejaban apenas
cinco minutos sobre las brasas de la hoguera. Después, la carne
se servía sobre la piel vuelta del animal y cada uno comía con
los dedos a la manera tradicional. «Este tipo de experiencias me
hacía olvidar la vida mundana. Hallaba nuevas alegrías, emocio-
nes desconocidas entre estos hombres. Pasaba varios días bajo
las tiendas e intentaba repetir lo más posible estas estancias "salvajes". Los beduinos parecían apreciarme, quizá me querían,
porque se daban cuenta de que comprendía sus gustos y parti-
cipaba de corazón en sus alegrías. Chapurreaba el árabe, lo suficiente para poder tener confianza con ellos.» Cuando Marga
se cansaba de aquellas visitas protocolarias a los beduinos, de
entretener a sus clientes con alguna de sus famosas cenas beduinas servidas en la terraza o de broncearse desnuda en la azotea
del hotel, no tenía más que coger su coche y partir unos días a
Beirut o a Damasco donde se sumergía de nuevo en la «vida
civilizada» que había abandonado hacía dos años.

En 1929 Jacques d'Andurain, el hijo menor de Marga, llegaba a Palmira para vivir con sus padres. La abuela Clérisse había
sido operada y debido a su delicada salud ya no podía ocuparse
de su nieto. Jacques, que entonces tenía trece años, abandonó
Bayona con lágrimas en los ojos para no regresar nunca más.

Aunque sus padres le habían enviado algunas postales de las ruinas y los bucólicos paisajes del desierto para que se fuera familiarizando con su nuevo entorno, no le resultaría fácil acostumbrarse a vivir en un país árabe cuyos habitantes no sentían ningún aprecio por los franceses. Marga había contratado a una profesora rusa, madame Pojarski —de una buena familia de la corte del zar—, para que se encargara de su educación. Al joven la idea no le disgustó porque al menos se quedaría en el hotel y no tendría que vivir en un internado como en Ustaritz. Pero su idílica estancia en Palmira duraría poco tiempo. Después de unas cuantas clases madame Pojarski sufrió un ataque de epilepsia y tuvo que ser trasladada de urgencia a Beirut. Entonces Pierre d'Andurain decidió enviar a su hijo interno a los Lazaristas de Damasco.

La educación de Jacques no sería un asunto fácil para Marga; su hijo parecía haber heredado de ella su espíritu inconformista y rebelde. En 1930 ingresaría en la Universidad Saint-Joseph de Beirut, regentada por los jesuitas, de la que sería expulsado poco después por ateo, con catorce años. Cuando más adelante pudo entrar en la prestigiosa Universidad Americana de Beirut, con su extenso campus a un paso del mar considerado el más hermoso del mundo, Jacques se sumergió en la lectura de libros marxistas y a los dieciséis años comenzaría a militar en el clandestino Partido Comunista sirio-libanés.

Durante sus vacaciones él regresaba a Palmira y ayudaba a sus padres en el hotel. No había muchos alicientes en la aldea, salvo salir a galopar por el desierto y jugar al tenis en el hotel —siempre y cuando los termómetros no marcaran 49 grados a la sombra, como era habitual en el verano— o bañarse en una piscina natural a los pies de una colina cercana. El agua, que salía en abundancia del interior de una gruta, era caliente y sulfurosa con un penetrante olor a azufre. Ante la afluencia de público que acudía a diario a este manantial termal, las autoridades dispusieron de un estricto horario de uso: «Por la mañana, hasta el mediodía las mujeres árabes, y después de las doce los legionarios; de tres a cinco de la tarde la familia d'Andurain, los oficiales y los arqueólogos. A partir de las cinco los árabes, meharistas y civiles». Desde la Antigüedad, en el oasis de Palmira existían un buen número de manantiales y fuentes de agua que brindaron grandes riquezas a sus habitantes. La ciudad, construida en un cruce de caminos entre Oriente y Occidente, era parada obligada de las caravanas que recorrían la ruta de la seda. Aquí se detenían los mercaderes que traían de China, Persia y la India sus preciados productos que canjeaban en Egipto y en Fenicia. El agua, todo un privilegio en estas latitudes, convirtió el oasis de Palmira en una ciudad esplendorosa y opulenta que sorprendía por su refinamiento.

En apenas dos años, el hotel Zenobia había ganado en confort y era un lugar bien conocido por los viajeros. Gracias a la instalación de un generador eólico de gran potencia situado a pocos metros del hotel, ahora tenían luz eléctrica y Marga pudo comprar al fin una nevera. El hotel ofrecía una esmerada cocina y había aumentado el precio de sus habitaciones, siendo más caro que el lujoso Saint-Georges de Beirut. En aquel tiempo trabajaban seis empleados, entre ellos Ahmed, el joven y grueso cocinero a quien Marga enseñó algunas de sus recetas preferidas. El menú clásico estaba compuesto por «un suflé de queso, pollo asado con patatas fritas y una fina crema de chocolate». Los clientes habituales eran en su mayoría ingenieros, geólogos, profesores de paso y arqueólogos. La presencia en el hotel de algunos amigos ingleses que Marga había conocido en El Cairo, y miembros de los servicios secretos británicos, venían a confirmar un rumor muy extendido en el puesto militar: la condesa era una espía y había que tener mucho cuidado con lo que se hablaba delante de ella.

En aquellos días felices en Palmira sólo una noticia turbó su tranquilidad. El 23 de abril de 1931, su madre Marie Clérisse murió en su casa de Hastingues tras una larga enfermedad. Tenía setenta y cuatro años y hasta el final de sus días se sintió avergonzada del comportamiento de su hija menor, a la que tachaba de «inconsciente» y «aventurera». Marga, que con el tiempo se había distanciado mucho de su madre, sentía que su delicada salud se hubiera agravado con los disgustos que le había dado en vida: primero, abandonándola cuando se acababa de quedar viuda y se instaló en El Cairo con Pierre y los niños; después cuando se enteró, a través del primo Péria, de que era una «peligrosa espía».

Durante los años en que Marga estuvo al frente de su hotel —de 1928 a 1933— recibió un buen número de visitas «comprometedoras» a los ojos de las autoridades francesas. En el Sporting Club de El Cairo la condesa había frecuentado a destacados miembros de la Inteligencia británica y a altos mandos del Estado Mayor, entre ellos al general sir Archibald Wavell, comandante de las fuerzas británicas en Oriente Próximo, que en 1943 sería nombrado virrey de la India. Algunos de aquellos amigos ingleses pasaron a visitarla cuando dirigía el hotel; Marga se mostraba encantada de ser su guía en Palmira y los llevaba a conocer a sus amigos beduinos acampados en sus tiendas cerca del palmeral o a explorar el valle de las torres funerarias lujosamente decoradas. En las fotografías que se conservan de la estancia de la condesa en Siria, destaca una tomada en las ruinas de Petra (Jordania), donde aparece en compañía del señor Curtiss, un conocido abogado americano, y del alto comisionado británico en Palestina, el señor Luke, y su esposa. Curtiss alquiló un avión privado para visitar la región —algo muy poco frecuente en aquel tiempo— y Marga les hizo de guía durante su estancia. Antes de partir, y como Jacques recuerda en sus memorias, Curtiss le dio a su madre un cheque por valor de 10.000 dólares. Cuando su hijo le preguntó por qué tanto dinero, ella respondió: «Porque admiran mi coraje y dinamismo».

Otros personajes ilustres —incluso miembros de la realeza europea— se alojaron en el hotel Zenobia y disfrutaron de la hospitalidad de su extravagante anfitriona. La primera invitada especial fue la reina de Rumania, de visita oficial por Oriente Próximo. La soberana, que hablaba seis idiomas y era, al parecer, una reconocida pintora, fue recibida por las autoridades francesas de Palmira con todos los honores militares. Marga, que ya había tenido la oportunidad de compartir en El Cairo mesa y mantel con el duque de Orleans, ahora se mostraba orgullosa de contar con la presencia de una reina en su hotel del desierto. Pero, una vez más, la agradable velada a punto estuvo de acabar en un grave incidente del que la reina ni tuvo constancia. La condesa había dado órdenes estrictas a su fiel sirviente Ali para que no dejara pasar al capitán Ghérardi, cuyo nombre había sido tachado de la lista de invitados. Cuando el militar se presentó en el hall del hotel, vestido con su impecable uniforme, Ali le negó la entrada:

—Usted no entra, madame d'Andurain dice que se vaya.

—¿Te atreves a darme órdenes a mí, la máxima autoridad de Palmira?

—Usted es comandante de Palmira, pero aquí La Comta es nuestro general…

Mientras el capitán daba media vuelta y abandonaba, una vez más, humillado el hotel, la condesa departía alegremente con sus importantes invitados. Aquel nuevo incidente se sumaría a la larga lista de enfrentamientos verbales que Marga tendría con Ghérardi, quien ya la había amenazado en público con matarla «por estúpida, puta y espía».

A la reina de Rumania le seguirían los miembros de la famosa expedición francesa La Croisière Jaune (La Cruzada Amarilla), organizada por André Citroën, quienes entre 1931 y 1932 recorrieron más de doce mil kilómetros de la antigua ruta de la seda desde Beirut a Pekín atravesando los pasos del Himalaya y altos puertos del Karakorum. Hay una fotografía donde los exploradores Audouin-Dubreuil, Lefevre y Haardt aparecen sentados y relajados en los sillones de estilo vasco en el hall del hotel Zenobia. También pasaron por el Zenobia el novelista y dramaturgo francés Jean Giraudoux y la escritora Agatha Christie acompañada de su esposo, el arqueólogo británico Max Mallowan. Agatha se alojó en la habitación 102 de la planta baja —la que disponía de mejores vistas a las ruinas— y aunque no coincidió en el hotel con Marga, sí tuvo ocasión de conversar con el conde Pierre d'Andurain quien le causó muy buena impresión. A la reina del suspense el hotel, aunque gozaba de una privilegiada situación, no le resultó muy confortable. En su libro de memorias *Ven y dime cómo vives*, Agatha recordaba con humor: «Por dentro el hotel es encantador y está arreglado con auténtico buen gusto. Pero en el dormitorio, el hedor a agua estancada es penetrante y muy desagradable».

Quien sí tuvo la oportunidad de conocer a Marga d'Andurain fue la escritora y fotógrafa suiza Annemarie Schwarzenbach. La autora de *Muerte en Persia* se alojó en el hotel Zenobia unos meses antes de contraer matrimonio con el diplomático francés Claude Clarac. La pareja llegó a Palmira a finales de 1935, en un flamante y deportivo Buick-Packard, de paso a Teherán, donde residían. Annemarie quedó tan impresionada por la arrebatadora personalidad de esta «moderna Zenobia» que a su regreso a la legación de Francia en Irán la convirtió en la protagonista —bajo el nombre de madame Elbros— de uno de sus cuentos orientales titulado *Beni Zaïnab*. Annemarie y Claude pasaron en el hotel una noche memorable en la que el arqueólogo Henri Seyrig intentaba sin éxito convencer a su buena amiga Marga de que no interviniera en las disputas tribales de los beduinos.

Pero a quien Madame d'Andurain nunca olvidaría sería al rey de España Alfonso XIII, que se alojó en su hotel durante una visita oficial a la región. Aquel encuentro entre la condesa y el monarca, como Jacques recordaba, fue motivo de una acalorada discusión entre sus padres. Pierre le echaba en cara a su esposa «el haber tratado demasiado bien al rey de España». Al parecer se mostró encantadora con el soberano durante su corta estancia en Palmira. Si entre Marga y su admirado Alfonso XIII hubo algo más que palabras corteses, ella —siempre discreta en lo referente a sus conquistas amorosas— nunca se lo contaría a nadie.

El hotel Zenobia, tras años de abandono, era ahora un negocio próspero y con futuro. Sin embargo, madame d'Andurain tenía competencia. La cantina que se encontraba junto al templo de Bel —y que no sería demolida cuando se desalojó a la gente que vivía en el interior del santuario— era ahora un modesto café pensión, cuyos clientes habituales eran los meharistas que vivían a escasos metros de allí. Su propietario, Sélim Assouad, enemigo de Marga al igual que el capitán Ghérardi, decidió bautizar su posada con el pomposo nombre de Hotel Aureliano, en homenaje al emperador romano que venció a Zenobia. Toda una indirecta para la dama francesa, propietaria del hotel que recordaba a la legendaria soberana. Los tiempos estaban cambiando en Palmira, que muy pronto dejaría de ser una olvidada y perdida aldea del desierto para convertirse en visita obligada de turistas acaudalados y amantes de las civilizaciones antiguas que allí florecieron.

Para reforzar la protección del oleoducto que iba desde Mosul hasta Latakia en el Mediterráneo — y pasaba cerca de Palmira—, llegó en aquellos días una compañía de la Legión Extranjera comandada por el capitán Raingrave. Marga había tenido algún que otro enfrentamiento con estos hombres rudos y violentos que tenían pocos alicientes en esta perdida aldea del desierto. En el hotel no se servía bebida a la tropa, sólo a los oficiales, algo que a la mayoría de los soldados de la Legión les parecía discriminatorio. Pero el suceso más grave ocurrió el día que un grupo de legionarios metió a su perro en el jardín vallado, contiguo al hotel, donde Marga tenía unas cuantas gacelas, regalo de sus amigos beduinos. Cuando la condesa descubrió que el perro, alentado por los gritos de los hombres, intentaba atacar a las gacelas, ni corta ni perezosa cogió un fusil de la casa y disparó al animal que cayó abatido.

La muerte de la mascota de la Legión —enterrada con todos los honores a un paso del escenario del crimen— había sido una provocación que algunos estaban dispuestos a vengar.

Desde aquel incidente, una cierta tensión se respiraba en el ambiente. Pierre, preocupado por la seguridad de su familia, encargó en Francia unas persianas de acero para asegurar la protección del hotel. El edificio, de planta baja, tenía todas las habitaciones a ras de suelo y las ventanas sólo disponían de una malla metálica que servía como mosquitera. Desde su llegada nunca se habían sentido amenazados, ni les habían robado en el hotel. Al igual que en las casas de la aldea, las puertas del Zenobia permanecían abiertas durante el día. Ahora, y tras los últimos sucesos, las cosas iban a cambiar.

El conde d'Andurain seguía manteniendo una relación cordial con los oficiales del puesto. En ocasiones comía en la cantina, jugaba a las cartas con ellos o le prestaban alguno de sus caballos para que pudiera practicar el deporte que más amaba: la equitación. Los oficiales, en general, se mostraban educados, venían a jugar al tenis, a comer en el restaurante o a tomar un refresco en la tranquila terraza. Fue unos días antes de que llegaran las persianas protectoras cuando tuvo lugar el atentado que pretendía acabar con la vida del matrimonio. «No me extrañó que una noche asaltaran mi habitación —escribiría en *Le Mari-Passeport*—, a mano armada; era una banda bien entrenada, pero huyeron al encontrar una resistencia con la que no contaban. Las balas que me faltaban estaban en mi habitación; se encontró una barra de hierro caída en el suelo; había también huellas de pies descalzos sobre el suelo que habíamos encerado la víspera… Todas estas pruebas no sirvieron de nada, y se tapó el asunto tras una investigación que fue más bien una comedia.»

Todo ocurrió en plena noche; Marga se despertó porque había oído un ruido en el salón y mientras le decía al oído a

Pierre que había alguien en la casa, un disparo del exterior entró a través de la ventana hasta el cabezal del lecho conyugal. Al mismo tiempo, en el pasillo, alguien dejaba caer al suelo una barra y emprendía la huida. Pierre cogió el fusil de caza de Pio —que se encontraba ausente— y regresó a la habitación paralizado por el miedo. Tras esperar un rato a que las voces se alejaran, exclamó:

—Si han venido a robar, no lo han conseguido. Han huido. Pero si han venido a matarnos, aún están aquí. Pero ¿dónde?, seguro que regresan, no pueden dejar testigos.

Tras pasar toda la noche en vela y esperando lo peor, la tenue luz de la mañana los tranquilizó. Pierre, que sospechaba que podían haber sido unos legionarios, conchabados con alguno de los sirvientes, mandó a Ali con una carta para el capitán Raingrave quien se presentó en seguida en el hotel. Tras inspeccionar el itinerario que habían seguido los asaltantes y comprobar que en el suelo había huellas de pies desnudos y de botas con clavos (que sólo los legionarios usaban), se excusó y prometió llegar hasta el fondo del asunto. No fueron más que palabras, porque los d'Andurain nunca sabrían quiénes habían querido matarlos a tiros aquella noche. Marga, desde su llegada, se había ganado a pulso una larga lista de enemigos entre las autoridades locales militares de Palmira y ahora también entre los legionarios, que clamaban venganza. Tras este suceso que afectó mucho a Marga —y al ser robados del hotel los dos revólveres Smith &Wesson que Pierre guardaba en un cajón— en 1931 la condesa obtendría un permiso para llevar armas y se compraría una pequeña pistola de defensa —una Browning de calibre 6.35 mm ligera y semiautomática— que tendría un inesperado destino. Con esta arma, el 21 de agosto de 1941, la

Resistencia francesa asesinaría en el metro de París al primer militar alemán.

Cuando Marga llegó por primera vez a Palmira, los mayores tesoros de la ciudad estaban ocultos bajo el polvo y la arena. Dentro del perímetro del templo de Bel —de cuatro hectáreas— vivían los habitantes de la pequeña aldea. Allí, en la gran explanada del patio central y protegidos por los altos muros del santuario, un centenar de familias árabes habían levantado sus casas con fragmentos de antiguas columnas romanas y piedras de las ruinas. En 1929 el régimen colonial francés ordenó derruir la aldea para comenzar las excavaciones arqueológicas que devolverían a la mítica capital del desierto parte de su esplendor. El capitán Ghérardi y sus hombres se encargarían de controlar el traslado —forzoso— de estas gentes a sus nuevas viviendas de cemento ubicadas al nordeste del oasis, donde crecería la moderna ciudad. En el espacio desalojado, se construiría una pequeña vivienda donde se instalaría la Maison des Antiquités; allí trabajarían los arqueólogos que en los años siguientes restaurarían el arco monumental y algunas torres funerarias que amenazaban ruina. Más adelante saldrían a la luz algunos de sus monumentos más emblemáticos como el ágora —cubierta por dos metros de arena—, las termas y algunas casas patricias con sus magníficos mosaicos.

Henri Seyrig, director del Servicio de Antigüedades de Siria y uno de los más renombrados arqueólogos franceses de la época, sería el impulsor de este ambicioso proyecto arqueológico. Henri vivía con su esposa Hermine de Sausurre y su hija Delphine Seyrig —conocida actriz de cine francés— en Beirut, pero pasaba largas temporadas en Palmira. Los Seyrig eran clientes habituales del hotel y acabarían siendo buenos amigos del matrimonio d'Andurain. Marga admiraba especialmente a Hermine —apodada Miette—, compañera de aventuras de la famosa viajera y escritora suiza Ella Maillart. Hija de un oficial de marina francés, Miette heredó la pasión por el mar de su padre. En 1922 compró el velero *Perlette* y en compañía de Ella Maillart y sin ayuda de un motor auxiliar, las dos jóvenes navegaron hasta Córcega. A su regreso fueron recibidas en Cannes como heroínas. Cuando planeaban partir juntas de nuevo en un gran viaje al Pacífico Sur, Miette conoció a Seyrig y se casó con él.

Las aventuras que Hermine compartió con la gran Ella Maillart encendieron la imaginación de Marga. A sus cuarenta años tenía ganas de cambiar de aires, de viajar lejos y olvidarse de los continuos enfrentamientos con sus enemigos. La condesa, que odiaba el aburrimiento y la monotonía, cada día pasaba menos tiempo en el hotel porque ya «no podía vivir entre aquellas cuatro paredes»; prefería la compañía de los beduinos y dormir en sus frescas tiendas sobre una fina alfombra. Sin embargo, había alguien que por el momento la retenía en el país. Se trataba del ayudante de Henri Seyrig, Daniel Schlumberger, quien desde hacía un año era su nuevo amante. Hasta 1937 Marga vivió un romance con este apuesto y brillante arqueólogo —doce años menor que ella—, que acabaría siendo todo un erudito sobre la historia antigua de Palmira. La suya fue una relación amorosa estable y llena de complicidad; en varias ocasiones Marga estuvo a punto de abandonar a Pierre para casarse con él. Daniel, al igual que Seyrig, vivía en Beirut, pero cuando comenzaron las excavaciones en el yacimiento de Palmira pasaba largas temporadas en la aldea y se alojaba siempre en el hotel Zenobia. Por el contrario, cuando Marga iba a Beirut se quedaba en la casa de su amante, una antigua villa cercana al paseo marítimo —la célebre *Corniche*— no muy amplia pero luminosa, escondida tras un coqueto jardín y con una gran terraza con vistas al mar. En las fotos en las que aparecen juntos en la terraza de su casa o paseando por la playa, se les ve felices y enamorados. De ahí que en la primavera de 1933, cuando Daniel se enteró de que Marga pensaba abandonar Palmira y emprender un viaje a La Meca, creyó que se trataba de una de sus habituales bromas. No lo era, la condesa Marga d'Andurain había decidido convertirse en la primera europea en visitar la ciudad sagrada del islam.

6

Mi marido beduino

Casi todo el mundo desconoce mi proyecto de
llegar a La Meca. Los que están al tanto lo ven
bastante difícil; unos me pronostican la muerte,
otros la cárcel para el resto de mi vida o, cuando menos, muchos años recluida en un harén de
Uneyza. Nada me hace desistir. Los peligros
de que me hablan son sólo nuevos acicates.

Le Mari-Passeport

Cuando lady Hester Stanhope llegó a Palmira en 1813, encantada ante el recibimiento que le dispensaron sus habitantes, escribió a una amiga: «He sido coronada reina del desierto bajo
el arco triunfal de Palmira. Nada ha tenido tanto éxito como
esta jornada, que parecía ser tan peligrosa. Todos me rindieron
homenaje. Si quisiera podría ir ahora mismo a La Meca sola.
No tengo nada que temer...». La indómita aristócrata inglesa no llegaría a visitar la ciudad santa del islam y en su lugar se
instalaría a vivir en una remota fortaleza de las montañas del Líbano. Un siglo más tarde, en la primavera de 1933, Marga

d'Andurain se preparaba para emprender su peregrinaje a La
Meca y atravesar la vasta llanura del Neyed, en el corazón de la
península Arábiga. Aunque al igual que lady Hester la condesa se había autoproclamado «reina de Palmira» —era la única
europea que allí residía y gozaba de la admiración y el respeto
de los árabes de la aldea— no se sentía identificada con ella. «Yo
no soy —diría en una ocasión— ni lady Hester Stanhope ni
lady Jane Digby. Estas nobles y decimonónicas inglesas querían
acabar sus días en los brazos de un amante beduino. No es mi
caso, yo tengo un marido que aprueba mi conducta y lo único que anhelo es mi libertad.»

Marga planeaba casarse con un beduino y realizar un viaje de una envergadura extraordinaria y no ignoraba los peligros
que tendría que afrontar. Al igual que en el siglo XIX, los viajeros europeos disfrazados que eran descubiertos en La Meca y
los lugares sagrados circundantes se enfrentaban irremediable-
mente a la muerte. Todos ellos, sin excepción, eran trasladados
desde la ciudad santa al vecino desierto y una vez allí decapi-
tados y enterrados en tumbas sin nombre. Esta intrépida aventurera se disponía a llegar en barco desde Suez al puerto de
Yidda, a orillas del mar Rojo, y de ahí continuar en coche hasta
La Meca y Medina. En una caravana a pie pensaba después alcanzar la región de Uneyza, a unos setecientos kilómetros de
Yidda, donde vivía la familia de Soleiman, el que sería su esposo. Tras reposar quince días en casa de los hermanos de éste,
atravesaría mil kilómetros de ardiente desierto hasta llegar a las
islas de Bahrein, en el golfo Pérsico.

En el pasado, sólo dos mujeres habían conseguido cruzar
el solitario y amenazador desierto de arena negra del Neyed
—que se extiende desde Siria por el norte hasta Yemen al

sur—, y con enormes dificultades. Lady Anne Blunt, nieta del poeta lord Byron, en 1879 se convirtió en la primera europea en recorrer los desiertos de Arabia central en busca de caballos purasangre para sus famosas cuadras de Inglaterra. En su libro *A Pilgrimage to Nejd* (*Viaje a Arabia*) lady Blunt recordaba la terrible experiencia de cabalgar por uno de los desiertos más duros y extensos del mundo: los camellos se desplomaron por el terrible calor y el cansancio, desobedecían sus órdenes y se negaban a transportar su equipaje; sin apenas víveres ni agua a punto estuvieron de perder la vida. Por su parte, la célebre diplomática y arabista Gertrude Bell desafió el infierno de dunas rojizas azotadas por tormentas de arena del Nefud cuando se dirigía a la ciudad prohibida de Hayil, en el norte de Arabia, capital del Neyed y feudo del emir Ibn Rashid.

Los motivos que llevaron a la condesa d'Andurain a protagonizar tan imprudente y peligrosa aventura es uno de los muchos misterios que rodean su vida. Deseaba escribir un libro sobre su aventura a La Meca, que sin duda, y si conseguía penetrar en su perímetro sagrado, la haría célebre en toda Francia; también pensaba, como le manifestó a Soleiman el día en que se conocieron, comprar a bajo precio las apreciadas perlas naturales de las islas del golfo Pérsico, quizá con la intención de venderlas en París muy por encima de su valor. Si Marga, bajo la personalidad de Zainab el Dekmari, emprendió el *hach* —el peregrinaje a La Meca— para «espiar en el Hiyaz y los santos lugares» como apuntan algunos autores, no existen pruebas que lo demuestren.

La estrecha relación que Marga mantenía con los beduinos de Palmira desde su llegada a Siria hacía seis años, le había permitido conocer de primera mano los detalles de la gran peregrinación a la ciudad sagrada del islam, que cada año reunía a miles de musulmanes llegados de todo el mundo; los nombres de La Meca, Medina, Yidda, el Neyed..., lugares de la actual Arabia Saudí de difícil acceso y prohibidos para los no musulmanes —bajo pena de muerte—, comenzaron a despertar en ella una gran curiosidad. Aunque fue tras una conversación casual con su cocinero, cuando se decidió a llevar a cabo tan descabellado viaje. Un día Ahmed le contó que estaba nervioso porque su hermana acababa de partir a La Meca en compañía de otros vecinos de Palmira. «Le propuse al instante ir con él para unirnos a estos peregrinos; pero el muchacho ni siquiera supo decirme si el grupo viajaba por tierra o por mar, y su torpeza me hizo dudar de llevarle como guía... Pero no abandoné mi idea. La casualidad quiso que Sattam viniera a verme pocos días después, con su cortejo, en el que iba un hombre llamado Soleiman, originario del Neyed, y que había servido con los meharistas (cuerpo de camelleros) de Palmira. Ya le había encontrado varias veces en las tiendas de los beduinos e incluso llegué a pensar en tomarle como guía para un viaje por el Neyed, pero varios jeques me lo desaconsejaron.»

Soleiman el Dekmari tenía treinta años y era un humilde comerciante de camellos que en nada se parecía a los apuestos y varoniles hijos mayores del jefe Nawaf. De aspecto descuidado, ligeramente bizco y rostro inexpresivo, pertenecía a la tribu de los moutayr («aves de rapiña»), originaria del corazón de Arabia, en la región de Uneyza. En 1912, el jefe de esta tribu, Faisal ad-Dauich, encabezó un movimiento evangélico que predicaba la doctrina más dura y estricta del wahabismo. Hasta 1921, Ibn Saud no pudo desmantelar a este grupo de fanáticos y encarcelar a su temido líder. «Tengo que decir —anotaría

Marga— que Soleiman, mi esposo, pertenece a esta temida tribu de los moutayr, la más salvaje del centro del Neyed.» Una de sus hermanas estaba casada con un pescador de perlas que vivía en una pequeña aldea de las islas Bahrein, en el golfo Pérsico. Tras el intercambio habitual de saludos árabes, Marga le pidió a Soleiman que se quedara un momento porque tenía algo que proponerle:

—¿Sigues deseando volver con tu tribu en Uneyza?

—Desde hace diez años —le respondió el beduino con cierta nostalgia— todos los días quiero volver con mi tribu, pero no tengo dinero para ir tan lejos.

Esta respuesta la animó a contarle con más detalle la idea que le rondaba por la cabeza: deseaba atravesar toda Arabia central, conocer a fondo su país y le gustaría que él la acompañara a pescar perlas a Bahrein.

—El rey Saud —le dijo Soleiman con gesto severo— no te dejará nunca entrar en el Neyed.

—Dirás que soy de tu familia. Con el rostro cubierto por un velo, vestida como una mujer árabe, puedo pasar perfectamente por una beduina.

—Sí, pero si descubren la verdad, te cortarán el cuello y a mí también.

—Bueno, pues entonces nos casaremos. No podrán reprocharnos nada, todo será correcto y legal.

Soleiman se quedó algo perplejo ante lo que acababa de oír pues ignoraba que Marga se hubiera divorciado de su esposo y estuviera libre para volverse a casar. Desconcertado por la proposición de aquella *franji* —nombre que se daba en Oriente a los europeos— que sólo conocía de vista, le preguntó:

—¿Qué dirá tu marido?

—¿Qué quieres que diga? No se va a oponer. No me voy a casar contigo realmente. No seré tuya. Me servirás de pasaporte para hacer el viaje. Pagaré todo y a la vuelta, te lo prometo, te daré el doble de cuanto hayamos gastado.

Si al principio Soleiman pensó que la propuesta de la extranjera era una auténtica locura, incluso le ofendió su sinceridad al confesarle que sólo lo «utilizaría» como un medio para poder llevar a cabo sus propósitos, al oír hablar de dinero, cambió de opinión. Estaba cansado de vivir en Palmira con un sueldo miserable y añoraba a su familia; esta inesperada propuesta podía ser una oportunidad única para hacerse rico. Tras meditar un instante le dijo que lo consultaría con sus hermanos; Marga le dio dos días para pensárselo. Por su parte, ella aún le tenía que contar a Pierre su ambicioso proyecto que incluía su «matrimonio blanco» con un hombre beduino del que apenas nada sabía. El conde d'Andurain intentó, como de costumbre, hacerla entrar en razón y le advirtió que era poco probable que regresara con vida de un viaje al corazón mismo de Arabia, pero fue inútil. Pierre decidió entonces ser su cómplice y le prometió que la ayudaría a salir de Palmira sin llamar la atención de las autoridades francesas.

Veinticuatro horas después Soleiman se presentó en el hotel en compañía de sus dos hermanos, ambos soldados meharistas como él del puesto militar de Palmira. Reunidos todos en el salón principal, la condesa —delante de sus sirvientes Ahmed y Ali en calidad de testigos y traductores— le hizo jurar a Soleiman con la mano en el pecho que la respetaría y la protegería como si fuera su hermana. Este juramento, meramente verbal, comprometía el honor de Soleiman frente a su familia. Sólo dos días había necesitado para convencer al ingenuo beduino que no imaginaba los contratiempos que le esperaban. En el caso de Pierre había sido más difícil porque «aunque demostró una gran comprensión no censurando mi proyecto, aquella misma noche tuvo un terrible presentimiento y me pidió que abandonara la idea. Pero ya era demasiado tarde para dar marcha atrás y yo sólo pensaba en partir».

Para Soleiman aquel viaje a su tierra natal podía ser un lucrativo negocio. Marga le había prometido que si la devolvía sana y salva a Palmira, recibiría una importante suma de dinero. Más adelante, durante su reclusión en Yidda, le contaría al cónsul de Francia que Soleiman había aceptado su propuesta porque sus servicios serían muy bien pagados; «la mitad de la suma acordada le sería entregada tras el registro de nuestro matrimonio delante del cadí y el resto a nuestro regreso del Hiyaz». Marga d'Andurain estaba decidida a partir al amanecer del día siguiente: «Nada de preparativos; salí del hotel como para dar un paseo. Ni un bulto, ya compraría de camino mis vestidos árabes… Con qué alegría me libré de una de las cosas más desagradables de todos los viajes: hacer las maletas».

Si la condesa pensaba que nadie iba a enterarse de su partida, estaba muy equivocada. Había sido poco discreta al contarle su plan al coronel Cottard —el flamante jefe del puesto de Palmira y máxima autoridad militar—, a quien fue a visitar a su despacho para anunciarle eufórica que iba a ser la primera francesa en penetrar en la ciudad prohibida de La Meca. Toda la guarnición estaba pues al tanto de sus planes y es lógico imaginar la preocupación de las autoridades francesas, quienes sabían las complicaciones diplomáticas y el escándalo que podía provocar su presencia entre los peregrinos. Según el Corán y las leyes que aún hoy rigen la peregrinación a la ciudad santa, la presencia de un solo infiel en La Meca invalida el peregrinaje de todos los asistentes.

En los años treinta, la península Arábiga —la mayor del mundo— era un desolado, primitivo y olvidado territorio donde gobernaba un rey legendario, heredero de un antiguo y noble linaje: Abdul Aziz, más conocido como Ibn Saud. Si a alguien deseaba conocer Marga, era a este personaje del que todos los árabes hablaban con una mezcla de temor y respeto. Era un hombre de imponente figura —casi dos metros de altura—, corpulento, fuerte, osado y dotado de un fino sentido para la política. El 27 de noviembre de 1916, Gertrude Bell pudo conocer en persona al futuro fundador de Arabia Saudí, al que describió como un gran guerrero del desierto: «Sus estudiados movimientos, su dulce y leve sonrisa y la mirada contemplativa de sus ojos de párpados pesados, pese a que contribuyen a su dignidad y encanto, no se corresponden con la noción occidental de una persona enérgica. Sin embargo... entre hombres criados a lomos de un camello, es famoso por no tener rival y ser un jinete infatigable».

Ibn Saud no era sólo el poderoso y carismático rey del Neyed y el Hiyaz —la región donde se encontraban ubicadas las ciudades santas de Medina y La Meca— sino además era el responsable de aplicar los principios de la corriente wahabí, fundada para restaurar el islam «puro y original» bajo los estrictos principios de la sharía, la ley islámica. Las heroicas y sangrientas batallas protagonizadas por Saud, que Marga conocía bien por boca de sus amigos beduinos, le habían hecho merecedor del apodo de «leopardo del desierto». A los veintidós años, al frente de ochenta jinetes a camello, atacó Riyad —la capital ancestral de los al-Saud— dando muerte a su rival Ibn

Rashid mientras éste dormía plácidamente en el palacio que su familia ocupó hasta que este clan enemigo los llevó al exilio en Kuwait. Desde el asalto a Riyad en 1902 hasta 1932, Saud venció a sus principales rivales, participando en cincuenta y dos batallas, y se dedicó a recuperar los territorios que antaño habían pertenecido a sus antepasados. En 1926 se convirtió en rey del Hiyaz arrebatando La Meca al jerife Husayn Ibn Ali. Este soberano, descendiente directo del profeta Mahoma, era el guardián de los Santos Lugares del islam y padre de los reyes Faisal y Abdallah que ocuparon los tronos de Irak y Transjordania con el apoyo de los británicos. Un año después Saud se proclamó soberano del Neyed. En 1932 este jeque tribal hasta entonces desconocido había conseguido reunificar estas regiones y fundar un reino estable y duradero al que llamó Arabia Saudí («la Arabia de los al-Saud»).

Marga, no satisfecha con ser la única europea capaz de vivir en Palmira, conducir sola en su coche por las peligrosas pistas del desierto y frecuentar a los beduinos en sus tiendas, deseaba hacer algo que nadie de su sexo había conseguido con anterioridad. El coronel Cottard no podía entender el comportamiento tan inapropiado de la señora d'Andurain, pero siendo ciudadana francesa tenía la obligación de retrasar todo lo posible su partida. Le había prohibido que abandonara la aldea pero dos soldados vigilaban sus movimientos porque sabía que no acataría sus órdenes. «Me doy perfecta cuenta de que no podré llevar a cabo mi proyecto en estas condiciones; así que decido regresar a casa para buscar una nueva estratagema. Me iré aunque para ello tenga que declarar la guerra a toda la guarnición de Palmira.»

Con la complicidad de su esposo, Marga ideó un plan de

huida de lo más rocambolesco. En la madrugada del 9 de marzo de 1933 el conde abandonó el hotel Zenobia con su fusil al hombro y a lomos de su caballo, en compañía de Soleiman, como si fueran a cazar juntos. Cuando llegaron al Valle de las Tumbas, Pierre escondió al beduino en una de las torres funerarias. Habían quedado en reunirse allí con su esposa al cabo de una hora. Mientras, Marga se despedía en el hall del hotel de algunos amigos árabes —para despistar había hecho correr la voz de que se iba a Francia de vacaciones— que habían venido a desearle buen viaje. Fue en ese instante cuando vio cómo el coche oficial de Cottard se detenía frente a la puerta del hotel. La condesa le pidió a su sirviente Ibrahim que le dijera al coronel que se encontraba ausente mientras ella huía a toda velocidad en su coche conducido por un chófer y en la compañía de un árabe que deseaba viajar a Damasco. Así describía su precipitada huida del hotel: «Estoy nerviosa y le pido al chófer que acelere. Una última mirada hacia Palmira… El coche corre por el Valle de las Tumbas. En la carretera está Pierre paseando, como es su costumbre. Sube al coche y me dice al oído que Soleiman estaba oculto en una torre funeraria. En el lugar indicado, mi marido baja y en ese momento aparece Soleiman. De la manera más natural me pregunta si tengo sitio en el coche para llevarle. Mi esposo me pide que le lleve. La estratagema ha tenido éxito».

Marga, una mujer con una energía desbordante y una gran determinación —según coincidían los que la trataron—, se había salido una vez más con la suya. Exultante por haber burlado la vigilancia de la autoridad militar, no podía ocultar su felicidad. A su lado, Soleiman se mostraba serio y preocupado; todo había ocurrido tan rápido que no había tenido tiempo para reflexionar sobre las consecuencias de aquella aventura. Ahora ya no había vuelta atrás: si se descubría el engaño lo pagaría con su vida. Para tranquilizarle Marga le dio una cápsula de Kalmine —un analgésico contra el dolor muy utilizado en los años treinta— y le pidió que descansara hasta llegar a Damasco. Durante el trayecto, el otro árabe que viajaba con ellos le dijo a Marga que su futuro esposo tenía fama «de orgulloso, vago y ambicioso, pero era un valiente guerrero y poseía ese raro sentido del desierto, que tan útil les era a los oficiales franceses». Llegaron ya entrada la noche a Damasco y Marga se alojó como era su costumbre en el elegante hotel Victoria. Soleiman quedó en pasar a recogerla a las ocho de la mañana para comenzar cuanto antes las gestiones previas a su matrimonio. Sólo faltaba un mes para que comenzaran las ceremonias en el monte sagrado de Arafat, las primeras oraciones indispensables para la validez moral de una peregrinación a La Meca. Tal como Marga señalaba en sus memorias, «un fiel musulmán no puede alcanzar el título de *hayi*, aunque haya estado un año entero en Medina o en La Meca, si no ha cumplido con este ritual sagrado».

Al día siguiente, Marga y Soleiman fueron a ver al cónsul general del Neyed-Hiyaz, el jeque Abd al-Rauf. Este hombre de aspecto majestuoso, vestido con una larga túnica y la tradicional *kefiya* sujeta con un cordón de oro —símbolo de la importancia de su cargo—, los recibió con amabilidad en su despacho. Impasible escuchó a Marga quien, a través de un traductor, le manifestó su deseo de casarse con el hombre que la acompañaba. El cónsul no pudo evitar su sorpresa ante aquella insólita petición; que una mujer europea, elegante, atractiva y con título nobiliario —Marga seguía presentándose como condesa d'Andurain— deseara casarse con un camellero pobre y analfabeto, no era algo que ocurriera todos los días. En realidad, y que el cónsul recordara, en el pasado sólo una aristócrata inglesa había contraído matrimonio con un beduino. Se trataba de la hermosa e intrépida lady Jane Digby quien en 1854 se casó con su enamorado Medjuel, de la tribu de los mezrab. Al igual que Marga, lady Jane tuvo bastantes dificultades para encontrar a alguien que quisiera oficiar la boda. El entonces cónsul británico en Damasco, sir Richard Wood, al que fueron a visitar, creyó que la distinguida dama había perdido la razón. No podía entender que una súbdita inglesa expusiera su vida al casarse con un «bárbaro sin civilizar» aunque en su caso Medjuel fuera un hombre culto y un auténtico príncipe del desierto. La negativa de sir Wood no pudo con los deseos de la pareja, que finalmente contrajo matrimonio por el rito musulmán en Homs. En sus veinticinco años de vida en común lady Jane —quien la mitad del año habitaba en su casa de Damasco y el resto como una beduina en una tienda de pelo de cabra— nunca se arrepintió de haber dado aquel paso.

La historia de Marga era bien distinta porque a diferencia de la romántica lady Jane Digby, la condesa no amaba a Soleiman, ni sentía especial interés por la religión que éste profesaba. Si deseaba casarse con él era únicamente para poder llevar a cabo sus propósitos. El cónsul Abd al-Rauf, le preguntó entonces:

—¿Qué quieres ir a hacer a Yidda?

—Deseo viajar y penetrar en el corazón del islam. He vivido mucho con árabes, que hablan sin cesar de los lugares santos y del Neyed prohibido. Me atrae la religión de Alá y quiero convertirme al islam.

—No puedo darte un pasaporte para Yidda, pero de todas formas no te serviría de nada, pues hace falta un permiso del rey para penetrar en el interior del país.

—Bueno, pero aunque no quieras darme el pasaporte, ¿me casarías con Soleiman?

—Si tienes verdadera intención de contraer matrimonio, ¿por qué no te has casado en Palmira?

—Era imposible. Me conocen demasiado y me lo habrían impedido —admitió la condesa.

Aunque Marga pudiera parecer de lo más convincente, el cónsul desconfiaba de las verdaderas razones por las que deseaba abrazar la fe de Mahoma. Finalmente, y ante su insistencia, le dijo que sólo los casaría si conseguía como testigos a dos miembros del Alto Comisionado en Beirut. Quedaron en verse de nuevo en su despacho al día siguiente y le prometió que haría todo lo que estuviera en su mano. Abandonó el consulado esperanzada y creyendo que la suerte estaba una vez más de su parte. De nada le serviría encontrar a dos funcionarios dispuestos a ser sus testigos oficiales. El cónsul tendría tiempo para informarse sobre ella y descubrir que las autoridades francesas la consideraban una temible espía al servicio de los ingleses.

A la mañana siguiente, cuando se presentó de nuevo en el consulado, el cónsul se limitó a explicarle que no era suficiente con dos testigos y que no podría casarla si no era en presencia del delegado francés en Damasco, monsieur Véber, uno de los más acérrimos enemigos de Marga. Estaba claro que el jeque Abd al-Rauf no quería tener problemas con las autoridades casando a una francesa con un árabe del Neyed. La aventura de Marga comenzaba a complicarse, pues ahora sabía que sólo podría celebrar la boda en Egipto o en Palestina, ya que estos dos países no estaban bajo mandato francés. Pero la negativa del cónsul del Neyed-Hiyaz no sólo no la desalentó sino que la animó a seguir adelante con su plan.

Aquel mismo día decidió partir de inmediato a la ciudad palestina de Haifa, pero antes se detendría en Beirut para saludar a su hijo menor. Jacques estudiaba entonces en la Universidad Americana de Beirut y es fácil imaginar su sorpresa al ver a su madre en el campus acompañada de un beduino vestido con una desgastada túnica blanca y la *kefiya* típica de los hombres del desierto. Marga le presentó, con total normalidad, a su «nuevo novio» —y futuro padrastro— y le contó por encima algunos detalles de su viaje a La Meca. Aunque Jacques había pasado buena parte de su infancia en Bayona y conocía poco a su madre, supo que hablaba en serio. «Jacques —confesaría Marga en sus memorias— desaprueba mi proyecto de viaje al golfo Pérsico. No es que la idea le parezca mala en sí misma. Sería conveniente, me dice, que pase un tiempo perfeccionando mi árabe, que me va a traicionar a las primeras de cambio. Además cree que necesitaría un año de estudios musulmanes, para estar preparada y poder cumplir exactamente los ritos de la peregrinación. Evidentemente no acepto sus consejos. Quiero hacer el viaje este mismo año. ¿Quién sabe si tendré los mismos deseos el año que viene?» Jacques pudo intercambiar algunas palabras en árabe con Soleiman quien le dijo en tono paternal —y a iniciativa de su madre— que «se portara bien y fuera aplicado en sus estudios». Al despedirse, Marga le prometió que regresaría a verle antes de embarcar rumbo a La Meca.

Jacques d'Andurain se mostraba preocupado por el viaje

que su madre pensaba emprender en breve, y no era para menos. Una peregrinación a La Meca no podía improvisarse en apenas unas semanas y si alguien sospechaba que su matrimonio era una farsa, posiblemente ninguno de los dos regresaría con vida a Palmira. En el pasado sólo unos pocos viajeros europeos habían entrado en la ciudad santa sin ser descubiertos. Durante siglos el peregrinaje a La Meca se hacía a pie o a lomos de camello. Era una empresa muy arriesgada y sembrada de peligros: tempestades de arena, asaltos de bandidos, epidemias, naufragios…, y que podía prolongarse durante varios años. Antes de partir los peregrinos redactaban su testamento y se despedían solemnemente de amigos y familiares.

El primero en conseguir esta hazaña fue el español Domingo Badía, que en 1806 penetró en la cuna del islam haciéndose pasar por un príncipe abasí de nombre Alí Bey. Este aventurero y espía nacido en Barcelona en 1767, dibujó, pintó y describió —como nadie había hecho antes en Occidente— los tesoros que guardaba celosamente La Meca. Más tarde, en 1853, el gran explorador británico Richard Burton intentaría la misma epopeya. Disfrazado de derviche y médico afgano visitaría como un peregrino más las ciudades sagradas de La Meca y Medina. El aventurero inglés pasó cinco meses en Londres preparando a conciencia su temerario viaje. Se hizo circuncidar, se dejó barba, se tiñó la piel con alheña y estudió a fondo las costumbres árabes. Aunque en 1930, con la llegada del automóvil, el viaje era menos cansado, para una mujer europea seguía siendo muy peligroso. Marga no sólo hablaba mal el árabe y apenas tenía conocimientos del islam, sino que en público era incapaz de comportarse de manera discreta y decorosa; no sabía, entre otros muchos detalles, cómo sentarse, comer, caminar, gesticular y rezar a la llamada del muecín. Tampoco se preocupó por cortarse las uñas —siempre llevaba las uñas largas y esmaltadas— o depilarse las partes más íntimas, un detalle que no pasaría desapercibido para las mujeres del harén de Yidda donde se veía obligada a vivir.

Tras las dificultades que había encontrado en Damasco, Marga estaba convencida de que en Haifa le sería más fácil contraer matrimonio. Cuando dejaron atrás el pequeño puerto de Saida (Sidón), con sus casas encaladas y playas de arena dorada, y continuaron por la serpenteante carretera de la costa, la suave brisa del Mediterráneo recordó a Marga su primer encuentro con el mayor Sinclair. Habían pasado cinco años desde que el general Péria le diera la fatal noticia de su muerte y aunque ahora mantenía una nueva relación sentimental con el joven arqueólogo Daniel Schlumberger, no había podido olvidar a su primer amante. Al llegar a Haifa Marga no se alojó como entonces en una de las hermosas residencias del monte Carmelo rodeadas de perfumados jardines, sino en un modesto hotelito árabe donde Soleiman pidió una habitación «con dos camas». Su única preocupación ahora era encontrar a alguien que pudiera convertirla al islam y oficiar su matrimonio. Sería Azam, el joven y amable gerente del hotel, quien les presentaría a la persona que los ayudaría a conseguirlo: el jeque Tawfik.

«Es un anciano venerable, con una pequeña barba blanca. Su vestidura es de fina sarga beige, cerrada de arriba abajo por una hilera de pequeños botones. Lleva un manto del mismo tejido, con amplias mangas, abierto por delante y holgado detrás. Su blanco turbante plisado va colocado en forma de corona sobre el fez rojo oscuro. Su silueta es elegante y fina. Soleiman y yo estamos sentados cada uno en nuestra cama y él coloca una silla entre nosotros. Azam se halla presente. El jeque empieza con una pequeña explicación de catecismo islámico, dirigida a mí.» Con estas palabras de respeto y cariño, Marga recordaba al hombre que la inició en los misterios de su nueva religión. En la pequeña y modesta habitación del hotel, sentada al pie de su cama, la condesa escuchó atenta los principales preceptos del islam que el jeque iba desgranando con voz pausada e hipnótica: «Debes ser pura, no sólo por las cinco abluciones diarias y las cinco oraciones del día y de la noche, sino también pura de corazón, de sentimientos, de pensamiento y de deseos. La pureza exterior consiste en evitar cuanto pueda ensuciarte. Implica las uñas cortadas, total depilación, barba afeitada, pelo bien peinado e, incluso, la circuncisión». Durante varias horas, el paciente jeque respondería a todas las dudas que le plantearía.

A partir de su conversión, Marga estaba obligada a cumplir con los cinco pilares de la fe en los que se fundamenta el islamismo: el reconocimiento de que Alá es grande y es el único Dios, la oración, la caridad, el ayuno en el mes del Ramadán y el peregrinaje a La Meca. Respecto al ayuno, y dirigiéndose a Marga, el jeque recalcó: «No debes beber, ni comer, ni realizar acto carnal desde el amanecer hasta el anochecer. Sabrás que es el alba cuando puedas distinguir un hilo blanco de otro negro. Si tienes tus reglas, eres impura y debes comer, igual que si estás enferma. Pero, al terminar los cuarenta días, ayunarás el número exacto de días que te falten». Al finalizar la entrevista, Marga anotaría en un cuaderno el rezo más sagrado que tendría que repetir cinco veces al día: al amanecer, antes de la salida el sol; al mediodía; por la tarde; a la puesta del sol y en el último tercio de la noche: «No hay más Dios que Alá y Mahoma es su Profeta».

Por primera vez desde su partida de Palmira, se sentía satisfecha y algo más relajada. Aunque tras la entrevista con el jeque aún necesitaba la autorización del cadí —el juez en los territorios árabes— para poder celebrar el matrimonio y legalizar su conversión, estaba segura de que esta vez sus gestiones iban por buen camino. La primera noche que durmió con su esposo en la misma habitación pasaría sin incidentes, aunque Marga no bajaría la guardia. «Me acuesto sin desvestirme y vigilo a Soleiman con el rabillo del ojo. Le veo volver de sus abluciones: se quita el manto y su chilaba marrón, quedándose sólo con su *tenura* (camisa) blanca. Nos deseamos las buenas noches educadamente. Soleiman se cubre la cabeza con su *kefiya*, tirando luego de las mantas hacia arriba: es costumbre del desierto protegerse así el rostro.»

Al día siguiente, en una sencilla ceremonia presidida por el jeque Tawfik, la dama francesa celebró públicamente su conversión. En un gran salón con sillones de terciopelo de varios colores —un decorado de lo más burgués y poco apropiado a los ojos de Marga— y ante la presencia del jeque, el cadí, un secretario, tres testigos y un abogado como intérprete, repitió en tono solemne: «Juro que no hay más que un Dios, que Alá es el único Dios, que Muhammad es el enviado de Alá. Creo en sus apóstoles, en sus libros y en el día del juicio final». En ese instante, cubierta con el velo negro obligatorio, Marga imaginó el disgusto que le habría dado a su madre Marie Clérisse, fallecida hacía dos años, si se hubiera enterado de su conversión al islam. Aunque educada en la fe católica, la condesa estaba tranquila porque consideraba «que no había proferido ninguna blasfemia contra la religión de sus antepasados; al contrario, sus oraciones tienen una gran similitud con nuestro credo».

Al finalizar la ceremonia, y tras la firma de los testigos, Marga eligió el que a partir de ahora sería su nuevo nombre: «Necesito escoger un nombre árabe y al final me decido por el de Zainab, una de las mujeres preferidas del Profeta, y que también es el nombre de la antigua reina de Palmira, Zenobia». Oficialmente ya era una mujer musulmana, pero los formalismos legales todavía no habían terminado. El gobernador de Haifa debía estampar su firma en el acta de conversión y hacerla válida o nula con una simple palabra: «favorable o desfavorable». Para su desesperación la firma aún demoraría varios días y aunque le suplicara al jeque Tawfik que los casara, éste no se atrevía a tomar una decisión tan importante sin la autorización del Gran Muftí de Jerusalén, el líder religioso más relevante de todo el islam.

«No puedo censurar las precauciones del cadí —escribió Marga— por muy exasperantes que sean. El caso es muy especial. Efectivamente somos extranjeros, sin residencia en Palestina y, además, soy una nueva conversa. Debo ver al gobernador y obtener su firma pues sin ella mi conversión es nula. Lo intento durante tres días: tiempo perdido. O no está o está ocupado. Tanto insisto, yendo a verle mañana, tarde y noche, que al final me recibe.» A pesar de su desconfianza inicial, y de que el acto de conversión debería haberse realizado en el domicilio de Marga, según le indicó, el gobernador se mostró favorable al deseo de la extranjera de abrazar la fe del islam. Había ganado el primer asalto, pero aún debía esperar la respuesta de Jerusalén.

Marga era ahora Zainab ben Maxime (en honor a su padre Maxime Clérisse) el Dekmari y tras su conversión debería comportarse en público como una verdadera musulmana, algo que no le resultaría nada fácil. Acostumbrada a vivir de manera independiente, junto a un esposo comprensivo que respetaba sus alocados proyectos, y curiosa por naturaleza, se negaría a ocultar siempre su rostro y a depender para todo de los hombres. En más de una ocasión, y para horror de su marido, Marga saldría a la calle vestida a la europea —tan sólo utilizaba la *abaya* (larga capa negra) y el *niqab* (el velo) cuando era imprescindible—, sin importarle las consecuencias de tan insensata conducta. Soleiman dudaba que su excéntrica esposa, que había llevado «una vida de lujo y placeres» en El Cairo, pudiera soportar la dura vida beduina en el Neyed, la desértica e inhóspita región central de Arabia.

Como Marga no tardaría en descubrir, en toda Arabia Saudí las mujeres vivían tuteladas por los hombres: no podían salir solas a la calle, sus padres decidían con quién tenían que casarse y tampoco podían viajar sin la autorización de algún varón de la familia ni conducir un vehículo. «Me inquieto un poco con este nombre nuevo, este segundo "yo" que tendrá que ocultar, a partir de ahora, todas mis reacciones, pensamientos y palabras que pudieran ser una traba en el éxito de la expedición que acabo de emprender», reconocería en sus memorias. Azam, el joven y solícito gerente del hotel donde se hospedaba, sería su único e inseparable amigo. Obligada a salir a la calle con velo, caminaría por la playa junto al mar sin poder sentir la suave brisa en su rostro. Como no estaba bien visto que fuera a un restaurante, compraría en las tiendas del zoco algunos víveres para comer en su habitación. En los meses siguientes, Marga se tendría que enfrentar a una sociedad arcaica y tribal, marcada por las limitaciones a las mujeres, siempre relegadas a un segundo plano.

Soleiman, a quien la ciudad le agobiaba, apenas salía a la calle y se pasaba el día «durmiendo, bebiendo café y fumando, para intentar olvidar su nostalgia del desierto». Poco a poco Marga iría descubriendo el verdadero carácter de su esposo beduino: «Cuando vuelvo de noche, encuentro a Soleiman en nuestro cuarto, fumando su narguile y escupiendo en el suelo. Hablamos de una cama a otra, y voy conociendo los rasgos dominantes de su carácter: orgullo, vanidad, pereza y codicia. Se figura que va a lograr disfrutar de toda mi fortuna, que él supone inmensa. Le gusta hablar de dinero, soñar con la situación que tendrá en Palmira cuando volvamos. No me canso de repetirle que no voy a cambiar en absoluto el contrato verbal que hicimos al partir». Una noche, Soleiman, que se había vuelto muy caprichoso, le dijo:

—Me comprarás un Buick cuando volvamos a Siria, ¿verdad? Después iremos a Francia. ¿Dónde vamos a vivir en París?

—Iremos a casa de mi hermano —le respondió muy seria Marga—, que tiene un carácter mucho más violento que yo.

Soleiman se lamentaba de que Marga no le respetara y creía ingenuamente que en el fondo sentía algo hacia él. La realidad era bien distinta: «Se queja a cada instante de que le canso y le doy dolor de cabeza. Evidentemente, me enfado mucho con él, pero es que no soporto su vanidad y su holgazanería». Marga empezaba a impacientarse, y viendo que los trámites aún demorarían unos cuantos días, decidió pasar el fin de semana en Beirut para ver por última vez a su hijo Jacques.

Éste recordaba con fina ironía la segunda visita de su madre al campus universitario. Fue durante aquel fin de semana cuando Marga le contó con más detalle los planes de su aventura a La Meca. «Me anunció, todo a la vez, que se iba a hacer musulmana, que iba a contraer "matrimonio blanco" con un beduino de Bahrein, de una familia de pescadores de perlas, que iba a hacer el peregrinaje a La Meca, siendo la primera cristiana en conseguirlo… Mi padrastro se llama Soleiman el Dekmari. La condesa se convertirá en Zainab ben Maxime el Dekmari; ¡mi madre será ahora ciudadana del Neyed!… La acompaño a hacer algunas compras, calco para ella en un papel un viejo mapa de Arabia de la biblioteca y se marcha.»

En esta ocasión, Marga viajó sola en su coche a Beirut pues Soleiman se encontraba en Jerusalén esperando la validación de su conversión por el Gran Muftí de la ciudad. Dándose cuenta de la falta de preparación de su madre para un viaje tan arriesgado, Jacques le conseguiría una copia de un mapa antiguo de Arabia —aunque lleno de errores y distancias subestimadas como la mayoría—, un inmenso territorio que aún no había sido cartografiado en su totalidad y era una *terra incognita* para los occidentales. A su hijo le preocupaba que una vez a solas con su marido beduino en pleno desierto, éste no la respetara como había jurado y quisiera consumar el matrimonio; también le inquietaba que al llegar a Uneyza, donde vivía la familia de Soleiman, la secuestrara y no le permitiera regresar. Respecto a esta posibilidad, su madre se mostraba tranquila porque a estas alturas del viaje sabía lo mucho que le gustaba el dinero a su esposo. Estaba convencida de que no la retendría contra su voluntad, ya que, según lo acordado, a su regreso a Palmira le tendría que pagar una buena suma de dinero. En cuanto al tema de una posible violación, Marga tenía sus dudas y le confesó a Jacques:

—Si esto ocurriera, lo mataría. Ya he comenzado a acostumbrarle a las píldoras de Kalmine… En un momento dado le podría dar una pastilla… y modificar su contenido. Ven conmigo a la farmacia, vamos a comprar veneno y dirás que es para matar a Neel…

Jacques d'Andurain, que contaba dieciséis años, nunca imaginó que su madre hablara en serio. Con la excusa de que Neel —un perro fiero y de gran tamaño que le había regalado a Marga su antiguo propietario, el coronel británico Neel, amigo de la familia en los tiempos de El Cairo— estaba enfermo, la condesa pretendía que le vendieran un eficaz veneno para acabar con su sufrimiento. En realidad Neel ya había pasado a mejor vida, pues tras haber mordido a varios de los sirvientes del hotel, un día intentó atacar a Pierre d'Andurain y éste le disparó con su fusil.

—Pero mamá, ¿Neel no está muerto? —le recordó Jacques.

—El farmacéutico no tiene por qué saber nada; tú le dices que es para matar a un perro sin hacerle sufrir, de manera instantánea; un perro fuerte y muy grande…

Así fue como Marga, en compañía de su hijo, compró sin levantar sospechas en una farmacia de Beirut una pequeña cantidad de veneno —polvos de estricnina— suficiente «para matar a un hombre». Marga d'Andurain sabía que pronto viajaría a un país donde las mujeres no tenían derechos y ella no estaba dispuesta a acatar unas leyes que le parecían tan arcaicas como injustas. «Llegado el momento, si ninguna ley me defiende, tendré que salir adelante yo misma», le diría a Jacques poco antes de despedirse y regresar a Haifa. No volvería a saber de su madre hasta unas semanas más tarde cuando pudo leer en la portada del periódico *L'Orient* el siguiente titular: «La condesa d'Andurain fue ahorcada ayer en La Meca».

Veinte días después de haber huido de Palmira como una prófuga, Marga al fin recibía una buena noticia: «Fuimos al tribunal religioso donde nos enteramos de que había llegado por fin mi certificado. Ahora ya soy musulmana legalmente, como así lo testifica el documento en árabe y en inglés. El cadí autoriza la boda y, en un corto y elocuente discurso, nos desea dicha y prosperidad. Tiene envidia de nuestra felicidad al poder ir a La Meca». El 22 de marzo de 1933 Marga había conseguido lo que parecía imposible. En las horas siguientes, y con la ayuda de su inseparable Azam, se dispuso a preparar la ceremonia de la boda y a ultimar los detalles de su viaje. Si su huida de Palmira había sido de lo más novelesca, su boda, celebrada en Haifa, no lo sería menos. «Primero hay que encontrar testigos; yo me dirijo a todos los que puedo: el dueño del hotel, su hermano, a los que pasan por la calle, y entre éstos dos maleteros con una gran blusa azul, en la que se lee en grandes caracteres blancos Hotel Khedivial. Están asombrados por mi propuesta, pero aceptan, tanto por la propina que les ofrezco como por la perspectiva de asistir a un banquete de bodas. Al final nos vemos obligados a rechazar, cerrando las puertas, a muchos amables transeúntes que vienen presurosos a ofrecer sus servicios.»

La ceremonia tuvo lugar en el hotel Koukab el-Chark donde la pareja se había alojado a su llegada a Haifa. Como el hotel no disponía de un salón principal, el largo pasillo central, al que daban todas las habitaciones, sirvió como improvisada mezquita donde se instaló una fila de sillas para los asistentes. Marga, que desconocía las costumbres locales, se encargó también del banquete nupcial asesorada por Azam: «Algunos asistentes piden los pasteles tradicionales de bodas. Yo no había caído en ello y lo arreglo dando dinero a los testigos, que salen en tromba para ir a buscar golosinas. El primero trae una especie de yogures, con cuajada y almidón, decorados con un picadillo de pistachos. Siguen luego unos pasteles blancos, como merengues, muy secos, que se deshacen al primer bocado. Frutas confitadas, jarabes de azúcar y rosas y pasteles de miel con almendras completan este pequeño festín».

El matrimonio árabe es un contrato en toda regla: el precio de la novia, *mahr* o dote, ha de acordarse previamente por las dos partes y se fija en función del rango o de las cualidades de la futura esposa. En el caso de Marga era un asunto delicado pues todos creían, por boca de Soleiman, que la condesa era una dama noble y muy rica. En *Le Mari-Passeport* la autora recordaba así el inicio de la solemne ceremonia: «Estoy sentada junto a Soleiman, que no está mucho más emocionado que yo. El casamiento comienza con la estimación de mi valor como mercancía. La subasta parte de mil libras turcas en oro. Mi reputación de rica me sigue creando las mayores dificultades. Declaro mi insolvencia ante tal cantidad y propongo cien veces menos, es decir, sólo diez libras. La reunión queda consternada. Se baja a 500, yo subo mi puja a 25, luego a 50, y finalmente hay acuerdo en el precio: cien libras. Me compro, pues, a mí misma por cien libras de oro, para así poder llamarme madame Abd al-Aziz Dekmari». En su acta de casamiento, fechada el 23 de marzo de 1933, consta que Soleiman había pagado por ella cien libras, el equivalente —al cambio en 1914— a la suma de 2.500 francos. Marga, coqueta por naturaleza, se quitaría tres años y en dicho documento quedaría inscrito que la esposa, Zainab, sin oficio, tenía «treinta y siete años».

Sólo existe una fotografía oficial de Zainab y su esposo Soleiman el Dekmari, ambos vestidos con atuendo árabe. Fue tomada el mismo día de la boda en un estudio fotográfico de Haifa y en ella aparece vestida completamente de negro y con la cara oculta por un velo pegado al rostro. No se le ven los ojos, tan sólo se distinguen a través de la tupida tela sus marcados rasgos. A su lado, Soleiman posa para la ocasión con una reluciente *ghutra* (un pañuelo cuadrado de algodón blanco que usan los hombres en la cabeza y se sostiene con cordones de diferentes estilos) y una amplia capa de color marrón oscuro, ribeteada en oro, larga hasta los tobillos. Unos meses más tarde esta fotografía aparecería publicada en los principales periódicos franceses; para Marga era la prueba irrefutable de que la boda se había celebrado y además pensaba publicarla en el libro que escribiría sobre su aventura en La Meca.

Al finalizar la ceremonia, el jeque Tawfik dio la bendición a los recién casados y les deseó una feliz luna de miel. Soleiman interpretó tan bien su papel de esposo mostrándose delante de todos los presentes autoritario y engreído con su esposa, que nadie se daría cuenta del engaño. Ahora Marga sólo pensaba en partir y, ante la sorpresa de los asistentes al banquete, desaparecieron precipitadamente del salón sin despedirse de nadie. «Ya tengo el acta de casamiento en mi bolsillo —escribiría Marga—. Agarro con fuerza a mi esposo del brazo mientras nuestros testigos e invitados nos dedican parabienes y buenos deseos. Se hallan consternados por nuestra marcha tan apresurada. Nos metemos en el coche, en medio de las maletas, y dejamos Haifa a toda velocidad por la carretera a Jerusalén. Voy en un rincón, nerviosa y muy agitada, mientras en el otro Soleiman toma la actitud de un emir, dándose un gran aire de dignidad y nobleza.»

Tras su boda Soleiman se comportaría de manera bastante irresponsable, poniendo, en más de una ocasión, en peligro la expedición de Marga. Su flamante marido no había dudado en dar publicidad a su matrimonio con una europea contando al diario *Palestina* —el de mayor tirada del país— todos los detalles del enlace. Las primeras palabras de Marga a su marido le-

gítimo serían para expresarle a gritos su disgusto por haber
acudido a la prensa sin su autorización:

—Si debemos ocultarnos, ¿para qué anunciar este matrimonio que debe quedar en secreto? ¡Dios mío, eres tonto, tonto y
testarudo!

Soleiman se disculpó y le explicó que esa boda le había
hecho perder la cabeza y que no volvería a ocurrir:

—Eres mi hermana Zainab. Te obedeceré como te había
prometido. Me duele mucho la cabeza, no sé ni lo que digo.
Dame una de tus pastillas para mi dolor…

Marga, que a lo largo de toda su vida sufrió dolores de cabeza, consumía con frecuencia Kalmine, el único analgésico
capaz de mitigar sus fuertes migrañas. Soleiman, que veía cómo
su esposa tomaba habitualmente este medicamento «mágico» a
sus ojos, se fue también habituando a estas pastillas, que ella le
daba cuando sentía que «la cabeza le iba a estallar». Desde que
contrajeron matrimonio las disputas entre Marga y su marido
beduino eran cada vez más frecuentes y los dolores de cabeza
también. Soleiman el Dekmari se había vuelto engreído y no
dudaba en pavonearse delante de la gente, dando elevadas propinas y gastando el dinero en antojos. Solía decir a la gente que se
cruzaba en su camino que era un acaudalado emir y que la dama
extranjera que le acompañaba era su secretaria. A Marga le
desesperaba su arrogancia y sus continuas meteduras de pata,
pero sabía que nunca conseguiría atravesar el terrible Neyed
sin su ayuda. Soleiman se sentía perdido en la ciudad, pero al
igual que los hombres de su tribu era capaz de sobrevivir en
el desierto central de Arabia azotado por el abrasador simún
—el «viento venenoso»— que podía sepultar en pocos minutos a una caravana entera. Sólo alguien como él, criado allí, tenía

la resistencia y la fortaleza necesarias para adaptarse a esta tierra brutal e implacable. Si quería llegar a Bahrein, le necesitaba a su lado.

Aún tendrían que esperar tres interminables días más para poder embarcar en un carguero italiano que partía de Suez el 29 de marzo con destino a Yidda. Si lo perdían, era su última oportunidad para unirse a la gran peregrinación anual a La Meca. Para matar el tiempo, y vestida como una musulmana, Marga se dedicó a recorrer sola los lugares sagrados cristianos de Jerusalén: la tumba de la Virgen y la iglesia de Getsemaní en el monte de los Olivos, la Vía Dolorosa y el Santo Sepulcro, donde tuvo lugar una curiosa anécdota. La condesa entró en el interior de la basílica del Santo Sepulcro y, de manera instintiva, olvidándose de su nueva identidad, se santiguó y se arrodilló para rezar. Por fortuna la única dama presente en ese momento era una francesa llamada madame Amoun que se alojaba en el mismo hotel que ella. Antes de abandonar la iglesia la dama le puso la mano sobre la espalda y le murmuró al oído en francés:

—No tenga miedo, no la voy a traicionar.

En esta ocasión había tenido suerte, pero un simple desliz como ése en sus modales o en su comportamiento cuando se encontrara en el interior de Arabia podría resultar fatal. Marga seguía vistiéndose a la europea o como una mujer musulmana según su capricho; aún no comprendía que ahora era ciudadana del Neyed y que si era descubierta tendría que enfrentarse a la ley saudí que castigaba a los infieles con la muerte. A partir de este incidente, madame Amoun se hizo amiga suya. Juntas compartían las comidas en el hotel y alguna excursión a los alrededores de la ciudad amurallada; no sólo sería su cómplice sino que la ayudaría en los interminables papeleos legales que impe-

dían a Marga continuar viaje a La Meca. Madame Amoun viajaba por Tierra Santa en compañía de su sobrino, un joven que
vestía a la europea y lucía en la cabeza un llamativo fez de color
rojo. La condesa le abriría su corazón a esta mujer, «que me recordaba a mis viejas tías provincianas», y le contó su relación
con Soleiman, su deseo de viajar al corazón del islam y su matrimonio blanco celebrado en Haifa. A la dama francesa le resultaba incomprensible que una mujer culta y atractiva como
ella pudiera compartir habitación con un «árabe desconocido».
Asombrada al conocer los pormenores de su relación, le preguntó:

—Pero ¿no tiene usted miedo de dormir en el mismo cuarto que este hombre? Tiene un aspecto malvado, me da miedo.

—¿Miedo?   le respondió Marga—, ¿por qué? El pobre
muchacho es vago y orgulloso, pero no es malo.

La estancia de tres días en Jerusalén se iba alargando para
desesperación de Marga, que se mostraba permanentemente irri-
tada ante la apatía insoportable de su esposo. La compañía naviera
les había vendido los pasajes para viajar como peregrinos a Yidda,
pero habían enviado el pasaporte de Soleiman al consulado del
Neyed en El Cairo —para que añadieran en él el nombre de su
nueva esposa— y aún no se los habían devuelto. Una semana
después de su boda, y tras serles puestas las vacunas de la virue-
la, el cólera, el tifus y la peste, Marga se enteró de que el tren para
Suez acababa de partir. Era el 28 de marzo de 1933 y su barco
a Yidda salía en la madrugada del día siguiente. Impaciente por
naturaleza decidió alcanzar en su coche el tren en el cruce de
la pequeña ciudad de Lidd, donde el convoy reducía su velocidad. Madame Amoun la ayudaría a conseguir en apenas unas
horas el visado egipcio para poder entrar en el país. «Vamos a

toda velocidad: en menos de cuarenta minutos hacemos los cuarenta y cinco kilómetros que nos separan de Lidd. Es un trayecto de locos, lleno de curvas y pendientes, para matarse. Soleiman se marea. Llegamos, el tren anuncia su marcha. Saltamos al estribo del último vagón, mientras gente amable coge nuestras maletas. Soleiman, aturdido, agotado, se derrumba en un asiento.»

—Señora, mi cabeza va a estallar. Siempre haces que me canse —le diría antes de caer en un profundo sueño.

Al llegar a Suez, y tras un agotador viaje a través de un desértico paisaje, se alojaron en un miserable hotel en Port-Tawfik. Aún tendrían que esperar tres días más pues la información que les habían dado en Jerusalén era errónea: el día 29 no partía ningún barco. Por primera vez desde que abandonara Palmira un mes atrás, Marga se mostraba más amable y paciente con su esposo: «Sentada bajo los tamarindos y los eucaliptos, frente al mar, leo la vida de Mahoma. Una mañana acepto la invitación de un marinero para acompañarle a pescar. Paso las veladas con Soleiman: nos damos clase mutuamente de francés y árabe. Quiere aprender a leer en su propia lengua; cada vez que reconoce una letra, le invade una risa loca de niño feliz. Pruebo todos los pequeños restaurantes árabes; llevo o no el velo, según las circunstancias. A la compañía de navegación voy siempre vestida a la europea».

En su última noche en Suez ocurrió un incidente en el hotel que Marga relataba con su habitual sentido del humor: «Cuando me voy a desvestir, Soleiman no quiere salir de la habitación, como siempre hace. Se planta en medio del cuarto, cruzado de brazos, y me mira autoritario. Yo salgo de inmediato y comienzo a quitarme la ropa en el hall del hotel. Cuando iba a quedarme desnuda, aparece Soleiman. Está consternado y me ruega que entre inmediatamente para evitar el escándalo». Durante unos días el beduino se mostraría sumiso y obedecería a su esposa extranjera, pero no dejaría de recordarle sus deberes conyugales. Para Soleiman era un asunto importante. A sus treinta años —y tal como él mismo le había confesado— no había mantenido relaciones íntimas con ninguna mujer; el hecho de ser su esposo le hacía pensar en que en algún momento del viaje podría consumar su matrimonio.

—Ya sabes que, cuando estemos en Uneyza, tendrás que acostarte en mi cama —le repetiría.

—¿Has olvidado las condiciones? —le recordó Marga.

—Claro que no. Pero allí mi padre, mi madre, las esclavas que vendrán por la mañana a traernos agua, deberán vernos en la misma cama. Si se descubre que no eres mi mujer te matarán y el rey mandará que me corten la cabeza.

—Sabes muy bien que no utilizáis la cama. Así que el que duerma en el suelo, más o menos cerca de ti, no tendrá mayor importancia. Nadie va a ir más lejos. Además, cuando lleguemos ya se verá cómo se presentan las cosas.

Marga comenzó a temer que quizá su hijo Jacques tuviera razón cuando la previno sobre lo que le podría ocurrir cuando se encontrara sola en el corazón del Neyed. Allí nadie la ayudaría si su esposo deseaba mantener relaciones sexuales con ella. No llevaba consigo ninguna arma, y su único consuelo era el pequeño paquete de veneno que escondía en el fondo de su maleta. Llegado el momento, y si era necesario, no dudaría en utilizarlo contra su marido, tal como le había dicho a su hijo en Beirut. Pero en el improbable caso de que Marga sobreviviera a una travesía de más de mil kilómetros a lomos de camello por los desiertos de Arabia, su estancia en el golfo Pérsico también podría resultar un infierno. En esta árida región costera donde pensaba comprar hermosas perlas, los barcos piratas aún pululaban a sus anchas entre los traicioneros bancos de arena y coral. La vida en esta remota y olvidada costa «de los piratas» muy poco había cambiado desde principios del siglo XIX, cuando los oficiales británicos allí destinados la describían como un lugar insoportable debido «al calor sofocante, la extrema aridez, la nula vida social y la ausencia de mujeres europeas».

En la madrugada del 5 de abril de 1933, Marga embarcaba con su esposo en el *Dandolo*, un viejo barco de carga con bandera italiana procedente de Port-Said. Acostumbrada a viajar en las mejores compañías marítimas europeas —aún recordaba con nostalgia el lujoso buque *Sphinx* que la llevó con su familia a El Cairo—, la dura travesía en aquel pequeño y atestado vapor de peregrinos procedentes de todo el mundo sería una experiencia inolvidable. Dispuesta a llegar hasta el final de su «loca aventura» y mantener el anonimato, subió al barco en compañía de su esposo, envuelta en una túnica negra y con el rostro cubierto. Tan sólo cuatro días de navegación por el mar Rojo la separaban de Yidda, el concurrido puerto de La Meca. Si todo salía como esperaba, hacia el mediodía del 9 de abril podría estar en los alrededores de la ciudad santa.

En su libro *Le Mari-Passeport* describe con todo detalle su travesía en el *Dandolo* donde, a pesar de intentar rehuir el contacto con otros pasajeros, acabaría haciendo amistad con un misterioso hindú musulmán «de una prodigiosa delgadez y largo como una sombra» que le enseñaría con inusitada devoción los principios del islam. En la cubierta y el puente del barco se congregaba una multitud de peregrinos aferrados a sus fardos y sacos de tela que contenían todas sus pertenencias. Marga se parapetó bajo una escalera en la zona reservada a las mujeres y a los niños. Desde este punto estratégico, rodeada de cajas, sacos y odres de agua, pudo contemplar una auténtica marea humana formada por hindúes, indonesios, sudaneses, egipcios, magrebíes, malayos, iraníes... en su mayoría gentes sencillas que habían ahorrado durante toda su vida para poder hacer este viaje. La variedad de atuendos: túnicas, saris, capas de seda, turbantes, fez..., de colores chillones que brillaban bajo un sol cegador, quedarían grabados en su retina.

En aquellos años treinta, la afluencia de peregrinos a La Meca había crecido de manera notable. Desde que en 1926 Ibn Saud se hizo con el control de los Lugares Santos, una de sus prioridades fue la seguridad de los peregrinos que llegaban a la región de Hiyaz y que antaño sufrían todo tipo de asaltos y tropelías. «Subimos por la pasarela que lleva a bordo. Estamos en la proa, encerrados como animales. Nos ponemos junto a un montón de velas que huelen a grasa y alquitrán, de tornos rotos y cuerdas viejas. Hay cuatro días de travesía y vamos a tener que pasarlos en este rincón infecto. Soleiman, amable, me aconseja que vaya a reunirme con las mujeres», escribiría Marga.

A pesar del calor opresivo —cuarenta grados a la sombra—, la falta de higiene e intimidad, la incomodidad de dormir y comer a ras del suelo, Marga d'Andurain disfrutó de la travesía por las aguas del mar Rojo. «La vida normal, con todas sus facilidades, es fastidiosa; odio la monotonía y aquí la evito sin ningún problema», diría al poco tiempo de partir. En ningún momento se mostró arrepentida de la decisión que había tomado y, por el contrario, trataría de adaptarse a su espartana vida de esposa musulmana. El *Dandolo* era un viejo carguero, no un barco de pasajeros con orquesta, ni con confortables y ventiladas cabinas. Tal como la compañía les había advertido, a bordo tampoco se ofrecían comidas. «Los pasajeros deben comer por su cuenta. Somos cuatro; la maniobra exige, a cada momento, que vayamos a babor, luego a estribor. Al fin nos colocamos sobre unas planchas mal unidas, en la cala de proa. Se levanta un toldo que nos pone a cubierto de las insolaciones. Me gusta hacer esta travesía por el mar Rojo, con estos musulmanes tan extraños. Una de las capas nuevas de Soleiman me sirve de colchón. Dos maletas delimitan mi dormitorio... Sacamos las provisiones —he traído latas de conservas, leche condensada, mermeladas, agua mineral, queso, galletas y botes de cacao—, nos agachamos en círculo y me quito el velo. Toda la travesía va a ser así; todo me parece una maravilla.»

Aunque Marga se mostró muy discreta durante todo el viaje, su presencia no pasó inadvertida para la tripulación del *Dandolo*; los oficiales, al enterarse de que era ciudadana francesa, se acercaron con disimulo a hablar con ella «pues temían el fanatismo musulmán». El capitán del barco le ofreció usar su cuarto de baño —algo que aceptó encantada—, incluso compartir su mesa con los oficiales; a esto último se negó con enorme pesar porque la comprometería seriamente delante de los demás peregrinos. La travesía, gracias a las atenciones del capitán, fue mucho más llevadera; el último día unos marineros le trajeron a escondidas un panecillo y una taza de café caliente, todo un lujo para alguien que, como ella, viajaba a la intemperie en el puente.

El famélico hindú —posiblemente un yogui— que desde el primer instante llamó la atención de la viajera por su imponente apariencia y aire de santidad, se convertiría en su inseparable compañero de viaje. Este hombre, con la cabeza totalmente rapada y vestido «con una levita azul con botones dorados, abrochada sobre unos pantalones color palo de rosa y zapatos de color rojo sangre, haciendo juego con un fez escarlata», renunciaría a viajar en primera clase para poder visitarla con frecuencia. Por la manera en que Marga describe estas visitas, queda bien patente la gran impresión que le causó: «Me saluda despacio con un gesto noble, emotivo, y luego se sienta frente a mí. Es el hindú, más flaco que nunca. Esta vez lleva una sencilla tela blanca, que rodea su cuerpo. Me inspira un sentimiento inexplicable: asombro, curiosidad y admiración al mismo tiempo. Se desprende de él una suerte de fascinación. En seguida me comienza a hablar de Dios. Su voz es tranquila, dulce, cautivadora. Su convicción es tan absoluta, tan penetrante, que me siento profundamente emocionada. Algo me oprime la garganta, mientras él sigue hablando…».

Tras largas y profundas conversaciones acerca del islam con este misterioso personaje —del que no diría el nombre, tan sólo que había pasado los dos últimos años en Londres y hablaba el inglés de manera fluida—, Marga reconocería que conseguiría convertirla y despertaría en ella un misticismo desconocido. «La tranquilidad del mar, un decorado abstracto, en cierto sentido, la personalidad extraordinaria del hindú, todo ello me procura, en estos pocos días, un reposo moral absoluto, una completa liberación de las cosas materiales, la felicidad perfecta, si es que existe en este mundo. Me es difícil analizarlo, pero creo que entonces encontré las únicas horas de serenidad y de completa paz espiritual que la vida me ha dado hasta hoy.»

En la madrugada del 9 de abril los pasajeros pudieron contemplar en el horizonte, como un extraño espejismo, la ciudad amurallada de Yidda recortada en un cielo tenuemente violeta. Antes de desembarcar en el puerto sagrado de La Meca, Marga hizo sus abluciones y se envolvió con el *ihram* (el sencillo vestido de algodón blanco sin costuras del peregrino) que ocultaba todas las partes de su cuerpo excepto la cara, las manos y los pies. Ahora sólo pensaba en alquilar un coche junto a otros tres peregrinos y partir de inmediato a La Meca para llegar a tiempo a las oraciones del monte de Arafat, en cuyas laderas ya se habían concentrado numerosos fieles. Pero Zainab el Dekmari nunca llegaría a ver el misterioso cubo negro de la Kaaba erigido en el centro de la Gran Mezquita en La Meca, ni a contemplar el sobrecogedor espectáculo de miles de devotos, de distinto origen y condición social, unidos en un solo rezo. Mientras embarcaba en una lancha motora en dirección a la bahía de Yidda —los bancos de coral infestados de tiburones impedían a las embarcaciones alcanzar la costa— ignoraba que al pisar tierra firme se frustrarían todos sus planes. Las palabras sabias de aquel extraño hindú que la eligió como compañera de viaje la ayudarían a sobrevivir durante un cautiverio en Arabia tan terrible como inesperado.

7

Prisionera en el harén

Evidentemente, estoy secuestrada, a pesar de la amabilidad con que me tratan, debida a la cortesía árabe. Pienso todo el día en la manera de salir a escondidas, pero nunca me dejan sola. Además, cuatro o cinco esclavos guardan siempre la puerta de entrada [...]. Estoy prisionera en un harén.

Le Mari-Passeport

«Alrededor de Yidda no hay ni un árbol, ni una brizna de hierba. Es el puro desierto. Al fondo, detrás de unas colinas lejanas, se encuentra La Meca», anotó Marga en una pequeña libreta roja que llevaba siempre consigo. Cuando a las cinco de la mañana, el *Dandolo* echó el ancla en la bahía de Yidda, Marga divisó en el horizonte una hilera de casas blancas e inclinadas adornadas con originales balcones de madera. Detrás de las brillantes y desvencijadas fachadas se extendía el interminable manto de arena del desierto. En octubre de 1916, el coronel T. E. Lawrence tuvo la misma visión de esta milenaria ciudad detenida en el tiempo, donde «el calor de Arabia nos salió al encuentro como una espada desnuda y nos dejó sin habla».Ya en tierra firme, la condesa sentiría la asfixiante atmósfera que reinaba en el ambiente y que a Lawrence de Arabia le pareció infernal: «La atmósfera era opresiva, letal. No parecía cobijar seres vivos. El calor no era ardiente, sino cargado de humedad, y producía una sensación de decrepitud y agotamiento que parecían típicos del lugar; no se percibía una orgía de aromas como en Esmirna, Nápoles o Marsella, sino la sensación de un uso prolongado, de respirar los efluvios de muchas gentes, del vapor continuo de los baños y sudor. Se podría afirmar que Yidda no había sido barrida por una brisa fuerte desde hacía años, que sus calles conservaban el mismo aire de un año tras otro, desde el día en que fueron construidas, mientras las casas se sostuvieran sobre sus cimientos. No había nada que comprar en los bazares».

La bahía desierta casi todo el año, a principios de abril contaba con una intensa actividad. Además del *Dandolo*, y tal como Marga observó, había «anclados grandes paquebotes de diversos países; han llegado en ellos musulmanes de todas las razas de la tierra: sudaneses, bereberes de ojos azules, hindúes, negros malayos, esclavos de todas las naciones esclavistas del mundo…». En la cubierta del barco, los peregrinos, envueltos en sus impolutos *ihrams*, esperaban ansiosos poder pisar el puerto sagrado de La Meca para comenzar con sus rituales; pero antes todos ellos tenían que pasar los estrictos controles sanitarios impuestos por Ibn Saud.

Desde que el monarca saudí se proclamó rey del Hiyaz una de sus prioridades fue la organización del *hach*, una gran concentración humana que una vez al año sacudía el puerto de

Yidda de su letargo. En los años treinta, alrededor de cien mil fieles visitaban anualmente La Meca y Medina y debían pagar un impuesto de 28 libras por persona. Saud gobernaba un reino muy extenso —140.000 kilómetros cuadrados— pero en buena parte desértico; un reino pobre, atrasado y endeudado. El dinero que aportaban los peregrinos musulmanes a las arcas del Estado era entonces la única fuente de ingresos con la que contaba Arabia Saudí. En 1936 el petróleo comenzó a solucionar los acuciantes problemas económicos del país y Saud, tras firmar en los años treinta su célebre contrato con la Standard Oil, eliminó este impuesto.

El hombre responsable del control sanitario en Yidda era un leal funcionario de Ibn Saud. El doctor Yéhia, originario de Siria y diplomado en la Universidad Saint-Joseph de Beirut, no sólo verificaba los certificados de las vacunas y enviaba a cuarentena a los enfermos —para evitar la propagación de la peste y el cólera que antaño causaban estragos entre los fieles— sino que era a la vez un estrecho colaborador de la policía. Marga le describía como «un hombre educado, de aspecto refinado, que hablaba perfecto el francés y vestía de seda fina y *kefiya* de algodón, de un blanco resplandeciente, lleva escarpines de charol y cadenas de oro y tenía un especial olfato para descubrir no sólo a los maleantes que intentaban robar a los peregrinos, sino también a los espías enviados por los príncipes hachemíes Faisal y Abdallah —desposeídos por Ibn Saud de su título de guardianes de los Santos Lugares del islam— y a los cristianos que intentaban penetrar en el corazón mismo de la espiritualidad islámica».

Cuando el comandante del puerto y el doctor subieron a la cubierta del barco comenzaron las formalidades de rigor. «El comandante, tras realizar los exámenes obligados, y cumplidos los clásicos requisitos, manda desfilar a los peregrinos ante él: primero pasan los hombres y luego yo, la única mujer bastante separada. Se nos ordena embarcar en la lancha motora. Yo voy agachada, delante. El doctor Yéhia, a su vez, interroga a todo el mundo: "¿Cuál es tu nombre, tu país, estás casado, es tu primera peregrinación?".»

Al llegarle el turno a Soleiman, y preguntado por la razón de su viaje, éste respondió al doctor:

—Acabo de casarme con una francesa que traigo de Siria.

A pesar del ruido del motor de la lancha, Marga pudo entender la respuesta de su esposo y se quedó perpleja. El doctor se giró entonces hacia ella, y en un perfecto francés le preguntó:

—¿Es usted francesa?

—Lo soy, o mejor dicho, lo fui…

—¿Piensa usted quedarse mucho tiempo en este país?

—Vengo, sobre todo, para visitar y conocer a mis suegros de Uneyza. Después de tres meses, seis como mucho, nos marcharemos.

—¿Cómo va a soportar este tipo de vida?

—Ya he vivido con los beduinos, en las tiendas de sus campamentos en el desierto sirio, y no creo que sea muy distinto. Me gusta esta forma de vivir, primitiva y patriarcal.

—¿Cuenta usted con hacer la peregrinación?

—Claro. Será una alegría muy grande para mí, recién convertida, acercarme al santuario de Alá y recibir sus gracias. Y entonces estaré orgullosa de llevar el título de Hayi Zainab.

Una vez en el edificio de la aduana, Yéhia —de quien Marga siempre creyó que había sido advertido de su llegada por el jeque Abd al-Rauf, cónsul del Neyed en Damasco— le pidió con amabilidad que le siguiera. Soleiman, que estaba ansioso por emprender el camino a la llanura de Arafat, le dijo que la esperaría en el muelle junto a otros peregrinos. En su despacho el doctor pudo interrogar más a fondo a Marga y descubrir de inmediato que su conversión era una farsa. Tras responder con cautela a sus preguntas, y creyendo que iba a pasar una revisión médica rutinaria, Marga comenzó a desnudarse para que pudiera examinarla mejor y comprobar que tenía puestas todas las vacunas. Sin querer acababa de dar un paso en falso; ninguna musulmana se despojaría de su ropa frente a un hombre, aunque éste fuera un médico. Si hasta ese momento Marga había conseguido mantener la calma, ahora comenzó a inquietarse; aquella situación se le escapaba de las manos y temía que la delatara a la policía saudí. Intentó en vano que la dejara partir para reunirse con su esposo que la estaba esperando. Mientras le ofrecía una taza de té, Yéhia, sin inmutarse, le anunció que «lamentablemente no podía continuar su viaje». Cuando Marga le preguntó la razón de su negativa, su respuesta fue concisa:

—Es que tú eres francesa.

—Soy ciudadana del Neyed por mi matrimonio —protestó— y también musulmana. Debo seguir siempre a mi marido.

—Es cierto lo que dices, pero la ley exige a todo nuevo converso dos años de preparación en el islam antes de entrar en La Meca.

Al doctor, que había examinado atentamente los papeles de la sospechosa, no se le había pasado por alto que hacía sólo tres semanas de su conversión y apenas quince días de su matrimonio con Soleiman. Marga le confesó que no lo sabía y que pensaba que siendo, como ahora era por matrimonio, ciudadana del Neyed, podía ir a La Meca incluso sin haberse convertido.

Yéhia le aclaró que salvo un permiso especial —otorgado personalmente por el rey Ibn Saud— no podría unirse a la gran peregrinación. Como el rey y sus ministros no regresarían de La Meca hasta dentro de unos días y no podía comunicarse con ellos, decidió llamar por teléfono al vicegobernador de Yidda. Este hombre, llamado Ali Allmari, era el único que en ausencia del rey podía autorizar su partida. La conversación fue breve y el vicegobernador se opuso tajantemente a que la extranjera abandonara la ciudad. Viendo que la situación se complicaba, Marga le pidió que por favor la dejara instalarse en un hotel de la ciudad.

—Una mujer musulmana no puede ir sola a un hotel —le recordó el doctor.

Finalmente, y tras telefonear de nuevo a Ali Allmari, se encontró una solución: Marga podía alojarse en el harén del palacio del vicegobernador en Yidda hasta que el rey regresara de La Meca y decidiera qué hacer con ella. Marga o Zainab el Dekmari no tendría tiempo de despedirse de su esposo beduino, quien ya había partido con sus compañeros camino de la ciudad santa. Cuando le solicitó al doctor que le permitiera al menos acudir al consulado de Francia, éste también se negó en rotundo:

—¡Nunca! Eres musulmana y no debes tener ninguna relación con esa gente.

La ambiciosa aventura de Marga había llegado a su fin en el instante mismo en que pisó tierra firme; sola, sin poder comunicarse con Pierre d'Andurain —quien en Palmira nada sabía de su esposa—, y sin posibilidad de contactar con el cónsul francés, no tenía otra opción que acatar las órdenes del doctor. Escoltada por dos policías fue conducida a través de un laberinto de calles «sombrías, muy estrechas y desiertas» hasta su nueva residencia. Las viviendas de la ciudad vieja tenían cuatro o cinco pisos y sus fachadas eran de piedra de coral. Los llamativos balcones de maderas exóticas y hermosas celosías tenían los marcos profusamente labrados con delicados bajorrelieves. A la condesa le impresionó el sobrecogedor silencio que reinaba a su alrededor. El coronel T. E. Lawrence, durante un paseo por esta tórrida ciudad invadida por nubes de moscas, observó que «sus calles llanas y serpenteantes tenían un recubrimiento de arena húmeda solidificada por el tiempo que apagaba el ruido de los pasos tanto como cualquier alfombra. Las celosías y las puertas mitigaban los ecos de las voces». Yidda resultaba al visitante una ciudad extraña y misteriosa; la mayoría de sus gentes habían partido a La Meca y durante diez días todas las tiendas estaban cerradas. Sólo la llamada a la oración del muecín rompía su sepulcral silencio.

Marga se detuvo ante una puerta monumental formada por dos pesadas planchas de madera de teca con preciosas bisagras y aldabas de hierro forjado; a ambos lados de la entrada, custodiada por guardianes armados, pendían del muro dos enormes antorchas que se encendían al anochecer. «La puerta está abierta de par en par, como en todas las casas árabes de Yidda. Esperan al visitante una nube de esclavos y criados, agachados, ataviados vistosamente: unos de corto, otros con vestimentas que llevan arrastrando, de mangas tan largas y anchas que algunos, para poder trabajar, se las anudan en la nuca, por detrás. Todos tienen la cabeza afeitada y se la cubren con una *kefiya* o con un gorrito cónico de tela blanca, la *kufia*, que se sostiene de milagro encima del cogote.»

El vicegobernador Ali Allmari, vestido de blanco con la tradicional *kefiya* del Hiyaz, esperaba a su invitada en lo alto de la escalinata principal de su residencia palaciega. «Era un hombre de grandes rizos alrededor de la cara, de tez morena. A primera vista tiene un aire dulce, pero me parece un hipócrita. Sin una palabra, con un simple gesto, me invita a subir. Los escalones son altos y empinados. Al fin llego al tercer piso y entro en una habitación que tiene un balcón con celosía. Me siento junto a una mujer muy gorda. Estoy encerrada en un harén.» Ali All-mari muy pronto se arrepentiría de haber alojado en su casa a esta excéntrica forastera que decía llamarse Zainab el Dekmari. Lejos de comportarse de manera discreta y decorosa, Marga no dudaría en pasar su cautiverio —por llamarlo de alguna manera dado que se las ingeniaría para salir con frecuencia de palacio— lo mejor posible, comprometiendo seriamente el honor de su anfitrión. El rumor de que una extranjera se alojaba en el ha-rén del vicegobernador correría de boca en boca a través de las azoteas, el único lugar donde las mujeres podían hablar libre-mente.

El palacio de Ali Allmari no era un escenario de *Las mil y una noches* y la zona reservada a las mujeres poco tenía que ver con el harén imperial otomano que despertó la fascinación de los viajeros europeos e inspiró los exóticos y sensuales lienzos de los orientalistas. Como Marga estaba a punto de descubrir, su nueva residencia en nada se parecía a los lujosos aposentos reservados a las mujeres del palacio de Topkapi en Estambul. En el harén del vicegobernador no había patios con hermosos quioscos y fuentes cantarinas ni habitaciones de techos dorados y paredes revestidas de nácar y marfil. En Yidda, donde el calor en abril era espantoso, el agua dulce era un bien escaso y caro. «El rey —escribió Marga— ha hecho venir máquinas para potabilizar el agua del mar. Funcionan noche y día, y el agua obtenida se vende en tanques o en bidones de gasolina de dieciocho litros. Se reparte por la mañana, igual que el lechero te lleva en Francia la leche a casa… Se echa en unos depósitos a la entrada de cada harén, y la factura se paga a fin de mes.»

En los artículos que Marga publicó en *Le Courrier de Bayonne* en 1934, describió con minucioso detalle la vida cotidiana y sumamente aburrida de las mujeres del palacio. El harén, para su decepción, no era más que el espacio de la vivienda donde residían las esposas y concubinas y casi nunca pasaba nada interesante. Su habitación era una estancia encalada sin muebles, con una especie de tarima cubierta con una vieja alfombra que servía como diván. En las paredes, revestidas de pequeñas alacenas, había pilas de mantas y filas de diminutos vasos para beber el té. La suegra del vicegobernador, una mujer tosca y muy gruesa, llamada Jadiya —aunque dentro del palacio todo el mundo se dirigía a ella como Sat Kabir (Gran Señora)— era de origen noble y estaba emparentada con el antiguo rey del Hiyaz. Era ella quien mandaba en el harén y a pesar de ser una anciana mandona y de aspecto huraño, recibió a la condesa inclinando la cabeza en señal de respeto. Marga no entendía el árabe que hablaba, muy diferente del de Siria, pero por sus gestos comprendió que debía quitarse el sayal blanco que llevaba puesto. «Al principio dudo sobre lo que debo hacer. Primero rehúso y luego no sé por qué consiento. Y me quedo en ropa interior. Espero, con ansia y nervios, lo que me va a ocurrir después y que temo un poco.»

La presencia de Marga d'Andurain despertó gran curiosidad entre las mujeres del harén donde vivían las cuatro ancianas esposas de Ali Allmari y las jóvenes concubinas atendidas por un puñado de esclavas. Aquellas mujeres que la observaban con curiosidad y extrañeza, en nada se parecían a las bellas odaliscas cautivas que en los cuadros de Ingres o Delacroix aparecían desnudas, fumando en narguile, tocando el laúd y esperando la visita del sultán. Las primeras que se acercaron a conocer a la nueva inquilina fueron las esclavas negras que nunca habían visto a una europea, «me señalan con el dedo y luego me tocan como si fuera un animal desconocido». Después, Marga pudo conocer a la hija de Sat Kabir y favorita de Ali Allmari, llamada Fakria —de apenas dieciséis años y casada desde hacía ocho con el vicegobernador—, así como a las hijas pequeñas de una de sus esposas fallecidas.

De todas las mujeres que habitaban el harén, hubo una a la que Marga cogió un especial cariño. Se llamaba Musny y era una hija que el vicegobernador había tenido con una esclava negra, «pero es hija reconocida y tiene derecho al mismo respeto que las demás». En su libro, describiría con estas palabras a esta hermosa y sensual muchacha: «Mientras que a muchas su gordura les hace casi deformes, ninguna hay tan delgada ni tan perfectamente formada como esta negra. Su atuendo es encantador: un pequeño chaleco apretado en los riñones, hecho de muselina de algodón, que deja adivinar unos senos preciosos, y unos pantalones bombachos, ahuecados y recogidos por detrás. Tiene un aire vivo, inteligente y curioso. Se nota que se reconoce superior a las otras mujeres negras».

Desde sus primeras horas de reclusión, Marga sólo tenía una idea en la cabeza: escapar como fuera de aquel lugar triste y carente del más mínimo confort. No sería tarea fácil, pues el palacio estaba vigilado y las mujeres tenían prohibido salir solas, salvo en compañía de algún esclavo. Por el momento tendría que conformarse con dormir en el suelo junto a las demás

Marga, a los tres años de edad, sentada en las rodillas de su madre, Marie Diriart. Detrás de ella, su padre Maxime Clérisse y, en primer término, sus hermanos Pitt y Mathilde.

La tranquila ciudad de Bayona (Francia) hacia el año 1900. En ella nació Marga d'Andurain en 1893.

Marguerite Clérisse (Marga), a los diecisiete años, cuando contrajo matrimonio con su primo Pierre d'Andurain.

Pierre d'Andurain, en uniforme militar. En 1914, al estallar la Primera Guerra Mundial, se alistó en el 49.º Regimiento de Infantería de Bayona (Francia).

Castillo de la Maytie d'Andurain
(siglo XVII), en Mauléon-Licharre (Francia). Propiedad de la familia d'Andurain desde
1798.

Marga en su elegante cabriolé tirado por su caballo Guapo, en Villa Le Pic,
Hastingues (Francia).

Retrato de los hijos de Marga y Pierre d'Andurain: Jean-Pierre (Pio), nacido en Tlemcen (Argelia) en 1911 y Jacques, que vino al mundo en 1916 en Hastingues (Francia).

MESSAGERIES MARITIMES

" SPHINX " — Salle à Manger

Postal del suntuoso salón comedor del *Sphinx*, el buque de la compañía francesa Messageries Maritimes en el que Marga y su familia viajaron a El Cairo en 1925.

Vista de la céntrica y elegante plaza de Soleiman Pasha, en el barrio de Tawfiqiyya, de marcada influencia francesa. Aquí residió el matrimonio d'Andurain de 1925 a 1927.

Dos imágenes del interior del salón de belleza Mary Stuart que Marga d'Andurain abrió a su llegada a El Cairo en 1925. Estaba situado en el número 3 de la plaza Soleiman Pasha y era también su vivienda.

Fotografía que Marga envió en 1926 a su madre, tomada durante una visita turística a las pirámides. La familia al completo posa frente a la Esfinge de Giza.

En el hotel Shepheard's de El Cairo, Marga conocería a la baronesa Brault quien la invitaría a viajar con ella a Palestina y Siria, y le presentaría al mayor Sinclair, jefe del Servicio de Inteligencia británico en Haifa.

Fotografía de Marga d'Andurain, posiblemente hacia 1926 cuando aún vivía en El Cairo.

Retrato del legendario T. E. Lawrence, más conocido como Lawrence de Arabia.

Aunque la prensa sensacionalista francesa de la época publicó que Marga había sido su amante y que había trabajado para él como espía en El Cairo, nunca se conocieron, a pesar de que ella admiraba sus hazañas en Oriente Próximo.

El noble *sheik* Nawaf, con quien Marga mantuvo una estrecha amistad, durante un consejo con sus hombres en las ruinas de Palmira, 1931.

Hotel Zenobia, en Palmira (Siria), construido en 1924 por el arquitecto español residente en Damasco, Fernando de Aranda. Marga lo adquirió en 1930 transformándolo en un confortable alojamiento.

Marga estableció una cordial relación con los jeques de las distintas tribus beduinas que habitaban en sus tiendas en los alrededores del oasis de Palmira. En la foto, unos beduinos charlan en la terraza del hotel Zenobia.

Imagen de las ruinas de Palmira hacia 1927. Dos años más tarde, dieron comienzo las excavaciones arqueológicas y las familias que habitaban dentro del recinto fueron desalojadas.

Marga d'Andurain posa junto a una amiga frente a su hotel, sentadas sobre dos enormes capiteles ricamente esculpidos que servían de improvisados asientos y mesas a los clientes.

Marga en 1928, dando de comer a las gacelas –regalo de sus amigos beduinos– en el jardín de su hotel, en Palmira.

Jefes beduinos frente al hotel Zenobia, en un Buick descapotable de 1925, medio de transporte habitual de los jeques mas potentados.

Retrato de Abbas en 1932, un esclavo que el emir Fawaz le regaló a Marga. La condesa le diseñó este elegante atuendo oriental con el que recibía a los huéspedes del hotel.

Vestíbulo del hotel Zenobia, en Palmira, decorado por Marga con muebles rústicos de estilo vasco que encargó a un ebanista armenio. En la foto, el matrimonio d'Andurain, su hijo mayor Pío (*izquierda*) y unas visitas.

Marga d'Andurain (*izquierda*) posa junto al señor Curtiss, abogado americano, y el alto comisionado británico en Palestina, señor Luke, y su esposa.

Marga y su esposo Pierre junto al señor Caton, jefe de la base aérea de Palmira en 1930.

Madame d'Andurain, siempre elegante, vestida a la última moda de París durante su visita al actual Irán en el año 1932.

Marga de acampada en el desierto sirio, en compañía de una amiga holandesa, enviada en misión por la Sociedad de Naciones, y el hijo menor del carismático emir Abd el-Kader.

Pierre d'Andurain, excelente jinete, a caballo en los alrededores de las ruinas de Palmira en 1936.

Tropa de meharistas en Palmira hacia 1938. Estas unidades estaban formadas en su mayoría por beduinos, expertos jinetes y valientes guerreros, encargados de mantener el orden entre las tribus.

Desde su llegada a Siria, Marga tuvo problemas con las autoridades militares francesas quienes la acusaban de ser una espía al servicio de los británicos. En la foto, el comandante Catroux en 1926 cuando era el jefe de los Servicios de Información en el Levante.

Vista de la ciudad de Haifa (Palestina) hacia 1930 donde Marga contrajo matrimonio con su esposo beduino y se convirtió al islam para conseguir entrar en La Meca.

Zeïnab bent Maksime (Madame d'Andurain) et son nouvel
époux, Soleïman à Haïfa

Única imagen, publicada en *Le Mari-Passeport*, que se conserva de Marga con su esposo
beduino Soleiman el Dekmari tras su boda el 23 de marzo de 1933.

Patio central, con la Kaaba, de la Gran Mezquita de La Meca en los años treinta. Marga deseaba convertirse en la primera europea en conseguir entrar en la ciudad natal de Mahoma y publicar un libro de viajes sobre su hazaña.

Yidda, a orillas del mar Rojo, era la puerta de entrada para los peregrinos que se dirigían a La Meca y Medina. A su llegada, Marga fue recluida en un harén al serle denegado el permiso para peregrinar a la ciudad santa del islam.

Retrato del legendario y poderoso Ibn Saud, quien arrebató La Meca al jerife Husayn Ali, guardián de los Santos Lugares del islam. En 1932 Saud se proclamó soberano del Neyed y fundó la actual Arabia Saudí.

Soleiman el Dekmari, un humilde comerciante de camellos originario del Neyed que aceptó casarse con Marga a cambio de una buena suma de dinero. Murió en Yidda, a su regreso de La Meca, en extrañas circunstancias.

Marga en atuendo oriental tras ser liberada en 1933 de la terrible prisión de Yidda. Gracias a la intervención del cónsul francés se libró de morir lapidada.

Durante su estancia en el harén del vicegobernador de Yidda, Marga confeccionó algunas prendas de estilo oriental, como este conjunto de la fotografía.

Sesión de fotos en la terraza del hotel Carlton de Beirut, tras la liberación de Marga en 1933. Arriba, con su esposo Pierre, y abajo, saludando feliz junto a su hijo Jacques d'Andurain.

Marga en compañía de dos jeques beduinos de visita en el hotel Zenobia. Los beduinos la llamaban cariñosamente «La Comta» y hacían negocios con ella.

Marga d'Andurain en 1936 fotografiada con los hijos de los pastores beduinos que trabajaban para ella.

Pierre d'Andurain y su fiel pastor Muhammad. Ambos serían asesinados en Palmira y nunca se detuvo a los culpables.

Durante su estancia en Palmira, Marga pasaría largas temporadas en Beirut, donde vivía su amante y tenía buenos amigos. En los años treinta esta hermosa y cosmopolita ciudad estaba bajo mandato francés.

Marga posando junto a su coche en uno de sus viajes al actual Irán, hacia 1932.

Marga, con su bulldog francés Youcky en la terraza de la casa de su amante Daniel Schulumberger, cerca de la *Corniche* de Beirut. Tras su regreso de Francia en 1934, viviría aquí con él.

Fotografía del interior de la casa en Beirut del joven arqueólogo Daniel Schulumberger (*derecha*), con quien Marga mantuvo una relación sentimental de 1928 a 1937.

Marga d'Andurain en el paseo marítimo de Beirut, poco antes de abandonar definitivamente Siria tras el brutal asesinato de su esposo Pierre, ocurrido en Palmira en 1936.

En 1934, Marga d'Andurain (*derecha*) se sacó el título de piloto en el aeródromo de Villacoublay, a las afueras de París. Deseaba pilotar su propio avión y realizar viajes turísticos para los clientes de su hotel en Palmira.

Marga en Londres, con su amiga inglesa madame Brimicombe y el doctor Segal, de la embajada soviética. Según Jacques, su madre fue reclutada por esta misteriosa mujer para trabajar en El Cairo como espía.

París en 1941, la plaza de la Concorde tomada por los tanques alemanes. Durante la ocupación nazi Marga se dedicó al tráfico de opio mientras su hijo Jacques colaboraba activamente en la Resistencia.

Marga d'Andurain en 1939. Durante la Segunda Guerra Mundial trabajó como miembro del equipo de chóferes químicos del servicio de defensa pasiva en París.

Jacques d'Andurain, soldado de la 118 Compañía del Aire en Orly, antes de la guerra, fotografiado el 10 de julio de 1938.

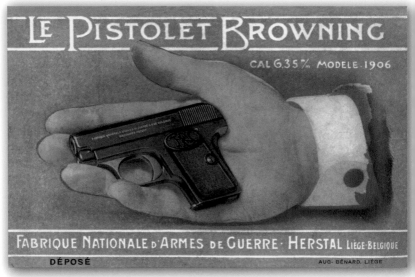

Publicidad de la pistola Browning 6,35 mm, la misma que Marga compró para su defensa personal en Siria. Su pistola tendría un curioso destino: con ella, el 21 de agosto de 1941 la Resistencia francesa asesinó en el metro de París al primer militar alemán.

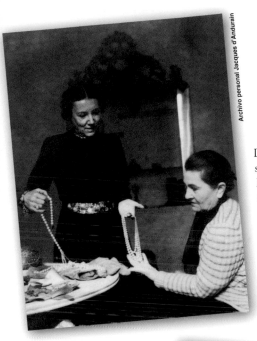

Durante toda su vida Marga sintió debilidad por las perlas. En 1920 fabricó perlas falsas en París y siempre que viajaba llevaba con ella un stock para venderlas cuando necesitaba dinero.

Marga en Niza paseando con su nieta Mayté, nacida en 1938. La pequeña era la segunda hija de Pio y su esposa, Madeleine Le Roi.

IN 1934 THE COUNTESS WAS ATTRACTIVE EVEN IN HER SACKLIKE ROBE

MYSTERIOUS COUNTESS

Eight cryptic words, scrawled on the back of a Paris subway ticket by a dying man, led last month to the arrest of one of the most fabled beauties of the Middle East. The words—"Candy which Marga gave me had strange taste"—were written in November 1945 by 26-year-old Raymond Clerisse. The beauty, 51-year-old Countess Marga d'Andurain, was arrested for poisoning Raymond, her nephew.

This was just another episode in the life of Countess d'Andurain, whose mysterious career has included more loves, murders and hairbreadth escapes than the plot of a grade-B movie. When the police arrested her, she was a slender, dark-eyed average-appearing woman who seemed little the worse for her experiences. Her looks were faintly reminiscent of the beauty which had given her the title of Queen of

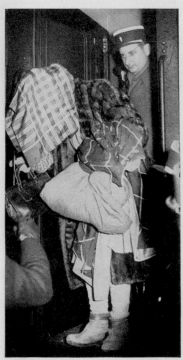

LEAVING TRAIN FOR PARIS JAIL SHE HID FACE, WORE EXTRA CLOTHES

Fabulous life and loves of Marga d'Andurain make desert version of "Arsenic and Old Lace"

she claimed conversion to Islam, divorced her husband, married a Bedouin tribesman and started a pilgrimage to Mecca. But between Jidda and Mecca she was kidnaped by her new husband's tribe, which was angered at his marriage to an infidel. Then, during their captivity in the mountains, her husband was poisoned. The countess was found guilty by a tribal court and sentenced to be stoned to death. The French interceded with King Ibn Saud, however, and she was freed.

Back in Palmyra she remarried Count Pierre, who a few weeks later was stabbed to death in the Zenobia Hotel. Authorities investigated but could prove nothing. Shortly before the war she went back to France and after the German occupation moved to an apartment in Paris where her nephew Raymond was a frequent visitor. Just as he was leaving the apartment one day she playfully popped a piece of

La prensa internacional, como la revista *Life*, también se hizo eco de la extraordinaria historia de la condesa d'Andurain. Este artículo de 1934 se titulaba: «La condesa misteriosa», y en él se destacaba: «La fabulosa vida y amores de Marga d'Andurain son una versión de *Arsénico por compasión* en el desierto».

En los años cuarenta, la prensa sensacionalista francesa encontró un filón en la increíble historia de la misteriosa condesa Marga d'Andurain, a quien se le imputaban una larga lista de crímenes.

L'AVENTURIÈRE AUX VINGT CRIMES

Partout où passait la marquise d'Andurain, la mort frappait aussitôt...

Mais connaîtra-t-on jamais la somme totale de ses meurtres?

NICE, 25 décembre. — La police est loin d'être loquace dans la sensationnelle affaire de la marquise d'Andurain, meurtrière présumée d'une bonne vingtaine de personnes...

C'est que l'enquête peut encore amener des découvertes qui pourraient être compromises par un manque de discrétion des policiers.

Néanmoins, des précisions sur la carrière de l'aventurière filtrent peu à peu tandis que celle-ci vient d'être transférée à Paris.

Marguerite d'Andurain a eu une vie extraordinairement mouvementée, comme nous le montrions hier.

L'un des motifs qui ont conduit les policiers à l'arrêter — l'un des prétextes, pourrait-on dire — est une banale affaire de trafic d'or portant sur quatre malheureux louis...

La voyageuse...

Après s'être mariée, en 1911, Marguerite d'Andurain, née Clérisse, entreprend une série de voyages en Amérique du Sud, en Afrique et en Espagne.

A la fin de la même année elle donne naissance à un fils, Jacques.

Puis elle repart... On la retrouve en Egypte, où elle crée un commerce de perles ; en Syrie, où elle rachète un hôtel qui périclitait à Palmyre, et qu'elle lance, après l'avoir baptisé « Hôtel de la Reine Zénobie ».

Elle s'entend mal avec son mari et divorce sans difficulté en 1932.

Presque aussitôt, elle épouse un ancien chamelier bédouin, du nom de Suleiman. Avec lui, elle part pour la Mecque. Suleiman, au cours du voyage, meurt, empoisonné. La police de l'Arabie Séoudite arrête Marguerite.

Comme on l'a aperçue assez fréquemment avec un jeune diplomate français, Xavier Mégret, elle est accusée d'adultère, et risque d'être lapidée. Mais la marquise s'en tire habilement, grâce à l'intervention du roi Ibn Séoud, pour lequel on dit qu'elle eut quelques bontés ; elle est finalement relâchée.

● Suite page 4 (7ᵐᵉ col.)

Jacques y su madre en 1947 paseando relajados por la Promenade des Anglais en Niza. Unos meses más tarde abandonarían Francia rumbo a Tánger.

Retrato de Marga d'Andurain envuelta en su inseparable abrigo de visón, durante la última entrevista que concedió a la prensa en marzo de 1948.

En Niza, Marga
compró un velero, el
Djeilan, un elegante
Colin Archer de
quince metros de
eslora. El barco
había pertenecido a
lord Clarke,
embajador de
Inglaterra en
Francia.

Jacques d'Andurain
en el *Djeilan*
rumbo a Tánger, donde
su madre pensaba
dedicarse al mercado
negro del oro. Las
iniciales del timón RYS
(Royal Yatch Squadron)
eran el distintivo de la
familia real británica

El 3 de julio de 1948, el *Djeilan* abandonó Niza rumbo a la bahía de Tánger. Durante la travesía Marga se sintió mareada y de mal humor. La relación con su hijo Jacques era cada vez más tirante.

El *Djeilan*, atracado en el muelle de Tánger, es inspeccionado por la policía tras la misteriosa desaparición de su propietaria Marga d'Andurain el 5 de noviembre de 1948.

La prensa, tanto francesa como marroquí, siguió muy de cerca el juicio contra los asesinos de Marga d'Andurain, celebrado el 28 de marzo de 1949 en el palacio de Justicia de Tánger.

MARGA D'ANDURAIN A-T-ELLE ÉTÉ ASSASSINÉE?

A Tanger, où l'on croit qu'elle est simplement partie son «assassin» est condamné à 20 ans de bagne

Tanger, 30 mars.

L'aristocratie, si l'on peut dire, du monde cosmopolite de Tanger a assisté au jugement d'Hans Abele et d'Hélène Kurtz, accusés d'avoir assassiné la comtesse d'Andurain.

Les débats n'ont amené aucune clarté. Abele et sa maîtresse sont tenus à leur système de défense.

Abele travaillait dans la cabine du yacht quand la comtesse vint lui demander de passer un officier français collaborateur en Espagne. Il refusa. Une scène s'ensuivit, au cours de laquelle Mme d'Andurain l'aurait menacé. Elle aurait déclaré vouloir le livrer à la police pour faux passeports.

Abele déclare l'avoir alors bousculée pour sortir de la ca-

bine. Mme d'Andurain se serait noyée.

Avec Hélène Kurtz au gouvernail, Abele aurait alors traîné pour immerger le corps de Mme d'Andurain, lesté des accumulateurs du bateau.

[...] Le corps n'a pas été retrouvé. Allait-on juger selon la loi anglo-saxonne, qui s'oppose à toute condamnation pour un crime dont on n'a pas découvert la victime? Ou selon la loi espagnole qui, au contraire, le permet? Le procureur n'en demande pas moins la peine de mort contre Hans Abele, agent international, et 18 ans de réclusion contre sa complice, Hélène Kurtz, coupables, l'un, d'avoir perpétré, l'autre, d'avoir accordé sa complicité à l'assassinat de la belle aventurière.

UN VERDICT ADOUCI

Les délibérations du jury furent longues — deux heures et à la Cour. Au Tribunal international revint enfin avec des attendus nets et une condamnation point trop dure.

Reconnu coupable d'assassinat avec préméditation, Abele était condamné à 20 ans de ré-

clusion. Sa maîtresse, reconnue seulement coupable de complicité dans la tentative de vol du yacht, ne recevait qu'un an de prison.

Le fils de la victime, Jacques d'Andurain, obtenait un franc (symbolique) de dommages-intérêts.

Mais doit-on dire que la Tangisse d'Andurain est toujours vivante, ont vu dans la douceur relative des peines la raison supplémentaire de croire à la véracité de leur thèse?

En la imagen, Hans Abele y su esposa Hélène, declarados culpables del asesinato de Marga d'Andurain.

El antiguo hotel Zenobia, propiedad de Marga d'Andurain de 1927 a 1936 ha sido restaurado recientemente. Desde su terraza se disfruta de una magnífica panorámica de las ruinas de Palmira.

Cristina Morató durante una de sus visitas al desierto de Palmira, Siria, en compañía de unos beduinos.

La autora frente a la
casa donde nació
Marga d'Andurain
en el primer piso del
número 25 de la rue
Victor Hugo
de Bayona

Frente a Villa Le Pic, la casa de veraneo de la familia Clérisse en el puéblo de Hastingues
(Landas). Allí nació Jacques d'Andurain el 26 de noviembre de 1916.

En la actualidad Jacques d'Andurain, hijo menor de Marga, vive en una residencia de ancianos a las afueras de París rodeado de los recuerdos de su célebre madre.

Cecilia Barriga

Gracias a la estrecha colaboración de Jacques, héroe de la Resistencia francesa, la autora ha podido reconstruir la apasionante historia de Marga d'Andurain, una mujer aventurera como pocas cuya vida estuvo marcada por el escándalo.

mujeres —sobre una alfombra fina y desgastada tan distinta a las de las tiendas beduinas— y comer lo que las esclavas le ofrecían aunque le resultara de lo más repugnante. Su primera noche en el harén fue de lo más incómoda y apenas pudo pegar ojo: «Al amanecer me despierto, llena de agujetas, con la cabeza pesada y más agotada que la víspera. A las nueve las esclavas nos traen el *fatur*, desayuno consistente en: pan hecho en casa; queso blanco de cabra, agrio y sucio, sobre el que están impresas las letras del periódico que lo ha envuelto; cebollas y puerros crudos, con sus raíces y tallos verdes, que hay que empezar a comer por arriba, y finalmente alubias blancas, cubiertas con mantequilla rancia de oveja. El pan tiene la forma de una galleta redonda fina, hecha con harina de cebada y agua de mar. Me resulta difícil tragar toda esta comida, es horrorosa».

Marga se encontraba en un mundo desconocido para ella, rodeada de mujeres árabes que, sin ningún pudor, opinaban en voz alta sobre las distintas partes de su cuerpo:

—¡Qué ojos tan pequeños tiene!

—¿Y tus manos? ¡Son minúsculas!

—¡Qué rara es su piel blanca!

—¿Tiene el corazón musulmán?

Pero lo que más interesaba a estas mujeres, en su mayoría analfabetas que no conocían otra vida que la del harén, era saber si «estoy hecha como ellas en todos los detalles de mi cuerpo…». Su impúdica curiosidad obligaría a Marga, en una ocasión, a utilizar la fuerza: «Se aproximan sonrientes y comienzan a tocarme con una simplicidad lasciva, tan minuciosa que me llego a sentir asqueada y, furiosa, las rechazo a la fuerza. Y sucede que ante la curiosidad insistente de una de ellas, Salma, le rompo la muñeca defendiéndome». Ni siquiera en el hamman, cuando Marga pidió que la dejaran a solas para lavarse, estaría a salvo de las miradas indiscretas de las esclavas. Fue justamente en el momento en que la condesa se aseaba, tras su primera noche en palacio, cuando un pequeño escándalo estalló en el harén. Al salir del baño, Sat Kabir le dijo con rostro severo:

—Parece que has cometido otro nuevo pecado.

—¿Por qué? —le preguntó Marga.

—Una esclava te ha observado por la mirilla de la puerta. Y no te has lavado según el rito musulmán. Además, hay otra cosa que es más grave...

—Pero ¿hay más todavía?

—No estás depilada.

Marga, sobresaltada porque temía que Sat Kabir la delatara ante el vicegobernador, la escuchó sin decir nada.

—Sí, y nos preguntamos cómo puede tolerarte así tu marido, pues no eres una verdadera musulmana.

Al oír lo que Sat Kabir le decía a la invitada, las demás mujeres acudieron de inmediato para observar por sí mismas si era cierto que Marga estaba en *haram* (pecado). Mientras esperaba tendida en el diván a que los ánimos se apaciguasen, de manera inesperada las esclavas y concubinas se abalanzaron sobre ella para intentar acabar cuanto antes con semejante afrenta; en pocos minutos —y sin que Marga pudiera hacer nada por evitarlo— entre todas le depilaron brutalmente el vello púbico. Este desagradable episodio quedó grabado en su memoria: «... inmediatamente se ponen manos a la obra, para hacerme respetar la ley: utilizan pinzas, e incluso sus dedos, y también un jarabe de azúcar que, al endurecerse, forma un bloque que se arranca de golpe, junto con el vello... Me produce un dolor atroz, pero mis protestas son inútiles. Ya no tengo fuerzas para seguir defendiéndome; además, me doy cuenta de que no me conviene enemistarme con estas mujeres ignorantes, ingenuas y con un pudor tan peculiar».

Habían pasado sólo dos días desde su llegada al harén y ya no soportaba aquel encierro. Como no tenía ropa que ponerse —tan sólo el vestido negro que llevaba cuando desembarcó debajo de la túnica de peregrina—, le pidió a Sat Kabir que la dejara salir para comprar alguna tela y poder confeccionarse un nuevo atuendo. Con la excusa de que las tiendas estaban cerradas porque todo el mundo estaba en La Meca, se le prohibió que abandonara los aposentos del palacio.

Unos días más tarde su suerte cambió. Cuando estaba a punto de perder la paciencia —y escapar como fuera de su encierro—, Sat Kabir la invitó a conocer el palacio de Kosair al-Ardar donde se alojaba el rey Ibn Saud cuando visitaba Yidda. Al fin podría caminar libremente por la ciudad y quizá hacer unas compras en alguna de las tiendas abiertas del viejo zoco. Antes de abandonar el harén consiguió que el vicegobernador le cambiara algunas libras por moneda local para poder adquirir unos metros de tela y renovar así su vestuario. En compañía de dos esclavos, Marga, Sat Kabir y el resto de las esposas, junto con sus respectivos hijos, se perdieron por la ciudad vieja. «Salimos. Nuestros vestidos de interior van cubiertos por una amplia falda negra y una esclavina, parecida a la que nos cubre la cabeza. También llevamos el doble velo de crespón negro que nos oculta la cara. Esta especie de pelerina cae hasta el talle y oculta las manos. Pero no se pueden enseñar las manos sin pecar. Sin darme cuenta dejo sueltos los brazos, lo que enfada a Sat Kabir. Los esclavos nos sirven de cortejo y al tiempo nos guían, pues ninguna de las mujeres de Ali Allmari conoce ni sabe orientarse por el laberinto de callejuelas de la ciudad.»

En aquel corto e inesperado paseo Marga pudo comprobar por sí misma que Yidda era una ciudad muerta donde «ningún perro ladraba, ningún niño lloraba, salvo en el aún semidormido bazar donde deambulaban algunos peatones». Sat Kabir le contó con tristeza y cierta nostalgia que Yidda, antaño un floreciente puerto comercial, era ahora «una ciudad miserable y sin comodidades donde estaba prohibida la música y hasta la fotografía». La secta wahabí, tras la conquista del Hiyaz, había prohibido a la población cualquier tipo de distracción. «En el país de Ibn Saud están prohibidos el tabaco y el alcohol. Los árabes detenidos por beber arak son condenados a seis meses de cárcel y además a cien bastonazos el día primero de cada mes… Hablan del vino como una droga dañina y odiosa… y, sin embargo, el automóvil y el teléfono son de uso corriente.» Durante su larga estancia en la ciudad, sería testigo de excepción del temor que la gente sentía hacia «la policía religiosa» de Saud —conocida como mutawa— encargada de mantener el orden moral. Estaba prohibido el uso del tabaco y todo consumo de alcohol; tampoco se permitía el canto ni la música y se obligaba a las mujeres —incluso a las extranjeras— a salir a la calle totalmente cubiertas con un velo. Los baños de mar no estaban autorizados y un Comité de la Virtud se encargaba de castigar a las mujeres que osaban acercarse a la playa.

El palacio de Kosair al-Ardar, también conocido como el Palacio Verde, se levantaba a las afueras de la ciudad, a un paso del mar, en la ruta a Medina. Era una gran mansión encalada, con una amplia galería central y doce ventanas en la fachada, con las contraventanas verdes «que recordaba una villa de los alrededores de París». Marga entró en el edificio por una inmensa puerta cochera y siguió a Sat Kabir que estaba ansiosa por mostrarle el dormitorio real donde dormía Ibn Saud. «Me enseñan con respeto el dormitorio real. Las mujeres están convencidas, al igual que los esclavos, de que nunca en mi vida he podido ver nada más hermoso.» Con cierta ironía describía el mobiliario que decoraba la estancia: «No he podido dejar de sonreír ante una cama de metal plateado, con un espejo ovalado en la cabecera y cuatro lámparas eléctricas en los extremos. De un dosel, igualmente plateado, cuelgan unas cortinas de tul con bordados. El colchón no tiene sábanas… En una esquina hay un amplio armario con espejos y una cómoda a juego, y además sillas y sillones forrados con felpa de un verde intenso». Para las mujeres del harén este palacio y su espléndido mobiliario antiguo europeo propiedad del soberano eran lo más hermoso y lujoso que habían visto en su vida.

Tras la visita al palacio y a la alcoba real, Marga pudo degustar junto a sus compañeras una copiosa y variada comida a base de «calabacines sin sabor, cortados y cocidos en agua, carne de cordero, arroz y *bamias* (pasteles griegos), dulces y pegajosos, y acompañando a todo salsas de tomate y tostadas». La condesa nunca se acostumbraría a comer a la manera árabe, agachada en el suelo y compartiendo un único plato con las demás mujeres. «Siento admiración por esta sencillez bíblica —reconocía con franqueza— pero me cuesta acostumbrarme. Me mancho continuamente, con la salsa o con los trozos de carne, que se me caen al no saber cogerlos bien. Además, nos han traído la comida muy caliente, y me quemo por querer servirme la primera, antes de que las demás comiencen a meter los dedos en los platos, sobre todo las esclavas con sus manos tan sucias… Pron-

to digo que no tengo más hambre. Estoy asqueada al verlas tri-
turar y manipular lo que después me ofrecen amablemente.»

Cuando Marga se enteró de que iban a pasar algunas noches en el palacio, le pidió a Sat Kabir que la dejara dormir a
ella y a su pequeña nieta Lotfia en la confortable cama del rey
Saud. Esta proposición, inocente a sus ojos, una vez más provocó la indignación de las esposas del vicegobernador. «Me di
cuenta de que debía renunciar a mi intención. Todo lo que
proponía era motivo de escándalo para estas mujeres simples,
llenas de prejuicios de miles de años. Yo vivía continuamente en
pecado, y como todos los gestos, palabras y actos se rigen por
un código religioso, hasta cuando movía el dedo meñique estaba pecando.»

En una sociedad como la saudí, marcada por el puritanismo
islámico, los excesos de su rey asombraban a los extranjeros y
desagradaban al pueblo. Nadie sabía a ciencia cierta cuántas esposas, concubinas e incluso hijos tenía Saud para quien la poli-
gamia era una estrategia política para consolidar su Estado. Sus
rivales le acusaban de libertino por tener «un ilimitado apetito
por las mujeres». El intrépido explorador británico y arabista,
consejero personal de Saud, Saint John Philby —padre del famoso espía soviético Kim Philby— contaba que en una ocasión el
rey había confesado haberse casado con no menos de «ciento
treinta y cinco vírgenes, por no hablar de otras cien más, en el
transcurso de su vida», la mayoría pertenecientes a la nobleza de
Arabia. La cama que Marga pretendía ocupar aquella noche en
palacio pertenecía a un hombre de cincuenta y dos años, cuya
cantidad de esposas, concubinas e hijos —cincuenta y tres varo-
nes y cincuenta y cuatro mujeres— superaba a la de cualquier
soberano contemporáneo suyo en todo Oriente Próximo.

A la mañana siguiente Marga d'Andurain pudo contemplar desde la ventana de su habitación, carente de celosías, una hermosa panorámica del mar Rojo y los edificios de los consulados con sus respectivas banderas ondeando al aire. Las nueve legaciones extranjeras —sólo Rusia, Holanda, Persia, Inglaterra, Francia, Italia, Egipto, Turquía e Irak tenían representantes en la corte saudí— se encontraban agrupadas en el mismo sector de la ciudad como medida de seguridad. Hacía veinte años que una terrible masacre había tenido lugar en Yidda: todo el personal del consulado de Francia —nativos incluidos— fue brutalmente asesinado. Aunque en un primer momento, y debido a las malas relaciones que había mantenido con las autoridades francesas en Siria, Marga desconfió de la ayuda que pudiera prestarle el cónsul francés, ahora sólo pensaba en la forma de contactar con él y advertirle de su situación.

«Sigo con la vista puesta en el consulado de Francia, hasta que me escuecen los ojos. Mi aislamiento me produce angustia. Siento cada vez más que me tienen secuestrada. Me entra un gran deseo de poder comunicarme con los míos y de poder hacerme comprender, lo que me resulta cada vez más difícil en este harén. Ahora, a pesar de mis dudas, me pregunto si quizá podría encontrar en este misterioso consulado un poco de consuelo. Pero ¿cómo hacer para prevenirle de mi presencia en Yidda y de mi secuestro? Todos mis intentos de fuga han fracasado y desconfían de mí.» Fue en ese mismo instante, cuando descubrió por casualidad que en una esquina del patio central del palacio había un teléfono. Sabía que si pedía autorización para utilizarlo se la negarían, así que esperó a la hora de la siesta, cuando las mujeres descansaban en sus habitaciones, para utilizarlo sin ser vista. «La angustia me hace jadear. Tartamudeo en árabe la palabra "consulado" pronunciándola de todas las maneras posibles, para estar segura de que me entienden, añado "francés, *fransaui, fransauiyé*", noto que me dan la confirmación.»

Para su sorpresa, una voz le respondió al otro lado del hilo telefónico y con el corazón en un puño, Marga susurró:

—Quisiera hablar con monsieur Maigret.

Como no podía perder el tiempo dando muchas explicaciones, elevó la voz y suplicó:

—Vengan en mi ayuda, por favor. Deprisa. Soy francesa y estoy prisionera en el palacio del rey, en Kosair al-Ardar…

—Soy el hijo de monsieur Maigret. Voy a ir a buscarla, pero no sé dónde está el palacio.

—Es una construcción blanca, con postigos verdes, construida en la arena al borde del camino a Medina.

Al oír unos pasos colgó el teléfono. No sabía si su mensaje habría sido tomado en serio, ni tampoco si el hijo del cónsul le daría el recado a su padre. Viendo que el tiempo pasaba y nadie se presentaba en el palacio para rescatarla, decidió hablar con Ali Allmari y pedirle permiso para visitar al cónsul. Aunque en un principio el vicegobernador se negó en rotundo porque «Soleiman se la había confiado y él no podía tomar la responsabilidad de permitir a una mujer musulmana ir a visitar a cristianos», cambió de opinión cuando la condesa le dijo que había conseguido hablar por teléfono con Maigret y que éste la estaba esperando. Finalmente la autorizó a ir al consulado pero con la condición de ir acompañada por dos esclavos y de que regresaría al harén al cabo de media hora. Maigret, que a esa hora descansaba tranquilamente en su residencia —un gran edificio en piedra a un paso del mar, con una azotea cubierta y celosías en las ventanas— no imaginaba los quebraderos de cabeza que le daría la impetuosa dama francesa que estaba a punto de llamar a su puerta.

«Monsieur Maigret me recibe con mucha amabilidad. Es un hombre encantador y muy inteligente, con ideas claras y de amplias miras. Se sorprende al explicarle la extraña situación en que me encuentro. Me desaconseja, si es posible, que siga adelante con mi viaje. Me advierte, muy serio, que en el Neyed, en el interior del país, no puede intervenir bajo ningún concepto. También me dice que la travesía del desierto es de una espantosa dificultad; las arenas movedizas han enterrado allí muchas caravanas. Si la reserva de agua no se calcula bien, es la muerte segura.»

A lo largo de su dilatada carrera como diplomático, Roger Maigret nunca había conocido a una mujer como madame d'Andurain. La extravagante dama le contó precipitadamente los detalles de su viaje al corazón de Arabia —al que seguía sin renunciar a pesar de todos los contratiempos—, segura de que obtendría un permiso especial de Ibn Saud. Antes de despedirse le entregó la dirección de sus suegros en Uneyza y, en tono misterioso, le dijo:

—Monsieur Maigret, si no reaparezco en seis meses, averigüe lo que ha sido de mí…

Aquella misma tarde Marga regresó al harén más animada y sintiendo que no estaba sola. Ahora el cónsul ya conocía su historia y le había prometido enviar un telegrama a Palmira para notificar al conde Pierre d'Andurain que ella se encontraba bien.

El cónsul de Francia, Jacques Roger Maigret, se había enterado de la presencia de Marga la misma noche de su llegada a bordo del *Dandolo*. Su buen amigo el doctor Yéhia, a quien invitaba con frecuencia a su residencia para intercambiarse información y compartir a escondidas una botella de coñac o de whisky, fue quien le dio la noticia.

—Tengo una clienta para usted —le dijo con aire misterioso—. Es francesa, viene de Siria y dice ser una devota musulmana. Se ha casado con un hombre del Neyed con el que pretende hacer el peregrinaje a La Meca. Una hermosa mujer, sin duda, pero la encuentro demasiado inteligente para haberse casado con un vulgar camellero...

A Maigret le extrañó que nadie le hubiera avisado de la llegada de esta ciudadana francesa y escuchó atentamente los detalles de su reclusión en el harén del vicegobernador. En realidad pasaban muy pocas cosas en Yidda —donde vivía un reducido grupo de europeos— y la presencia de una compatriota, casada con un beduino y que pretendía alcanzar La Meca, despertó en él una lógica curiosidad. Yéhia le pidió algunos informes sobre ella y le facilitó su nombre de soltera:

—Se llama Marguerite Clérisse, ex condesa d'Andurain.

Monsieur Maigret no olvidaría jamás este nombre. En más de una ocasión desearía no haber conocido a esta aventurera que un día irrumpió en su tranquila vida consular y a la que definió como *«la plus aimable des folles»* (la más encantadora de las locas). Durante diecisiete años consecutivos —de 1928 a 1945— este hombre de trato cordial, culto y educado, que lucía un cuidado bigote y vestía de manera impecable, representó a Francia en la corte del rey Ibn Saud. Todo un récord teniendo en cuenta que su destino era un remoto rincón de Arabia que casi nadie situaba en el mapa. Eran muchos los que se preguntaban cómo alguien tan brillante y preparado podía sobrevivir en un «agujero» como Yidda, un destino que sus colegas consideraban un auténtico castigo. A sus cincuenta años, Maigret tenía una larga experiencia en los países árabes —hablaba correctamente el árabe, el persa, el turco y el griego moderno— y había vivido en las regiones más convulsas del norte de África y Oriente Próximo. La inseguridad y la falta de comodidades habían sido tan habituales a lo largo de su carrera diplomática que acabaría por adaptarse sin problemas a los rigores del clima de la costa del mar Rojo y —muy a su pesar— a la severa ley coránica.

Los días pasaban interminables en el harén donde las mujeres ocupaban su tiempo en asearse en el hammam, en cambiarse varias veces de vestido, probarse joyas y charlar sobre temas intrascendentes. Para algunas, la manera más rápida de pasar el día era durmiendo y no se levantaban antes del mediodía. Marga se hizo buena amiga de Sat Kabir, con la que mantenía largas conversaciones y a la que compadecía porque vivía en aquellos cuatro muros tan lejos de su ciudad natal, Basora. Un día la anciana le mostró sus joyas que guardaba en un maletín de fuelle, similar a los que utilizan los médicos de pueblo. «El nivel social de una mujer está en función de la cantidad y el valor de sus joyas, y como yo no tengo ninguna, lo que es inconcebible en una recién casada, a estas pobres mujeres les cuesta mucho hacerse cargo de mi rango.»

A Marga le sorprendió que aquellas mujeres, en apariencia tan puritanas, pudieran hablar interminablemente de sexo sin el menor pudor. «Hablan del tema sin parar, y no desdeñan los placeres que se pueden procurar entre ellas; estas prácticas, me confiesan, se hallan muy extendidas en el Hiyaz. Me preguntan sobre mis costumbres íntimas. Sus relaciones sexuales deben ser algo violentas, a juzgar por los cardenales que cubren a Fakria cuando vuelve de un día de placer con Ali Allmari. Se siente orgullosa de sus hematomas y nos los enseña satisfecha.» A la condesa d'Andurain le pareció que aquellas jóvenes, en su mayoría analfabetas, llevaban una vida vacía y que sus rostros reflejaban su profunda tristeza interior. Sólo cuando alguna de ellas se animaba a bailar al ritmo de los tambores y movía lenta y seductoramente su cuerpo al vaivén de la música, parecían evadirse de su cruda realidad. Una de las escenas en el harén que más la conmovió la protagonizó su esclava más querida: «Musny, la hermosa negra, se pone a bailar. Lo hace durante horas, mientras las demás llevan el ritmo, lanzando unos gritos monótonos y tristes. Extenuada, se derrumba entre sollozos, como un pobre animal acosado. Acudo en su ayuda y le pregunto qué le pasa. No puede contestarme a causa de su llanto. Sat Kabir me dice "No te preocupes, es la edad"».

Era tal el cariño que Marga cogió a Musny que decidió «comprársela» a Soleiman para que fuera «su segunda mujer y pudiera satisfacer sus necesidades viriles». Aunque Sat Kabir pensó que era una broma, hablaba muy en serio. Nadie en el harén podía entender cómo la extranjera, que tenía el privilegio de ser una esposa única, quería ofrecerle a su esposo una segunda —y mucho más joven— mujer. «Así pues, comencé la discusión del precio y, después de horas de negociaciones, ofrecí por Musny cincuenta libras de oro, cantidad que se estimó conveniente. Sat Kabir habló con el vicegobernador y yo también se lo comenté por mi cuenta.» Finalmente, Sat Kabir le dijo a Marga que se olvidara de aquella muchacha llena de encanto y ganas de vivir pues ya había sido prometida a uno de los primos del vicegobernador. Si deseaba comprar esclavos

—Arabia Saudí fue el último país en abolir oficialmente la esclavitud en 1963— no tenía más que acercarse a las miserables chozas de caña situadas detrás del Palacio Verde, a un paso del mar. Sat Kabir le indicó que allí estaban «los negros en venta». Marga confesó haber visitado el lugar en compañía de algunas mujeres del harén y lo que contemplaron sus ojos le causó una tremenda impresión: «Nunca vi algo tan horrible y miserable en mi vida, difícilmente lo olvidaré».

Si el doctor Yéhia creyó que el ritmo relajado del harén calmaría los ánimos de la extranjera, se equivocaba. Marga —que había pasado toda su infancia en internados—, y cuya rebeldía seguía a flor de piel, no estaba dispuesta a morirse de aburrimiento tras los muros de un palacio oriental. Un día tuvo una idea que causó un gran revuelo en el harén. Para animar las tediosas veladas decidió enseñar a sus compañeras unos «pasos de fandango, de vals y de charlestón». Para estas mujeres acostumbradas a la monotonía y el aburrimiento, la iniciativa de la *francoui* fue toda una sorpresa. Ante el éxito de sus clases de bailes de salón, por las mañanas, en la azotea del palacio, Marga les enseñó algunos juegos de niños —la gallina ciega, el corro de la patata…— y ejercicios suaves de gimnasia. «Encuentro una cuerda en el suelo y me pongo a saltar con ella: el jolgorio general llega al colmo. Llaman al vicegobernador, para que vea una cosa tan extraordinaria. Se ríe como un loco, con todo su harén. Cuando se marcha, las mujeres están desatadas, dando gritos histéricos y los niños chillan; echamos a correr y subimos a la terraza, conmigo al frente. El harén organiza tal alboroto que los policías y soldados del cuartel vecino vienen a palacio, para restablecer el orden y el silencio.»

Tras ocho días ausente, Soleiman regresó de La Meca y se presentó en el palacio de Ali Allmari exigiendo ver a su esposa. La presencia del esposo beduino de Marga en el harén creó una gran expectación. Sat Kabir, imaginando que desearía estar a solas con su marido, le ofreció que se instalara con él en la segunda planta de la vivienda para tener algo más de intimidad. Para sorpresa de todas las mujeres, Marga rehusó la amable oferta alegando que prefería seguir con ellas en el harén. «Soleiman, humillado, no pasó ni una noche en casa del vicegobernador, y nunca he llegado a saber dónde dormía. Venía todas las mañanas a darme los buenos días, y subía las escaleras del palacio gritando: ¡Zainab!, después de que un esclavo diese una palmada. Era la primera vez que no me llamaba "Madame".»

A cada visita de Soleiman, su esposa le planteaba la misma pregunta, una y otra vez:

—¿Has conseguido audiencia con el rey? ¿Crees que me permitirá salir de aquí?

—*Sabur, Sabur* —paciencia, paciencia—, pronto se arreglarán las cosas.

Para Marga, aquella incertidumbre sobre su situación le resultaba difícil de soportar. Sabía que Soleiman —que cada día se mostraba más autoritario y agresivo con ella— mentía. Aunque en cada visita le prometía que pronto obtendría el permiso del rey para llevarla con él a visitar a su familia, en realidad no tenía ningún interés en buscarse problemas con las autoridades locales. Si descubrían que su matrimonio era una unión de conveniencia, que no había sido consumado, nadie le libraría de morir decapitado. Cuando Marga se enteró por las mujeres del harén —y la salva de cañonazos que rompió el silencio de la ciudad— de que Ibn Saud se encontraba en la ciudad, le pidió una vez más a su esposo que acudiera a verle.

A estas alturas del viaje, madame d'Andurain había abandonado por completo la idea de alcanzar La Meca y visitar la tumba de Mahoma. Su único deseo era conseguir permiso para partir con su esposo y poder comprar perlas en el golfo Pérsico. Así lo reconocía en sus memorias: «Mi deseo principal está en Uneyza, después de la travesía de Arabia… en caravana. La Meca ya no es mi destino prioritario…». No era un viaje fácil, tenían por delante cerca de setecientos kilómetros de puro desierto antes de llegar a la región donde vivían sus suegros. Soleiman sólo pensaba en partir cuanto antes y reunirse con sus hermanos y primos a los que hacía tiempo que no veía. Para tranquilizar a Marga le prometió que aquella misma tarde iría a visitar a Ibn Saud. Como no se fiaba de él decidió seguirle sin que éste lo supiera y tratar de ver ella misma al monarca saudí.

Abandonó el harén no sin antes informar a Sat Kabir de su plan. En el palacio donde residía el rey Saud las mujeres tenían prohibida la entrada, salvo sus esposas y concubinas. Marga pensó que siendo una extranjera —aunque en el Neyed era Zainab el Dekmari— el soberano podría hacer una excepción con ella. «Consigo ir en coche, no sin dificultad, acompañada de Lutfi, muchacho de doce años, hijo de Sat Kabir, quien le recomienda que me cuide bien.» Sin pensar en las fatales consecuencias de su decisión, oculta tras un velo negro, se dirigió al palacio situado a las afueras de Yidda, en la carretera que conducía a La Meca. Al llegar a los alrededores de la opulenta residencia de la familia real, cuya entrada estaba custodiada «por una larga fila de guardias negros vestidos con llamativos trajes rojos bordados en oro, con remates violeta en las mangas y en los bajos, […] armados con sendos sables de plata cuya punta curva se apoya en el suelo y con la empuñadura hasta el pecho», un grupo de hombres rodeó su vehículo impidiéndola descender. Alarmados por la presencia de una mujer sola frente al palacio, los guardias avisaron al «prefecto» de Yidda, Abuad Taa. «Es un árabe muy delgado, con una nariz picuda, que recuerda a algunas momias del museo de El Cairo. Me lleva hasta un salón, donde un hombre de Siria me pregunta en correcto francés el objeto de la audiencia que solicito. En ese mismo momento aparece el ministro de Asuntos Exteriores. Se llama Fuad Hamza. Le explico que estoy casada con un ciudadano del Neyed y que no hay ningún motivo para que me retengan en Yidda.»

—Vengo a solicitar al rey permiso para ir con mi marido a ver a su familia, a Uneyza, pasando por La Meca y Medina —explicó a sus sorprendidos interlocutores.

El ministro, tras hacer una consulta, le respondió cortésmente:

—Su Majestad está muy ocupado en este momento. Pero Soleiman puede presentar él mismo la petición. El rey recibe cada día a sus ciudadanos…

—Me gustaría hablar yo misma con Su Majestad, para conocer con precisión lo que me autoriza o no a hacer —apuntó Marga.

—Señora, la ley musulmana, que usted parece desconocer, se opone a que el rey vea a una mujer, aparte de sus esposas.

—Pero creo que conmigo Su Majestad podría hacer una excepción, dado que soy una extranjera.

—Usted es musulmana, ya no es extranjera —le respondió el ministro con un gesto expresivo y dando por concluida la conversación.

Marga regresó al harén disgustada por las amables palabras del ministro Fuad Hamza y enfurecida con Soleiman que no había acudido al *machlis* o consejo público presidido por el rey donde escuchaba las peticiones de sus súbditos. Saud, inconfundible con el doble cordón que lucía en la cabeza y vestido con una túnica blanca sobre la que llevaba una magnífica capa bordada en oro, actuaba en estos encuentros como mediador y juez. Su palabra era definitiva y no admitía discusión. Sólo si Soleiman se presentaba en una de estas reuniones públicas, podría obtener el permiso que ella tanto anhelaba.

No volvería a ver a Soleiman en unos días, al parecer su esposo había decidido reunirse con gente de su tribu que acampaba en el *wadi* Touraba, a unos cien kilómetros al este de La Meca. En su ausencia, y para olvidar la gran decepción que había sufrido, intentaría pasarlo lo mejor posible. Desde ese instante, y sin que Ali Allmari pudiera hacer nada por impedirlo, saldría a pasear a su antojo por la ciudad escoltada siempre por los mismos esclavos: «Ahmed, con un vestido de color fuego, y Shukri, de verde pipermint». Guiada por ellos, y totalmente velada, visitaría el zoco y compraría algunas pulseras para los tobillos y las muñecas así como «un magnífico cinturón hecho con gruesos anillos de oro macizo». El dinero del que disponía le permitió comprar hermosas telas de seda y algodón egipcio con las que se confeccionó originales conjuntos de aire oriental, túnicas, caftanes ajustados, pantalones bombachos y corpiños ceñidos, que le resultaban muy favorecedores y causaron la admiración de todo el harén.

Aunque monsieur Maigret consideraba que los planes de la señora d'Andurain eran una temeridad, disfrutaba de su agradable compañía. Su arrebatadora personalidad y amena conversación le resultaba un auténtico regalo. En Yidda no era frecuente la presencia de damas europeas debido a su clima malsano y a la inseguridad. Las esposas de los diplomáticos y el personal de los consulados vivían en El Cairo o en Alejandría, donde el clima era más benigno y disfrutaban de un confort inexistente en este perdido puerto de Arabia. El cónsul francés la invitaba a menudo a comer a su residencia o simplemente a tomar una copa junto a otros colegas. Había pocas distracciones en la ciudad pero Maigret no había renunciado a algunos «placeres terrenales». Para escapar del control permanente de los Comités de la Virtud, los cónsules y sus colaboradores se escapaban clandestinamente en coche a unos treinta kilómetros de la aldea. En una cala, en el borde del desierto, se permitían el lujo de escuchar discos de música europea y nadar en el mar cristalino tapizado de hermosos corales, no sin antes dejar a uno de ellos como centinela para advertirles si algún sospechoso se acercaba. El vino que se llevaban en sus cestas de picnic se etiquetaba como *Parfum de Paris* para evitar problemas; incluso en sus residencias oficiales los diplomáticos se cuidaban muy bien de dejar a la vista las botellas de alcohol, dado que algún sirviente árabe podía delatarlos. Vinos, licores y discos, junto a algún ejemplar de la Biblia o los Evangelios, eran celosamente guardados en cajas fuertes cuyo número secreto sólo conocía el jefe de la misión.

El primer almuerzo en el consulado de Francia al que asistió Marga fue «de lo más animado». Aunque Sat Kabir la despidió en la puerta del harén lamentando que se relacionara con *nasranis* (cristianos), lo que le impedía ser una «devota y verdadera musulmana», aceptó encantada la invitación de Maigret. La condesa d'Andurain, tras varios días comiendo en el suelo a la manera árabe, compartió feliz mesa y mantel con importantes invitados: «Hay franceses del norte de África que han venido para la peregrinación. Hamdi Bey, el vicecónsul, hombre de gran prestancia, hace los honores. Es un antiguo cadí del departamento de Argel. Tiene la Legión de Honor. Encuentro un placer extraordinario en esta atmósfera: platos, cubiertos, maîtres, recetas francesas, champán… Hay que haber padecido lo que yo durante mi secuestro para saborear todo esto en su plenitud».

Maigret la invitó al día siguiente a otra elegante comida organizada por el comandante y los oficiales de un barco francés de peregrinos anclado en la bahía. Era el día de Pascua —que en aquel año 1933 coincidía con la peregrinación anual— y a la fiesta habían sido invitados el cónsul de Francia y su hijo así como sus colegas extranjeros, los altos mandos de un barco de guerra británico y otras autoridades locales como los ministros de Irak y el de Persia. Marga acudió al barco en compañía de Lufti a quien Sat Kabir envió, como era su costumbre, para «espiarme y ver cómo me comporto con los *nasranis*».

Existe una foto de recuerdo de aquel inolvidable almuerzo en el barco francés en Yidda. En ella la condesa aparece en cubierta sentada en un balancín y rodeada de monsieur Maigret —con su inconfundible bigote y sombrero salacot—; su hijo Jacques, de pie; el ministro de Irak, envuelto en una vaporosa túnica blanca, y a su lado el de Persia, entre otras personalidades. Marga luce un extraño vestido negro que recuerda un largo camisón —confeccionado por ella en el harén— a juego con un sombrero de ala ancha y sandalias de tacón alto. Había cambiado su «uniforme» del harén —larga falda negra, esclavina y doble velo— por un atuendo más europeo que no de-

sentonara con el del resto de los invitados. Tras días sin poder
hablar su idioma disfrutó conversando en francés con aquellos
distinguidos caballeros. El cónsul Maigret le recomendó discreción, pues era habitual, como así fue, que entre los invitados «se
colara algún espía a las órdenes de Saud». A mitad de la fiesta,
subieron a bordo unos árabes «con cara de conspiradores», en
aparente visita de cortesía. El ministro de Persia le susurró a
Marga:

—Son espías. En contra de las reglas internacionales, los
barcos fondeados no tienen el reconocimiento de territorio
extranjero. El rey puede, si lo estima oportuno, realizar cuando
quiera un control, y hace falta su autorización para echar el
ancla en Yidda.

Acostumbrada a comer con los dedos, a dormir en el suelo sin poder escuchar música ni disfrutar de ninguna distracción, aquel ambiente la trasladó a sus mundanos días en El
Cairo. Por un instante recordó cuando ella y su esposo Pierre,
vestidos de etiqueta, acudían a las maravillosas fiestas que se
celebraban en el Gezira Sporting Club. «El almuerzo en el barco es muy agradable, y la cocina y la bodega son excelentes: en
el menú hay foie-gras con trufas y champán. La conversación
es animada y muy brillante. Desgraciadamente, el placer que
me produce hablar en francés me hace olvidar el riesgo de
hacerlo con demasiada libertad.» Fue en aquella recepción en
el barco francés cuando Jacques Maigret, el hijo del cónsul,
conoció a la «francesa de la que todos hablaban». La primera
vez que el joven escuchó la voz de Marga a través del teléfono
pidiendo auxilio desde el Palacio Verde comunicó el mensaje a
su padre, pero éste creyó que se trataba de un malentendido.
Ahora que la pudo conocer en persona se sintió irresistible-

mente atraído por ella; fue un flechazo a primera vista y la condesa no hizo nada por evitarlo. La diferencia de edad entre la pareja —él tenía veintiocho años— no sería obstáculo para que se hicieran amantes. En aquella animada reunión social, y cuando tras el almuerzo los hombres se juntaron a jugar al bridge y al póquer, Marga aprovechó para pasear por el puente. Aquel instante, lleno de magia, le dejó una huella imborrable: «La brisa del mar sentada en una hamaca en cubierta, el delicioso champán y la música sonando en un gramófono [...] se oye fox-trot, quizá los últimos éxitos de París. Me agrada este contacto con la civilización y me pongo a bailar. Me parece estar en una fiesta de disfraces, en un yate en la Riviera, sobre todo por mi extraño vestido, que no es del todo árabe, ni hindú, ni evidentemente parisino».

La fiesta continuó en el barco de guerra inglés anclado en alta mar. Tras bailar con los jóvenes oficiales y saborear un whisky con soda, Marga apurada por Lufti regresó al harén. Eran las ocho de la noche y monsieur Maigret en persona la acompañó en su coche hasta la puerta del palacio del vicegobernador. A través de las celosías de las ventanas del tercer piso del palacio, las mujeres del harén observaron con curiosidad cómo aquel hombre maduro, de exquisitos modales, se descubría la cabeza y besaba su mano antes de despedirse de ella. Cuando Sat Kabir le preguntó quién era el hombre que la acompañaba, Marga respondió:

—Es el cónsul de Francia.

—¿Estás loca? —exclamó Sat Kabir con ironía—, ¿cómo se va a molestar un cónsul por una simple mujer como tú?

El cónsul Maigret, preocupado por la seguridad de Marga, pidió a su hijo que la acompañara en sus salidas por la ciudad.

El joven, encantado con la petición, se tomó muy en serio el encargo y trató por todos los medios de entretenerla. Jacques era de complexión fuerte, alto y tenía el cabello rubio peinado hacia atrás con fijador. En la única fotografía que de él se conserva —el día que conoció a Marga en la recepción del barco— viste un elegante traje de chaqueta blanco cruzado, a juego con la corbata y un pañuelo que sobresale de su bolsillo. El apuesto hijo de Maigret, que estudiaba lenguas orientales en París, se encontraba pasando tres meses con su padre en Yidda para perfeccionar su árabe. El inesperado y apasionado romance que vivió con madame d'Andurain fue una aventura que a punto estuvo de costarle la vida.

En los días siguientes Marga disfrutaría de su libertad y de la compañía del galante hijo de Maigret que, a diferencia de su padre, desconocía las elementales reglas de la diplomacia y las costumbres locales. Cada mañana, Jacques, con la excusa de un paseo en coche por la ciudad o una cacería en el desierto, la recogía en el palacio para ir a pasar el día a una playa a las afueras de Yidda. Tras un refrescante baño en las cristalinas aguas del mar Rojo y un romántico picnic al borde de las dunas, Marga escribiría: «¡Qué baño tan delicioso…! Regreso pensando que quizá sea posible acostumbrarse a los harenes… a condición de salir a menudo… El hijo de monsieur Maigret viene a buscarme al día siguiente para proponerme ir otra vez a bañarnos. Partimos en coche a través de la inmensidad del desierto… y después de un paseo solitario bajo el sol ardiente en busca de la playa… encontramos el mar de una transparencia luminosa… jugamos con las esponjas que encontramos, hacemos una carrera sobre enormes conchas nacaradas… acabamos esta tarde de vacaciones con un interminable baño bajo el sol».

En el harén, las mujeres no salían de su estupor. Por la tarde aquella mujer que se decía devota musulmana regresaba bronceada y con el cabello lleno de arena acompañada por un joven que podía ser su hijo. Soleiman no tardaría en presentarse de nuevo en el palacio de Ali Allmari para «echar un sermón» a su esposa. Aunque no le contó dónde había estado, al verle cansado y con fiebre pensó que había hecho un largo recorrido a lomos de camello bajo el sol implacable del verano en el Hiyaz. Marga le dio unas pastillas de Kalmine para el dolor de cabeza y un purgante para lavar su estómago. Antes de irse, y de malos modos, el beduino le dijo:

—El rey me ha hecho llamar a palacio para recriminarme por tu conducta. Ha sabido que estuviste bailando en los barcos de los *nasranis* y considera que esas libertades son indignas de una buena musulmana.

—Sólo tenías que decirle que es por tu culpa —le respondió Marga malhumorada—. Sólo depende de él que cesen estos escándalos, dándome cuanto antes el permiso para partir, en lugar de retenerme prisionera aquí.

Marga había llegado demasiado lejos y muy pronto pagaría cara su provocación. Aquella misma tarde, el subjefe de policía de Yidda, Jabir Efendi, se presentó en el palacio de Ali Allmari para interrogarla. Atemorizada por las represalias que pudiera tener por su comportamiento poco respetuoso, decidió ser más discreta. A partir de ese instante limitó sus salidas al consulado pero se negó a dejar de ver al cónsul de Francia y a su hijo. «Le prometí a Soleiman que no iba a salir más, pero podía pedir a mis amigos del consulado que vinieran a tomar el té conmigo en casa de Ali Allmari.» Maigret padre, hombre prudente y veterano, declinó la invitación de Marga, pero su hijo Jacques cometería una grave imprudencia que acabaría con la paciencia del vicegobernador. Una mañana el joven se presentó de improviso en el palacio para devolver a Marga el reloj de pulsera que se había dejado en el consulado. «Maigret hijo no conoce la mayoría de las costumbres musulmanas. Y no cree obrar mal cuando, sencillamente, saluda a la occidental al vicegobernador, sin pedirle, como exige la cortesía árabe, permiso para verme y la razón de su petición.»

Tras la irrupción de Jacques Maigret en el palacio del vicegobernador, éste —que hasta el momento había soportado el indecoroso comportamiento de Marga— estalló en cólera y la echó de su casa acusándola de ensuciar el buen nombre de su familia. Viendo que nada podría calmarle, la condesa le interrumpió:

—No armes tanto escándalo. Mañana me iré, como me pides, de tu casa.

Aquélla fue una noche triste en el harén. No hubo bailes, ni risas, porque ya todas las mujeres se habían enterado de que al día siguiente la *francoui* abandonaba la casa. Aunque Sat Kabir no aprobaba su forma de actuar, sentía por ella un sincero afecto. Por última vez se acostó en el duro suelo de su habitación, sobre la desgastada alfombra que le había servido de cama durante su estancia. A la mañana siguiente, y tras el desayuno, Sat Kabir con lágrimas en los ojos se despidió de Marga. Preocupada por su seguridad le anotó en un pedazo de papel la dirección de una habitación en el zoco donde podría alojarse. «Termino de bordar las iniciales en una combinación prometida a Fakria, y también un pañuelo, con pequeñas mariposas de colores, para Musny. Mis labores de costura les encantan. Estoy contenta, en el fondo, porque el incidente me permite escapar de esta condenada reclusión. Siento dejar a alguna de estas mujeres, que han sido amables conmigo. Siento un sincero afecto por Sat Kabir.»

Mientras se despedía de las mujeres del harén, Soleiman el Dekmari apareció por sorpresa en el palacio. Enfadado y gritando, le pidió a su esposa que hiciera rápidamente las maletas y le siguiera.

—Recoge tus cosas. Nos vamos.

—Eso está bien. Había decidido marcharme esta misma mañana —respondió ella.

Soleiman le preguntó entonces, irritado:

—¿Adónde piensas ir?

—Sat Kabir sabe de una habitación en el zoco que está bien.

—No necesito consejos de nadie y aún menos de Sat Kabir —gritó Soleiman para que todos le oyeran—, vas a venir a mi casa. Haz rápido las maletas y no te entretengas.

Tras la ronda de despedidas y abrazos en el harén, Marga descendió al vestíbulo del palacio con su equipaje. Le sorprendió no ver a Soleiman, quien supuestamente la estaba esperando para partir de inmediato. En una de sus últimas visitas su esposo le había prometido —y esta vez parecía que era cierto— que el rey finalmente les había concedido el permiso para ir a Uneyza. Podían pasar en coche por Medina pero para visitar La Meca necesitaban la autorización expresa de un consejo de ulemas (jefes religiosos). Al conocer la noticia, Marga se alegró pero en el fondo sentía miedo por lo que pudiera ocurrirle. Tal como su hijo Jacques le advirtió, una vez lejos de Yidda, sola y sin ningún contacto, su destino estaría en manos de un esposo que cada vez se mostraba más violento y autoritario.

Al preguntar a los esclavos si sabían dónde había ido su marido, éstos le respondieron: «Ha ido a buscar una casa».Viendo que pasaba el tiempo y no llegaba, Marga acudió al consulado francés para preguntar por un hotel recomendable donde poder pasar la noche. El hijo del cónsul se ofreció a acompañarla hasta un pequeño establecimiento que acababa de abrir sus puertas para alojar a los peregrinos y estaba cerca de la legación. Marga, escoltada por Jacques Maigret que llevaba sus maletas —la de ella y la de Soleiman—, se dirigió al hotel sin hacer caso de las miradas de reprobación de la gente que se cruzaba con ellos. Una mujer musulmana, totalmente velada y acompañada por un europeo, era todo un escándalo. Si se hubieran cruzado en su camino con algún miembro de la temida policía religiosa saudí que patrullaba por la ciudad, hubieran sido de inmediato arrestados.

Marga alquiló una pequeña habitación de tres camas y se dispuso a esperar a que Soleiman diera señales de vida. A medida que pasaban las horas su inquietud iba en aumento; era como si la tierra se hubiera tragado a su esposo y nadie supiera dónde encontrarlo. Sat Kabir, a quien le preocupaba la suerte que pudiera correr su amiga, envió a Lofti y a una esclava para saber cómo se encontraba; le llevaron algo de comer: «Me han traído *bamias* (pasteles griegos), mi plato favorito. Este detalle de afecto y atención de Sat Kabir me emociona y me da ánimos». Ya entrada la noche Jacques Maigret se acercó hasta el hotel para saber si había tenido noticias de Soleiman.Viendo que Marga temía por su seguridad y sentía pánico a quedarse sola en aquel lugar, el caballeroso joven se ofreció a pasar la noche con ella. «No soy miedosa de día, pero por la noche, sola, a veces tengo terribles angustias, y esto me ocurre desde que era muy pequeña. Me entran sudores fríos y sufro horribles pesadillas. Ni la razón ni la voluntad han conseguido nunca dominar este terror que me inmoviliza en una especie de parálisis […]. Le cuento mis terrores nocturnos a M. y me propone pasar la noche conmigo, esperando a Soleiman. Acepto, como lo haría cualquier francesa independiente a quien le importa poco el qué dirán. Lo que temo realmente es la angustia que me va a invadir si me quedo sola.»

Marga era muy consciente del castigo al que se exponía permitiendo a su amante quedarse con ella en su habitación. Para los musulmanes el adulterio —zinâ— era un crimen sancionado por el Corán con cien latigazos para los dos culpables. Pero en Arabia Saudí el castigo por adulterio tenía una pena más severa: la lapidación. La mujer era maniatada y enterrada en un agujero en el suelo hasta la cintura. Los primeros en lanzar las piedras a la cabeza de la víctima eran los familiares del marido —en este caso los hermanos y primos de Soleiman— y después le llegaba el turno a los fieles allí reunidos que remataban a pedradas a la víctima tras un lento y atroz suplicio.

Jacques y Marga se tumbaron vestidos en sus respectivas camas hablando entre ellos en voz muy baja para no ser descubiertos. Hacia la medianoche unos fuertes golpes en la puerta los sobresaltaron. Unos sirvientes del hotel, a gritos, le decían a Marga que la llamaban por teléfono porque su esposo estaba muy enfermo. Temiendo que fuera una trampa se negó a abrir la puerta. Aunque las voces se alejaron, se dio cuenta de la gravedad de la situación y de lo que les podía pasar si eran descubiertos juntos en la misma habitación. Mientras barajaban distintos planes de fuga —a Jacques esta situación le parecía una divertida aventura— escucharon de nuevo el timbre de un teléfono y a alguien al otro lado de la puerta que decía:

—Está muy enfermo, se está muriendo, pero Zainab no quiere abrir.

«Esta vez quedo impresionada. Esto va en serio, ya no creo que sea una argucia para hacerme abrir. Temo que haya ocurrido una desgracia. Es preciso que acuda al teléfono. Pero ¿qué voy a hacer mientras tanto con este compañero molesto, cuya simple presencia nos pone en peligro de muerte?» Atemorizada, pero sabiendo que no podía hacer otra cosa, Marga abrió la puerta de su cuarto mientras le pedía a Jacques que se escondiera debajo de su cama. Al atender el teléfono, escuchó la voz grave de Ali Allmari confirmándole que Soleiman estaba a punto de morir y que la acusaba «de haberle envenenado haciéndole tomar un falso purgante». Marga le respondió:

—Es cierto que he dado a mi marido, hace varios días, unas pastillas de Kalmine y un purgante. Pero también han tomado estos remedios las mujeres del harén y todas se encuentran bien.

—¿Cuándo le diste esto?

—Hace ocho días. Desde entonces no le he dado nada.

Tras un silencio que le pareció eterno, el vicegobernador colgó el teléfono y dio por terminada la conversación. Marga desesperada corrió a encerrarse en su habitación para advertir a su amante de lo que estaba ocurriendo. Su única idea ahora era escapar como fuera del hotel y buscar refugio en el consulado de Francia, antes de que la policía viniera a por ella. Mientras se cubría con la *abaya* y se colocaba el velo, en el silencio de la noche escuchó un ruido de pasos por el pasillo y el ladrido de unos perros. Al instante unos hombres comenzaron a golpear violentamente la puerta. Eran soldados armados que trataban de echar la puerta abajo con la culata de sus fusiles. Era imposible escapar y Marga no tuvo más remedio que abrir.

«Abro entonces y, asombrada, me hallo ante un hombre alto, de semblante duro y expresión salvaje, con los dientes negros y la cara muy bronceada. Ni un gesto, me mira fijamente a los ojos con una insistencia opresiva. Tiene un aire a los personajes diabólicos de los cuadros de Goya; es enorme con su caftán negro y *kefiya* blanca, que le hacen aún más imponente. Es, sin embargo, de una perfecta corrección, y se presenta: *mudir sherta*, jefe de la policía, Said Bey.» Así describe Marga al hombre que había sido enviado para detenerla y trasladarla a la prisión de Yidda. Aunque Marga le suplicaría a Said Bey que la llevara frente a Soleiman para aclarar el malentendido, aquél, impasible, se limitaría a hacerle las mismas preguntas que le había hecho por teléfono el vicegobernador. Cuando los soldados ya iban a detenerla, sonó una vez más el teléfono del vestíbulo: era el emir de Yidda quien ordenaba al jefe de policía que la dejara pasar la noche en el hotel y no la encarcelara hasta la mañana siguiente. «Respiro un poco. Sueño de nuevo con poder evadirme con el joven Maigret... Pero, evidentemente, no había contado con el jefe de policía. Se sienta en una silla, al otro lado de la puerta, mientras los soldados armados montan guardia en el corredor y delante de mis ventanas. Todo ha terminado. Estoy detenida.»

Aquella noche del 20 de abril de 1933 sería una de las más largas y terribles de cuantas Marga vivió desde su llegada a

Oriente Próximo. Aunque Jacques Maigret seguía pensando diversas maneras de huir o de conseguir un arma para enfrentarse a los soldados, hacia las dos de la madrugada nuevos golpes en la puerta los devolvieron a la realidad. Said Bey le anunció que el tiempo se había acabado y que tenía que seguirle. Lo que el jefe de policía ignoraba es que su detenida no estaba sola. Marga, no sabiendo muy bien cómo justificar ante él la presencia de su amante, por señas le indicó que entrara en su habitación. De la manera más natural del mundo le presentó al joven Maigret quien, lejos de mostrarse prudente, intentó agredir al jefe de policía para defender el honor de su dama. Said Bey, perplejo ante esta situación y en tono amenazante, le preguntó:

—¿Quién es? ¿Quién es este hombre? ¿Qué hace en tu habitación?

—Es el hijo del cónsul de Francia. Vino a pasar la velada conmigo, pues tengo miedo a estar sola. Y no pudo marcharse porque tú estabas ahí, esperando fuera.

La situación es muy tensa y Said Bey llama a sus hombres que entran blandiendo sus armas. Por fortuna, el jefe de policía reconoce al joven Maigret; al parecer en una ocasión montó un caballo de su propiedad. Sabe que es el hijo del cónsul francés Roger Maigret y que tiene inmunidad diplomática. Le deja libre para que regrese al consulado pero a Marga le pide que recoja sus cosas y le siga. Jacques se niega a abandonarla en manos de aquellos hombres de aspecto fiero y modos violentos.

—No quiero que te quedes sola —insiste suavemente—. Sabe Dios dónde te van a llevar y lo que harán contigo…

—Evidentemente, pero no puedes hacer nada. Mi única

esperanza es tu padre. Márchate ya y explícale todo lo ocurrido, te lo suplico.

Tras quedarse a solas con el jefe de policía y temiendo que algo horrible pudiera pasarle, Marga se encaró con éste y asustada le gritó:

—¿Dónde vas a llevarme? ¿Qué vas a hacer? No quiero ir contigo, ¡tengo miedo!

Con una sonrisa, Said Bey la tranquilizó con la proverbial cortesía árabe:

—No tengas miedo de mí, eres mi hermana.

Sonriendo por la amabilidad de aquel hombre —que estaba convencido de su culpabilidad y si la ejecutaban sería uno de los primeros en lanzar una piedra sobre ella—, Marga apoyó su mano en su brazo y le respondió:

—Confío en ti. Voy contigo.

Con la cabeza bien erguida, Zainab el Dekmari, como ahora la llamaban, atravesó el vestíbulo del hotel donde se había concentrado numeroso público para ver de cerca a la detenida. Entraron en un coche de policía que los esperaba fuera conducido por un chófer. Said Bey se sentó detrás a su lado, y fuera, en los estribos, se situaron varios soldados armados «hasta los dientes». A Marga todo lo que le estaba ocurriendo le parecía un mal sueño; el coche pasó a pocos metros de la legación de Francia. Pensó en saltar en marcha, pero sabía que podía romperse una pierna y los soldados la abatirían a tiros. Tras dejar atrás la vieja ciudad y el barrio de los consulados, se detuvieron en un edificio blanco construido sobre unos pilotes en el mar. Exteriormente parecía una villa de veraneo, con un gran balcón que rodeaba toda la primera planta y unas vistas magníficas al mar Rojo. Era la prisión, cuyos oscuros y sucios calabozos poco tenían que ver con su cuidada fachada. Al cruzar el umbral, Said Bey le sugirió que se acercara al alféizar de la ventana para respirar aire puro porque lo iba a necesitar. La pesadilla de Marga d'Andurain no había hecho más que empezar.

8

Condenada a muerte

> Ya estoy en la oscuridad de mi celda, en medio
> de la porquería y las inmundicias [...]. Todo se
> acabó, hasta no tengo ganas de comer, y sobre
> todo no quiero pedir nada. Me asaltan de nue-
> vo ratas, pulgas, hormigas, chinches, arañas, cu-
> carachas... Es una especie de pesadilla, de vacío,
> interrumpido apenas por unos momentos de
> lucidez, en los que siento que no me hayan cor-
> tado ya el cuello, y tener que esperar la lenta y
> atroz agonía de la lapidación.
>
> *Le Mari-Passeport*

Durante una hora interminable, Marga esperó sentada en el despacho del jefe de policía, Said Bey, a que alguien hiciera acto de presencia. Su única esperanza era que el cónsul de Francia, avisado por su hijo, acudiera en su ayuda. La suave brisa del mar y los rayos de sol que se filtraban a través de los enormes ventanales, la hicieron olvidar por un instante la gravedad de su situación. Pensó seriamente en huir lanzándose al mar desde el balcón y alcanzar a nado alguno de los barcos anclados en la rada. No hubiera llegado muy lejos pues las cálidas aguas del mar Rojo estaban llenas de hambrientos tiburones y tenía por delante cuatro o cinco kilómetros hasta poder alcanzar alguna embarcación. Aunque parecían haberse olvidado de ella, en las oficinas de la policía se notaba una gran agitación. El teléfono no paraba de sonar y Marga imaginó que debían llamar del hospital, quizá los médicos informando sobre el estado de salud de Soleiman.

Al cabo de un rato, tres hombres irrumpieron en la habitación donde se encontraba: «Los tres son grandes y distinguidos. Tienen la piel fina y rizos negros alrededor del rostro. Uno de ellos me llama la atención, con su tez muy pálida, su nariz afilada y unos ojos vidriosos y saltones. El instinto, que me engaña rara vez, me dice que es un enemigo temible. Son los médicos. Se reúnen con Jabir Efendi, subdirector de la policía, y se ponen a cuchichear, alejados de mí, arrojándome de vez en cuando miradas amenazantes». Cuando Marga les preguntó cómo se encontraba su esposo, el doctor Ibrahim, que había atendido en un primer momento al enfermo, le dijo con gesto serio:

—Soleiman te acusa de haberle envenenado. Además, tres compañeros de habitación aseguran haberle visto tomar, sobre las diez de la noche, un polvo rojo disuelto en agua. Le preguntaron lo que estaba tomando y él les respondió: «Zainab me ha dado esto como purgante».

—Es falso —le interrumpió Marga—, estoy segura de que mi esposo nunca ha dicho eso.

—Se ha encontrado junto a su cama una píldora muy pequeña. Él asegura que tomó una parecida y que se la habías dado tú. Dinos lo que es.

«Me encojo de hombros. Sé que nada de esto es verdad. Soleiman nunca tomaría píldoras que le ofrecieran otros. Y ya hace ocho días que le di, para el dolor de cabeza, una pastilla de Kalmine y también purgantes que compré en Suez. Esto no es lo que ha podido envenenarle.» Mientras respondía a las capciosas preguntas de los médicos, uno de ellos descubrió la maleta de Marga en un rincón de la habitación. De inmediato se abalanzaron sobre ella, seguros de encontrar «las pruebas de mi crimen», pero rebuscando entre la ropa sólo descubrieron un bote con polvos oscuros que les pareció de lo más sospechoso. De nada sirvió que les dijera que aquello no era más que cacao en polvo, un alimento concentrado que se bebe con leche o agua caliente y que lo llevaba con ella para su larga travesía por el desierto. El bote fue requisado, así como sus polvos de tocador, carmín, colorete y el esmalte de uñas, productos «paganos» y sospechosos a sus ojos. Finalmente, en el fondo de la maleta aparecieron los medicamentos que llevaba siempre consigo: un centenar de pastillas de Kalmine, que usaba para sus frecuentes migrañas, y pastillas laxantes.

Aunque mediante gestos Marga trató de explicarles para qué servían las pastillas que habían encontrado todo fue inútil. Decidida a probar su inocencia, abrió una de las cápsulas de Kalmine y les mostró el contenido: polvo de color rosa pálido idéntico al que habían visto ingerir a Soleiman. Con el fin de demostrar que aquel polvo era inocuo, Marga pidió un vaso de agua para beber su contenido delante de ellos. No se lo permitieron y tras inspeccionar detenidamente sus papeles —cartas sin enviar a su ex marido Pierre d'Andurain y a su hijo, el mapa de Arabia que le dio Jacques en Beirut y algunos libros— los doctores se llevaron las pastillas para analizar su contenido en un laboratorio de El Cairo. Estaba cansada y atemorizada por lo que pudiera ocurrirle en aquel lugar, rodeada de gente extraña que no hablaba su idioma; pero aún tendría que sacar fuerzas para afrontar el duro interrogatorio al que la sometería el hombre que la detuvo en el hotel. Said Bey, el jefe de policía, le pidió con su habitual amabilidad que se sentara en una silla frente a él. Con el rostro empapado en sudor y la mirada fija en Marga, le repitió una y otra vez la misma frase:

—Di la verdad… Di la verdad…

—Yo digo siempre la verdad. Todos los árabes de Siria lo saben, pregúntale si no a Soleiman. Te dirá que nunca miento.

—Di la verdad… Di la verdad. Le diste un veneno ayer por la mañana, cuando te fue a visitar al harén. Te vieron.

—Todo el mundo miente. No han podido verme, porque no le di nada. Estuve sola con él unos diez minutos y ni siquiera nos tocamos la mano. ¿Podía ocultar el veneno en mi vestido de casa, descalza y sin mangas?

—Di la verdad. Cuando le viste por última vez, ¿le habías dado ya estas píldoras?

—Estuve con Soleiman ayer por la mañana, sobre las nueve. Me dijo que preparase deprisa las maletas para marcharnos. Cuando bajé, ya preparada, no estaba y desde entonces no lo he vuelto a ver.

Marga le insistió en que analizaran las pastillas encontradas en su maleta, que no eran más que medicamentos inofensivos y muy corrientes. También le mostró que en los frascos figuraba la dirección de la farmacia de Suez donde los había comprado y allí podrían informarle sobre su posible toxicidad. Pero Said Bey sólo pensaba en que su detenida confesara su culpabilidad aunque para ello tuviera que interrogarla toda la noche. «Y el día va pasando así, con este jefe de policía histérico, que me grita sin parar: *Haki sai* (Di la verdad). Es una maniobra hipnótica que, según parece, surte efecto sobre los árabes. Pero a mí me deja insensible.»

Con el estómago vacío y muy cansada, Marga soportó con entereza la ronda de interrogatorios de Said Bey, de Jabir Efendi y del doctor Ibrahim; este último hablaba algo de francés y le hacía de intérprete. En el momento de su detención, había exigido un abogado y un buen traductor, pero no hicieron caso de su petición. Para mayor desesperación tampoco tenía noticias del cónsul francés. Su única duda era dónde pasaría la noche y si los soldados que la custodiaban la respetarían o se tomarían la justicia por su mano.

Hacia las ocho de la noche «la sesión de tortura psicológica y el interrogatorio» se dio por concluido. «Tengo mucho miedo de pasar esta noche en medio de mis temibles guardianes. Suplico a Said Bey que me deje volver a dormir en el harén de Ali Allmari. Me responde sonriendo: "Claro, naturalmente"; mientras, oigo a Jabir Efendi que protesta indignado: "No le voy a dejar salir de aquí" y telefonea al emir de Yidda para saber lo que debe hacer con la "mujer Zainab".» Las respuestas que Marga oía a su alrededor le resultaban inquietantes y amenazadoras. Alguien se quejaba de que «abajo» había una veintena de prisioneros y de que el lugar «no estaba limpio».

—Sacad a los hombres de las celdas, arreglad el sitio —ordenó Jabir Efendi— y que se la lleven.

De nada le serviría suplicar a las autoridades que le permitieran pasar la noche en el despacho de Said Bey, incluso en una silla o echada en el mismo suelo. Tenía pánico a que la llevaran al calabozo y sobre todo a caer en las manos de Maadi Bey, el «gran torturador de La Meca», si la acusaban también de ser una peligrosa espía. Este temido personaje —que tendría oportunidad de conocer en persona unas semanas más tarde— era el encargado en la corte de Ibn Saud de aplicar los más terribles suplicios a los condenados. Marga, sin fuerzas y hambrienta, se dejó conducir sin resistencia por dos soldados a través de un largo pasillo donde se apiñaba una veintena de hombres tumbados en el suelo. Eran los presos que habían sido evacuados de los calabozos para dejar sitio a la recién llegada.

La noche del 21 de abril de 1933, Marga d'Andurain creyó que nunca saldría con vida de aquel aterrador lugar que le recordaba «una tumba húmeda, construida sobre pilotes». La descripción que hace de los calabozos de la prisión de Yidda donde pasaría su largo cautiverio resulta escalofriante: «Nunca hubiera podido imaginar un lugar tan horrible. El techo está cubierto con una especie de muselina negra de telas de araña, colgantes, de por lo menos un metro de espesor. Las paredes rezuman humedad, en forma de gotas viscosas, como verrugas líquidas. En cuanto al suelo, mojado y pegajoso, es de tablas viejas, con algunos agujeros tan grandes que cabe el pie. Resbalo a cada paso sobre las inmundicias de mis predecesores. Un olor fétido y asfixiante me revuelve el estómago, y más aún al estar un día sin comer… Los guardias dejan una pequeña lámpara en un rincón y me abandonan en medio de esta peste, después de haber cerrado los batientes de la puerta y atarlos con una cuerda». No había ni un solo mueble, así que se quedó de pie en medio de la oscuridad, incapaz de sentarse en el suelo, cubierto por un espeso manto de mugre.

Era la primera vez, desde que abandonó Palmira a principios de marzo de 1933, que reconocía haber tocado fondo.

Hasta el momento había afrontado con entereza todos los contratiempos del viaje: los obstáculos para poder contraer matrimonio y convertirse al islam, la difícil convivencia diaria con su esposo beduino, su reclusión en el harén del vicegobernador y su violenta detención en el hotel acusada de envenenar a Soleiman. Había sacado fuerzas para encararse al temido jefe de policía de Yidda y no ignoraba que si finalmente era acusada de adulterio y de asesinato, sería condenada a una muerte atroz. Pero aquella fatídica noche, cuando los guardianes la dejaron sola en los malolientes calabozos, apenas iluminados por la tenue luz de las lámparas de queroseno, el pánico se adueñó por primera vez de ella. «Un viento malsano sopla con fuerza a través del suelo. Me invade un terror indecible. Me muero de miedo. Hay muchos grados de miedo y en este momento yo tengo el más alto. Me invade un cortejo de estremecimientos, de espantos monstruosos, de parálisis, de sensaciones absurdas y de titubeos. Me inunda un sudor frío. Quiero gritar, pero mi voz no sale de la garganta; no tengo saliva, ni sangre y mi cuerpo está rígido. Me voy a volver a loca.»

Su celda, por llamarla de alguna manera, era un sucio habitáculo, mal ventilado y repleto de insectos: «Me muevo con cuidado en este barro de residuos humanos y al pisar al borde de un agujero sale, como movida por un resorte, una nube de estos insectos horribles. Paralizada de terror me quedo quieta, proyectando la luz alrededor de mi celda. El espectáculo me horroriza: un ejército de cucarachas ha tomado posesión de las paredes, que parecen vivas con su movimiento. En los rincones brillan los ojos de las ratas; insectos alucinantes aparecen entre las paredes y las tablas desunidas. Intento aplastar, en mi velo y mi vestido, miles de chinches que se meten entre los pliegues…

Arañas grandes como cangrejos se aferran a mi carne con sus pinzas…». Las celdas no disponían de retretes y los presos, con la ayuda de una lata vacía o una escudilla, lanzaban al mar sus excrementos a través de los barrotes de sus ventanas.

Al amanecer del día siguiente, cuando una tenue claridad iluminó su celda, respiró más tranquila. No había podido dormir, tenía el cuerpo lleno de picaduras, «tantas como poros en mi piel», y seguía con el estómago vacío. Había pasado su primera noche en la cárcel, de pie, espantando con la lámpara de queroseno las cucarachas voladoras y las arañas «grandes como cangrejos» que trepaban por sus piernas. «Estoy ardiendo de fiebre. Intento dar unos pasos, pero mis pies hinchados me duelen y la cabeza me da vueltas. Con un esfuerzo me subo a un reborde de la pared, me empino hasta los barrotes de la ventana y llamo al centinela. Le suplico que me dejen subir a la sala de interrogatorio, donde podré respirar aire puro. Aquí respiro veneno. La respuesta es la que tiene que ser: *Sabur!* ¡Paciencia!… Siempre el mismo estribillo.»

A las nueve de la mañana un guardia vino a buscarla para continuar con el interrogatorio. De nuevo las mismas y monótonas preguntas que Marga responde en francés por escrito. Jabir Efendi le repite una y otra vez:

—Un hombre, cuando está a las puertas de la muerte, no miente y Soleiman habló de ti.

Marga, convencida de que su esposo continuaba ingresado en el hospital y que su evolución era favorable, le recordó que pronto él mismo aclararía el malentendido. Fue entonces cuando el doctor Ibrahim, con gesto grave, le dijo:

—Eso es imposible, ha muerto.

—¿Es verdad? ¿Es cierto eso?

—Sí.

—Pero ¿cuándo? ¿Y por qué me habéis engañado? Said Bey dijo que se encontraba mucho mejor.

—Murió la noche de tu detención.

Aunque pidió más detalles sobre lo que le había sucedido a su marido, sólo les pudo sonsacar que al parecer —y según los testigos— había tomado el veneno sobre las diez de la noche y dos horas después había fallecido. Marga era muy consciente de que con la muerte de Soleiman su situación se agravaba. La sharía o ley coránica contempla que cuando un moribundo nombra a un asesino, no hay necesidad de juicio ni de testigos para condenarlo a muerte. Antes de que los dos hombres abandonaran el despacho, les hizo una última pregunta:

—¿Qué dijo Soleiman, «Me muero por culpa de Zainab» o «Es Zainab quien me mata»?

—¿Por qué? —le preguntaron sorprendidos.

—La diferencia es grande. Si dijo que moría por mi culpa, es verdad, pues fui yo quien le convenció para hacer este viaje. Pero estoy segura de que nunca ha dicho que yo le había dado un veneno.

Al escuchar los argumentos de Marga, Jabir Efendi le respondió sonriendo:

—Eres un buen abogado y no necesitas otro para defenderte. Eres muy hábil.

El doctor Ibrahim le recordó también que había sido descubierta con su amante —por el propio jefe de la policía saudí— en la habitación del hotel y que además de por asesinato, sería condenada por adulterio, un crimen igualmente grave. De repente, y bruscamente, Jabir Efendi exclamó:

—¡Todas tus palabras y tus escritos son una mentira! ¡Eres

tú quien ha matado a Soleiman para casarte con el joven Maigret!

—Eso es una locura. Apenas le conozco. Los franceses no somos como vosotros: necesitamos mucho tiempo, meses de trato y de conversación para amar a alguien y más tiempo aún antes de casarnos. Además Maigret es tan joven que podría ser mi hijo…

Viendo que sus argumentos no los convencían, porque según ellos tenía poderosas razones para matar a su esposo, se armó de valor y les preguntó:

—¿Cómo voy a morir?

—Es un tema delicado —respondió pensativo el doctor Ibrahim—. Las mujeres casi no salen de los harenes. Hace doscientos años que no se ha ejecutado a ninguna. Todavía no sabemos cómo vas a morir. Normalmente, a los hombres se les corta el cuello, pero para un árabe es una deshonra decapitar a una mujer. Probablemente se hará un simulacro. Después de hacerte arrodillar ante la gente, en la plaza pública, el verdugo romperá el sable sobre su rodilla. Para la mujer adúltera, como tú, la costumbre es la lapidación, se la pasea por toda la ciudad cargada de cadenas y la gente le tira piedras a su paso, hasta que muere.

Con esta terrible perspectiva, Marga fue de nuevo conducida a los calabozos para pasar su segunda noche en aquel infierno. No era una mujer que se derrumbara ante las adversidades, pero la idea de seguir cautiva en ese espantoso lugar y morir de una forma tan bárbara, le hizo temer que nunca más volvería a ver a los suyos. «Lloro por los que amo, a los que no veré más, y que nunca llegarán a conocer la verdad de esta tragedia oriental. Se dirá "asesinato y adulterio" y muchos lo creerán.» Marga escribió una carta de despedida a su hijo Jacques donde le explicaba lo sucedido, «los hechos auténticos y no el amasijo de mentiras y de invenciones absurdas que sobre mí se contaban». A falta de otra distracción, el escribir a sus seres queridos la reconfortaba y era una buena terapia para no deprimirse.

Tras una segunda noche sin pegar ojo y sumida en una gran angustia, amaneció sin poder tenerse en pie: «Me estoy volviendo loca, sí, realmente loca. Ahora ya no tengo miedo del día ni de la noche, tengo miedo de perder la cabeza, mi pobre cabeza que está a punto de estallar». Las picaduras de los insectos le habían provocado una gran hinchazón en los tobillos y el resto del cuerpo lo tenía cubierto de costras; no podía evitar rascarse y se había hecho multitud de heridas que corrían el riesgo de infectarse. Hacia el mediodía pidió a un guardia que avisaran a un médico. Cuando ya creía que nadie acudiría en su ayuda, a las cinco de la tarde la condujeron al primer piso. Convencida de que iba a encontrarse cara a cara con el cónsul Maigret, contempló decepcionada que la esperaba una mujer. Era una enfermera, «la única francesa en todo Yidda», que se encontraba a bordo de un navío francés, el *Frigi*, anclado en la bahía. El cónsul le había pedido que visitara a madame d'Andurain en la prisión y comprobara el estado físico en que se encontraba. Lejos de ser amable con la detenida, la enfermera —a quien seguramente le habían dicho que se trataba de una «peligrosa criminal»— se mostró muy fría y distante. Le preguntó si tenía fiebre y si necesitaba alguna cosa. Marga estalló en cólera:

—¡De todo! No tengo bebida, ni comida, ni cosas de aseo, tampoco una cama donde dormir. Quiero agua mineral; he escrito al rey, al cónsul para tenerla. Voy a morir de sed y nadie me responde.

La enfermera le prometió que transmitiría al consulado sus quejas y su lista de encargos. No volvería a verla hasta la tarde del día siguiente cuando la subieron de nuevo al primer piso. Allí, en presencia de Jabir Efendi, la mujer le dijo que el cónsul francés deseaba saber cómo la trataban y si le habían pegado durante su encierro. Al responder que nadie le había puesto la mano encima, su interlocutora, indiferente ante el lamentable estado físico en que se encontraba la detenida, se limitó a responder:

—Entonces, ¿de qué se queja usted? Debería estar contenta...

Antes de despedirse y repetir una vez más que le mandarían pronto todo lo que había solicitado, la enfermera le informó de que era su última visita porque su barco partía temprano al día siguiente. Marga regresó a su celda molesta por la actitud distante de aquella mujer que no había tenido ni una palabra amable para ella. Desanimada, dolorida por el escozor de las picaduras infectadas, se dispuso a escribir una serie de cartas en un último intento por atraer la atención de las autoridades: «una es para el cónsul, para que venga mi hijo Jacques a verme, si es posible, antes de mi ejecución; otra es para Ibn Saud y otra para Fuad Hamza, su ministro de Asuntos Exteriores. Ya que debo morir, les suplico que sea rápido, para evitarme esos días horribles y estas noches de vigilia, llenas de repugnantes pesadillas».

El miércoles 26 de abril Marga escribió en su diario: «... me siento terriblemente débil. Hace cinco días que no como nada. Mis guardias tienen piedad de mí. Una piedad que no sintió la enfermera francesa del barco. Van a comprarme un poco de pan, *leben* [leche cuajada] y té, que es tan bueno en Oriente».

Marga pasó los cinco primeros días de cautiverio sin probar ningún tipo de alimento, salvo los vasos de té que cinco veces al día ofrecían a los prisioneros y sin que nadie se ocupara de ella. Ignoraba que los presos de las cárceles árabes eran alimentados por sus familias, «la mía por fortuna no sabe dónde estoy y además se encuentra un poco lejos». La justicia saudí era rápida a la hora de ejecutar las sentencias y los detenidos pasaban poco tiempo en los calabozos. Por las noches le despertaba el ruido de las cadenas de los presos que eran llevados en un camión a La Meca, donde tenía lugar su ejecución pública. «A los inocentes se los deja libres en seguida y a los culpables se les aplica la vieja ley coránica: el asesinato implica la muerte; se decapita por un crimen ordinario; por el adulterio, que es un crimen más grave, es la muerte tras el suplicio; por robar, es la pérdida de uno o dos miembros: mano derecha o pie izquierdo, o al revés, según la gravedad del caso.»

Marga, la única mujer entre aquellos hombres acusados de horribles crímenes, acabaría acostumbrándose a su presencia: «Durante la noche, apretujados unos contra otros, empujan mi puerta, que se abre. Se echan sobre el suelo de mi celda con un sonido macabro. Tiemblo de espanto». Aunque al principio semejante promiscuidad «la aterraba», con el paso de los días agradecería sus cantos melancólicos que la acompañaron en las duras noches en vela. Ninguno intentaría abusar de ella, por el contrario la tratarían con enorme respeto. Aquellos hombres «sucios, de rostros salvajes y envueltos en túnicas desgastadas» esperaban, como ella, la muerte. Para Marga la incertidumbre de no saber cómo y cuándo sería ejecutada le pareció un auténtico suplicio: «Vivir así, sin saber el día en que se llevará a cabo la ejecución, es una situación abominable. Esta tortura moral hace que nos sintamos siempre al borde de la demencia».

También tendría palabras amables para la temida policía wahabí y los guardias que la custodiaban: «Estos hombres, que son duros y severos con sus compatriotas, han tenido conmigo delicadezas y bondades verdaderamente sinceras, de corazón. Incluso los prisioneros siempre se comportaron bien conmigo. No podemos imaginar las consecuencias de semejante promiscuidad en Europa».

Gracias a la amabilidad de la policía se le permitió utilizar el aseo reservado a Said Bey. Estas cortas escapadas de su maloliente y tórrida celda eran el único momento del día en que podía respirar algo de aire puro. Así lo recordaba: «Claro que siempre voy con escolta, entre dos centinelas, con la bayoneta calada. El retrete es un simple agujero sobre el mar Rojo […] y sin embargo por el tragaluz de este rincón aislado veo el mar, el consulado y la bandera francesa. […] La visión de esta bandera en lo alto de la legación me emociona profundamente y me hace llorar». En abril el calor en Yidda era abrasador y en ocasiones algún guardia caía al suelo mareado; Marga, que toleraba bien las altas temperaturas, reconocía que los calabozos eran un «auténtico horno».

Aunque pensaba que el cónsul francés se había olvidado de ella, no era cierto. Para Roger Maigret la detención de la ciudadana Zainab ben Maxime el Dekmari —como constaba en el pasaporte de Soleiman— fue un delicado contratiempo que a punto estuvo de ocasionar un conflicto diplomático. Para las autoridades saudíes la detención de esta extranjera y los graves cargos que pesaban sobre ella tampoco eran un asunto agradable. El ministro de Asuntos Exteriores, Fuad Hamza, sólo deseaba que fuera expulsada cuanto antes del país, pero la justicia tenía la última palabra. Lapidar a una ciudadana francesa en el primer aniversario de la creación del reino de Arabia Saudí no era la mejor manera de atraer a los inversores extranjeros. El escándalo que había estallado tras la publicación de la noticia de su arresto en los periódicos de Beirut tampoco convenía a la imagen que Ibn Saud deseaba proyectar de su país.

Sin duda era un asunto engorroso para todos. Madame d'Andurain era ciudadana del Neyed por su matrimonio y Maigret no podía inmiscuirse en las leyes locales. Sólo le quedaba interceder por ella al rey Ibn Saud, con quien mantenía una buena relación y explicar el caso a sus superiores del Quai d'Orsay en Francia. Los telegramas —cerca de seis— que envió al ministro de Asuntos Exteriores en París reflejan su deseo de ayudarla. En uno de ellos, fechado el 29 de abril de 1933, Maigret se mostraba dispuesto a hablar personalmente con Ibn Saud para obtener la liberación de su compatriota «en nombre de la amistad franco-árabe y conseguir del monarca una gracia especial para que le conmutara el pago de la *diya* (el precio de sangre)». Tras cinco años en Yidda, el cónsul francés —con fama de hombre eficaz y discreto— se había ganado el aprecio del soberano saudí aunque no había cedido a sus deseos de convertirse al islam.

El 29 de abril Marga sintió que al fin habían escuchado sus súplicas. El consulado le envió «unas chuletas y agua mineral», todo un lujo tras días de obligado ayuno y sintiéndose abandonada por todos. Ahora volvía a tener esperanzas, pero las lamentables condiciones higiénicas de la prisión le habían quitado el apetito. Pasaba las horas matando chinches, atrapando arañas y tratando de tapar con papel de periódico los agujeros del suelo de su celda, por donde entraba un «viento fuerte y fétido».

Preocupada seriamente por su salud, pidió de nuevo que la visitara un médico. «Mis males están tomando mal aspecto. La piel se me cae a trozos, como la de los leprosos. Me visita el doctor Akram. Es un hombre compasivo, simpático y muy buena persona. Habla bien el francés y me aconseja que pida al emir de Yidda mi traslado al hospital.» Aunque estaba enferma y tenía el cuerpo cubierto de costras, no se le permitió abandonar la prisión. Aquella misma tarde, y gracias a la intervención del doctor Ibrahim, recibiría «polvos de talco en un cucurucho de papel y vaselina en un bote de cartón» para aliviar el dolor de sus heridas y las picaduras que le ocasionaban los insectos que pululaban a sus anchas.

Poco a poco, su situación en la prisión iría mejorando. Del consulado francés le llegaba a diario comida caliente aunque un «nudo en la garganta y el estómago» le impedían saborearla. También recibió un paquete con tela, agujas e hilo que había pedido para estar ocupada en algo. Durante su cautiverio cosería más de sesenta pañuelos «bien bordados y cada uno con su dobladillo». Finalmente, el 3 de mayo, Marga d'Andurain recibiría de Jabir Efendi una hoja escrita a máquina en la que se le anunciaba: «Mañana, a las cuatro, vendrá a veros el delegado francés».

Dos semanas después de su ingreso en la cárcel, Jacques Roger Maigret fue autorizado a visitar a la detenida. Madame d'Andurain esperaba ansiosa este encuentro pues tenía puestas todas sus esperanzas en las gestiones que pudiera hacer el representante francés. La cita tuvo lugar a la hora exacta en el despacho del jefe de policía donde Marga recibía todas sus visitas; las autoridades no permitían que nadie —salvo los celadores y los policías— bajase a los oscuros sótanos donde se hacinaban los presos en condiciones infrahumanas. El cónsul se quedó impresionado al ver el lamentable estado físico y anímico en el que se encontraba su compatriota. Tenía el rostro demacrado, largas greñas le caían por la espalda, había perdido peso y la piel se le levantaba a jirones; todo su cuerpo estaba inflamado y lleno de llagas. Desde su llegada Marga no había podido ducharse ni lavarse el cabello. «Monsieur Maigret me mira, sin lavar, sin peinar, con la piel oscura, con los brazos pelados, la piel levantada y me dice: "Temía encontrarla en mal estado, pero nunca hubiera imaginado que fuera hasta este punto".»

Maigret le contó que había una investigación en curso para esclarecer lo sucedido, lo que significaba que no sería ejecutada de inmediato como ella temía. Aunque la noticia le alegró, pues el morir lapidada se había convertido «en una obsesión desgarradora», le preocupaba el tiempo que tendría que pasar aún encerrada en aquel espantoso lugar.

—¿Cuánto puede durar esta investigación? —le preguntó Marga temiendo la respuesta.

—Depende, las hay que duran un mes mientras que otras llevan seis.

Al oír esta respuesta Marga le confesó al cónsul que prefería morir antes que permanecer seis meses en esa prisión. Como Jabir Efendi se encontraba presente en la sala se acercó a Maigret y le susurró al oído:

—Me quiero escapar. Si lo consigo, ¿podría usted esconderme?

—Es imposible huir.

—Prefiero todos los peligros a tener que esperar. Creo que podría lanzarme al mar, por el tragaluz de los retretes; si no me rompo nada, saldría por el hueco que he visto en el muro que bordea la orilla. Si lograse llegar al consulado, ¿me escondería usted?

—No intente esa locura. La carretera del consulado está bajo control del puesto de policía y le dispararían. Pero incluso suponiendo que lo lograse, tendría que entregarla a las autoridades, pues la reclamarían, no tenga ninguna duda. Usted es nayadí y oficialmente no puedo hacer nada para ayudarla. De todas formas, voy a intentar venir regularmente.

Tras esta breve entrevista Marga se sintió más aliviada. Estaba convencida de que monsieur Maigret haría lo posible por ayudarla. «Ya no me sentía abandonada. Su franqueza autoritaria, a veces incluso dura, me devolvió la esperanza. Su mezcla de suavidad y de energía, su confianza al asegurarme una solución próxima y feliz de este drama, me hizo el mayor bien. Es raro encontrar un funcionario con carácter como él.» El cónsul le prometió que trataría por todos los medios de mejorar las difíciles condiciones de su cautiverio. Aquel mismo día, por la tarde, un sirviente del consulado le trajo «mi primera comida completa a base de huevos, pescado y carne, todo en platos, sobre una gran bandeja; lo que deslumbra tanto a mí como a mis compañeros de cautiverio». Para poder guardar los alimentos sobrantes y que no fueran devorados por los insectos, colgó las cestas de mimbre con la comida en una cuerda sujeta de un extremo al otro de su celda. De esta forma podía conservar en lugar seguro el pan, el azúcar y la leche que le traían por la mañana.

Al día siguiente de su encuentro con el cónsul, la vida de Marga sufriría una notable mejoría. Ante el asombro de los guardias y de los demás presos, la detenida gozaría de unos privilegios desconocidos en aquel infierno, entre ellos, una cama

—con sábanas incluidas—, una silla de mimbre, una mesa y una gran palangana para poder asearse. Maigret le enviaría libros y hasta un diccionario de inglés para perfeccionar este idioma, que a pesar de todos sus esfuerzos hablaba con dificultad. Sus guardias la felicitaron porque ahora, sentada frente a la mesita de madera blanca, parecía «un maestro de escuela». Marga recordaría con inmenso alivio: «Me traen una cama y también un bote de creolina. Dedico la mañana a limpiar, esparciendo generosamente este desinfectante, y barriendo luego con hojas de palmera prestadas por un guardia. Aniquilo un ejército de chinches y de hormigas, y espero así poder dormir sin interrupciones».

A pesar de las visitas regulares de monsieur Maigret y la amabilidad del doctor Ibrahim, Marga se sentía profundamente sola y cada vez más deprimida. Ni siquiera la visita de Lufti, el hijo de Sat Kabir —quien le trajo de parte de su madre un tarro de la deliciosa miel negra de Medina que tanto le gustaba—, consiguió levantarle el ánimo. «Me siento inmensamente abatida, ya no tengo ni interés en mirar por la ventana. Al principio seguía con la mirada a los porteadores de agua, a los buceadores y a los negros que iban al mar con sus burros pintados con henna. Los pequeños javaneses, de caderas estrechas, ceñidas con telas escocesas o de rayas brillantes, me divertían mucho. Iban del puerto a la delegación de Holanda y la prisión está en su camino. Pero ahora sólo recuerdo los espantosos presentimientos de mi verdadero marido, de madame Amoun y de los italianos del *Dandolo*. Y mi temor aumenta con tan funestas predicciones.»

No había abandonado la idea de huir y cada visita al aseo del jefe de la policía se sentía tentada de escapar. Sufría por los suyos, no sabía si su esposo había recibido noticias de ella ni si su hijo Jacques —al que pidió ver antes de su ejecución— habría leído las cartas que le envió. El cónsul le aseguró que Pierre d'Andurain estaba al tanto de todo, pero Marga no sabía si creerle: «El cónsul me comunica que mi marido francés, el verdadero, ha ido a Beirut a ver a nuestros amigos los Seyrig. Nada más, ni una palabra. Me inquieta la angustia de mi marido, de mis hijos… ¿qué les han contado? Mi dolor es mayor a causa de no saber nada de lo que pasa. Nunca he recibido de ellos una carta, nunca me han dado un periódico. He pedido en varias ocasiones permiso para poder leerlos, pero está totalmente prohibido».

Jacques d'Andurain, que contaba diecisiete años y estudiaba el bachillerato en Beirut, no tendría noticias de su madre hasta el 11 de mayo. Ninguna de las cartas que le había escrito Marga desde Yidda le había sido entregada. Aquel día leyó perplejo el titular que aparecía en la portada del periódico francés *L'Orient*: «La condesa d'Andurain fue ahorcada ayer en La Meca». El artículo —a cinco columnas— aseguraba que el martes 10 de abril, tras ser juzgada en Yidda, había sido condenada a muerte y ahorcada de inmediato en la ciudad santa. Esta noticia, que provocó una gran impresión en todos aquellos que conocían a Marga —especialmente a su familia—, fue desmentida al día siguiente por el mismo periódico al no existir pruebas fiables de que la ejecución hubiera tenido lugar. Ante estos inquietantes rumores, Pierre d'Andurain mandó un telegrama urgente a su hijo pidiéndole que se reuniera cuanto antes con él.

Cuando Jacques se encontró cara a cara con su padre en el hotel Zenobia se dio cuenta de la gravedad del asunto. Pierre era un hombre completamente abatido y parecía envejecido, con el rostro marcado por la fatiga y barba de varios días. A diferencia de otras ocasiones en las que solía mostrarse distante con su hijo, esta vez le dio un efusivo abrazo. Jacques, para tranquilizarle, le dijo:

—¡Oh!, papá, saldrá adelante, ya lo verás…

—Esperemos. No tenía que haberla dejado partir, pero ya conoces a tu madre. Cuando ella decide algo, nadie puede hacerle cambiar de opinión. Nadie.

Dos meses antes Pierre había ayudado a su esposa a huir de Palmira evitando los controles militares. Ahora, ante el rumbo de los acontecimientos, se arrepentía profundamente de no haber impedido que llevara a cabo su disparatado viaje. Le confesó a Jacques que estaba muy preocupado por ella y que las noticias que le llegaban de Yidda sobre su estado de salud no eran halagüeñas. Había recibido algunos telegramas del cónsul Maigret y su contenido, aunque esperanzador, no ocultaba lo delicado de la situación. La realidad es que Marga d'Andurain se «pudría» sola en una terrible prisión, mientras aún no se había fijado una fecha para el juicio. El conde sabía que su esposa era una mujer dura y valiente, pero no ignoraba que estaba muy deprimida y que apenas comía. Pierre le pidió a su hijo que se quedara al frente del hotel mientras él se instalaba en Beirut en la casa del matrimonio Seyrig. Quería estar lo más cerca posible de Marga y disponer de información de primera mano del Alto Comisionado de Beirut. Su única preocupación era saber cuándo se celebraría el juicio y si éste sería justo o estaría amañado de antemano.

—Tú, Jacques, eres su única razón de existir —le dijo su padre en aquel emotivo encuentro—, yo no cuento tanto para ella y tu hermano tampoco desde que enfermó en Argentina. Marga me decía a menudo que quería que aprobaras el bachillerato y que llegaras a ser alguien. Tenía muchas esperanzas puestas en ti…

—Pero papá, tú la amas, tú eres feliz con ella…

—Claro que sí, siempre me ha gustado, es tan divertida e imprevisible…

A la mañana siguiente Pierre partió temprano en coche rumbo a Beirut soñando, tal como describiría Jacques, en «aventuras de capa y espada, y operaciones secretas para salvar a la prisionera de aquel misterioso país». A Jacques, que estaba preparando sus exámenes, la perspectiva de quedarse solo al frente del hotel atendiendo a los escasos clientes que por allí se dejaban caer, le resultó de lo más atractiva.

El martes 13 de junio, Marga d'Andurain compareció ante el cadí. Tras «63 días enterrada viva» por fin se celebraba el juicio para esclarecer los graves cargos que pesaban sobre ella. A las diez de la mañana la detenida, con el rostro cubierto por un doble velo, abandonó a pie la prisión escoltada por dos policías armados con bayonetas. Aquel corto paseo hasta el edificio del tribunal, distante a escasos diez minutos de la cárcel, le dio ánimos para seguir adelante. «Me siento llena de fuerza y dispuesta a luchar ferozmente contra la acusación que pesa sobre mí.» Al cruzar la enorme puerta del edificio, custodiada por dos centinelas armados, fue conducida a «una habitación larga, estrecha, iluminada por un gran balcón con celosías. Ante él un hombre pequeño, flaco y pálido, está sentado en una banqueta, tocándose el pie con una mano, mientras se abanica con la otra: es el cadí. El calor es sofocante».

Mientras el secretario y los dos intérpretes ocupaban sus

puestos en el mismo banco en que se sentaba el cadí, la pequeña y calurosa sala del tribunal se fue llenando de gente. El juicio de Zainab el Dekmari había levantado una gran expectación entre los habitantes de Yidda. Era la primera vez que se juzgaba a una extranjera —convertida al islam—, acusada de adulterio y de dar muerte a su esposo musulmán. Marga reconoció entre el público al doctor Yéhia, el hombre que había frustrado su aventura a La Meca. El doctor, tal como le confesaría a su amigo el cónsul francés, no estaba convencido de la culpabilidad de madame d'Andurain. A su parecer, Soleiman había podido morir víctima de una crisis aguda de paludismo, pero las causas exactas de su muerte no se conocerían al no serle realizada la autopsia, prohibida por la ley coránica. La única base de la acusación era la declaración de los testigos y los miembros de la familia que reclamaban un castigo ejemplar para vengar el honor de su clan.

Marga había pedido defenderse a sí misma, y se sentó en primera fila, junto a su intérprete, a la espera de que diera comienzo el juicio. En ningún momento se retiró el velo del rostro lo que le permitió «sostener la mirada penetrante del cadí y disimular mi angustia». El juez comenzó el interrogatorio con la siguiente pregunta:

—¿Por qué estás en la cárcel?

Ante una pregunta tan directa como inesperada, Marga respondió:

—¡Tú estás loco! ¿Hace dos meses que estoy en la cárcel y me preguntas por qué? ¿No lo sabes tú, que has hecho la investigación y me vas a juzgar? Me han dicho que, antes de morir, Soleiman me acusó de haberle envenenado y ésa es la razón que me dieron para tenerme encarcelada…

Marga no se lo pondría fácil a sus dos intérpretes, Ibrahim Radwan y Naguib Saleh, que durante todo el proceso le aconsejaron que fuera más moderada en sus respuestas. El cónsul de Francia le había dicho que podía tener total confianza en ellos. Para Marga fueron «perfectos y fue su dulzura y su comprensión lo que más me animó durante el juicio». En la sala la irreverente respuesta de la detenida causó un gran revuelo. El cadí, ajeno a la ofensa que acababa de escuchar, le dijo impasible:

—Exacto, ése es el motivo por el que has sido detenida.

Más adelante sabría que su hábil respuesta le había salvado la vida. Si a la pregunta del cadí sobre si conocía la causa de su detención, ella hubiera respondido «por haber matado a Soleiman», esta frase, considerada una confesión, la habría condenado a muerte sin más preámbulos. Marga basaría su hábil defensa en no tener ningún motivo para matar a su esposo beduino. Si hubiera querido librarse de él —y según sus propias palabras— sólo tenía que regresar a Siria y pedir allí el divorcio. El cadí la interrumpió y puntualizó:

—En los reinos del Neyed y del Hiyaz el divorcio no existe más que si lo pide el hombre. Tú no lo sabías, pero te has enterado en Yidda y has querido liberarte de esta manera de tu esposo.

—Fui yo quien me empeñé en querer atravesar el Neyed, en ir hasta Uneyza, en cruzar el desierto del Hufuf. Necesitaba sólo el permiso del rey para partir. ¿Por qué iba a matar a Soleiman mientras esperaba la decisión real?

El argumento más convincente de Marga para demostrar ante el tribunal su inocencia era la dificultad de administrar el veneno a un hombre con el que no convivía y que la visitaba muy de vez en cuando en el harén. Las esposas y esclavas del palacio de Ali Allmari podían testificar que ella y Soleiman no llegaron a compartir alcoba aunque Sat Kabir se la ofreció cuando su esposo regresó de La Meca. El abogado de la acusación, por su parte, estaba convencido de que los medicamentos de la detenida, en especial las pastillas de Kalmine, fueron manipuladas por ella y causaron la muerte por envenenamiento de su esposo. Con asombrosa energía, a pesar de su frágil estado de salud, Marga d'Andurain se defendería de estas acusaciones alegando que no hubiera podido ocultar el veneno ni en el harén —donde las mujeres asistían a su aseo y controlaban sus más mínimos movimientos— ni en la habitación del hotel que la policía registró a fondo el día de su detención.

Tras la primera y tensa sesión Marga regresó al calabozo. Al día siguiente, a las nueve en punto, de nuevo estaba sentada en el banquillo ante el cadí, quien iba a interrogar a los testigos de la muerte de Soleiman. Eran tres hombres y cada uno dio una versión distinta de lo que había ocurrido la noche del 20 de abril. Tampoco se pusieron de acuerdo en las palabras exactas que había pronunciado el moribundo antes de expirar culpando a su esposa. A la una del mediodía el cadí suspendió el juicio a la espera de que la acusación pudiera presentar las pruebas médicas concluyentes que relacionaran las pastillas de Kalmine con el asesinato de Soleiman. Cuando el jueves 15 de junio Marga acudió por la mañana al tribunal, la sala se encontraba vacía. El proceso —que desde el segundo día se celebraría a puerta cerrada— había comenzado temprano y en ausencia de la acusada. El cadí, tras interrogar a los médicos, anunció que el juicio había terminado; ahora sólo quedaba esperar el veredicto final del tribunal de Yidda. Mientras, regresó a la prisión sumida en una gran angustia: «Vuelvo de nuevo a mi celda. Sudo a mares, como se debe de estar en los momentos de agonía, con mis medias y el velo completamente empapados, y el pelo todo revuelto».

Aún tendrían que pasar ocho interminables días para que se conociera la sentencia. El cadí había enviado a La Meca, al juez supremo, todas las pruebas del caso para que él decidiera. Aunque Maigret la visitó en varias ocasiones e intentaba darle ánimos, a Marga le consumía la incertidumbre: «Sigo esperando que me anuncien la vida o la muerte. Esta espera me pone enferma; es como estar al borde de la tumba. Mi tristeza es insoportable. Siento que el desenlace está cercano, pero no me atrevo a esperar la libertad». Los días siguientes los pasó tumbada en la cama y sin hacer absolutamente nada. «La vida se me escapa», le confesó a su guardián. Había llegado al límite de sus fuerzas.

El lunes 26 de junio, el nuevo director de policía —Said Bey había sido destituido por su conducta violenta y brutal con los presos— la hizo llamar a su despacho. Marga, creyendo que era un nuevo interrogatorio, se retrasó un buen rato. Cuando estuvo frente a él fue Jabir Efendi quien le dio la noticia:

—Eres libre, el cadí te ha declarado inocente.

Marga no daba crédito a lo que oía y le hizo repetir la frase que acababa de pronunciar.

—¿No lo entiendes? Eres libre, puedes marcharte cuando quieras.

Su reacción no se hizo esperar: «Libre. ¡Ah, qué bien me suena esa palabra! Libre. Tomo la mano del director entre las mías, se la aprieto, le doy las gracias, le digo que es un hombre bueno y amable. Salto loca de alegría, doy unas palmaditas en la espalda a los soldados que presencian la escena sin decir nada y pregunto a gritos si me puedo marchar...». Liberada por falta de pruebas, Marga d'Andurain fue conducida por el propio director de policía hasta el edificio del consulado de Francia. Antes se despidió de los policías y guardias que habían convivido con ella durante aquellas interminables semanas en las que creyó que nunca volvería a ver la luz del sol. Cuando se encontró frente a Jacques Roger Maigret no pudo evitar llorar de emoción. Más adelante se enteraría de que los medicamentos encontrados en su maleta fueron enviados para analizar a El Cairo y que los médicos —entre ellos el doctor Ibrahim— ratificaron que eran inocuos y que su contenido no había sido manipulado.

La sentencia absolutoria de Marga resultaba sorprendente porque aunque no se habían encontrado pruebas que la culparan del asesinato de su esposo, había sido descubierta *in fraganti* —por el propio jefe de la policía— con su amante en la habitación de un hotel. Y éste era un crimen que se pagaba también con la muerte. Sin duda, el cónsul Maigret había utilizado todas sus influencias, tanto en la corte de Saud como en el Quai d'Orsay, para conseguir salvar de la muerte a su compatriota. Algunos periódicos aventuraron que su liberación podía deberse también a las presiones del Servicio de Inteligencia británico para el que la condesa d'Andurain pudo haber trabajado en El Cairo.

Cuando Marga y el cónsul se quedaron a solas, éste la puso al corriente de algunos detalles de su liberación que ella ignoraba. El cadí había reconocido su inocencia pero la condenaba a pagar a la familia de Soleiman la cantidad de «cien libras de oro que su esposo pagó por ella para convertirla en su esposa legítima». Maigret no le ocultó que su vida corría peligro hasta que abandonara el reino. Los hermanos de Soleiman el Dekmari, como era tradición entre los beduinos del Neyed, podrían intentar matarla para restituir su honor. El cónsul le aconsejó que se quedara en su residencia hasta que pudiera embarcar de manera discreta en un carguero rumbo a Egipto.

Al día siguiente, mientras desayunaba, Marga se enteró de que la sentencia de su juicio había sido publicada en el diario oficial de La Meca. La parte que más le interesó fue la que hacía referencia a la «inocencia de Zainab el Dekmari por falta de pruebas»:

> Sentencia del proceso Soleiman el Dekmari:
> Um Alquara de 7 Rabia 1352 (26 de junio de 1933 de la era cristiana)
> El cadí del tribunal de primera instancia de Yidda acaba de dictar sentencia en el proceso de los herederos de Soleiman el Dekmari contra Zainab ben Maxime: […] La parte civil no ha podido esclarecer la culpabilidad de la acusada y sólo ha podido presentar como única prueba al respecto ciertas declaraciones puestas en boca de la víctima, que las habría hecho en el momento de la agonía, y según las cuales acusaba a su mujer. Dada, por un lado, la ausencia de pruebas y, por otra parte, habiendo tomado en consideración el cadí el desacuerdo existente entre los dos esposos. Temiendo, en consecuencia, que la víctima quisiera vengarse de su mujer, y también por otras razones legales expuestas en el acta, el cadí ha dictado sentencia absolviendo a la interesada de la inculpación de haber envenenado a su marido, y deteniendo cualquier diligencia contra ella por parte de los herederos.

Aunque el cónsul le recomendó discreción, Marga d'Andurain, que ahora se sentía feliz y libre, no podría pasar mucho tiempo enclaustrada en el consulado. Para su decepción, el joven

Jacques Maigret ya no se encontraba en Yidda y no podrían celebrar juntos su liberación. El hijo del cónsul —obligado por su padre— había regresado a París. A buen seguro, monsieur Maigret le quiso alejar lo más rápido posible de allí preocupado por su seguridad y para evitar un mayor escándalo. «Me doy cuenta de lo que es volver a tener libertad y regresar a la civilización. He vivido la muerte hasta donde puede hacerlo un ser humano. En estos momentos toco todas las cosas de mi alrededor como si volviera del más allá. Los más pequeños detalles me llenan de felicidad. Se me ocurren mil ideas: me gustaría llevarme del zoco un montón de recuerdos; quiero ir a ver a Sat Kabir y darle las gracias.»

Maigret accedió la primera noche a dar un paseo con Marga en su automóvil junto al mar. Cuando pasaron frente al edificio de la prisión, la condesa no dudó en saludar a los guardias con la mayor naturalidad. «Voy sin velo, creyendo que ningún árabe me va a reconocer. Pero, al pasar delante de mi cárcel, saludo con gestos a mis guardianes [...]. Sería mejor que tuviera un poco más de discreción, pero no soy capaz de controlar esta felicidad que me desborda.» Marga no volvería a disfrutar de más paseos nocturnos en el confortable descapotable de su anfitrión. Al día siguiente un empleado del consulado le pondría al corriente de un rumor que corría por toda la ciudad: «El presidente de la Comisión de la Virtud había ordenado a dos personas que montasen guardia ante la puerta del consulado para azotar a Zainab con su *hasa* [látigo], si ésta intentaba salir sin velo a la calle». Maigret, al escuchar la noticia, le pidió a Marga prudencia y que renunciara a sus salidas.

En los días siguientes Marga se recuperaría con asombrosa rapidez de su terrible experiencia. Huésped de honor del cónsul, volvería a disfrutar de la vida mundana que tanto amaba: agradables comidas con diplomáticos y residentes europeos, interminables veladas jugando al bridge o al póquer… Lejos de mostrarse discreta como el cónsul le había pedido, disfrutaba contando detalles de su cautiverio a un público entregado que por las noches acudía a la residencia de Maigret a conocer a la famosa madame d'Andurain. «Hay una broma que se está poniendo de moda. A las personas cansadas se les ofrece "una pastilla de Kalmine"», contaría Marga con su habitual ironía. Pronto descubriría con sorpresa que se había convertido en una celebridad en todo Oriente Próximo y que su caso había causado gran interés en Europa. Maigret le permitió leer los artículos sobre su aventura aparecidos en la prensa «francesa, inglesa, italiana, alemana, americana y hasta en la de Estonia hablan de mi muerte». En la mayoría de ellos —y para su malestar, pues imaginaba el dolor que la noticia habría causado a los suyos— la daban por muerta: en unos casos había sido ahorcada en La Meca, en otros se decía que había sufrido el castigo de la lapidación. De entre todos los recortes de prensa le molestaron especialmente las calumnias publicadas en el periódico de Beirut *L'Orient*, el primero que anunció en portada su muerte. Para este periódico Marga era a todas luces culpable y lejos de retractarse publicaron la siguiente tesis sobre su liberación: «Parece que los hechos ocurrieron de la manera siguiente: la policía wahabí habría matado al beduino y hecho caer la responsabilidad de este crimen sobre la audaz espía extranjera, para luego poder desembarazarse de ella legalmente».

Tras su inesperada liberación, Marga sólo pensaba «en regresar a Palmira, ver a Pierre, mi marido; a mis hijos; a mis amigos». No imaginaba entonces que se había librado de morir lapidada

pero que todavía tendría que afrontar una dolorosa prueba que
la obligaría a separarse de los suyos. Fue Maigret el encargado
de darle la fatal noticia. «Me informa de una decisión indigna,
horrible y absurda. Con toda la delicadeza posible, el cónsul,
que comprende el dolor que va a producirme, me dice que ha
recibido un telegrama de Beirut, en respuesta al que les comu-
nicaba mi liberación. En él se le ordena visar mi pasaporte sólo
para Francia, sin autorización para desembarcar en Siria… El
Alto Comisionado añade que he perdido mi nacionalidad francesa.» Era, sin duda, una noticia que no esperaba y que le cayó
como un jarro de agua fría. No sólo la obligaban a abandonar
a su esposo y a su hijo, impidiéndole regresar a Siria, sino que
además su ausencia supondría la ruina económica de su hotel.
El cónsul le prometió que hablaría con las autoridades en Beirut e intentaría aclarar este asunto. Sin embargo, Maigret no
tenía mucho tiempo por delante; en dos días llegaba el barco en
el que Marga tenía que partir a Suez.

Para ella sólo había una explicación a la prohibición de regresar junto a su familia en Palmira: «Mis enemigos de Siria, contra
los que tanto he luchado, han aprovechado mi ausencia y han
utilizado el argumento de mi terrible aventura para convencer al
Alto Comisionado [en el Líbano] de que me he convertido en
una persona *non grata*. En efecto, al día siguiente Beirut responde negativamente a mi petición. Y lo hace, claro está, por defe-
rencia y afecto hacia mí, con el fin de evitar los peligros a los
que me vería expuesta si vuelvo a Siria». Los problemas no acababan aquí y pronto descubriría que se había convertido también en un estorbo para las autoridades saudíes. El ministro de
Asuntos Exteriores de Ibn Saud le confirmaría a Maigret que
se le había retirado a Marga su pasaporte nayadí —que al me-

nos le hubiera permitido moverse libremente en los Estados Árabes— porque «la mujer Zainab ya nos ha causado suficientes problemas».

A los ocho días de su liberación Marga abandonaba con enorme pesar el consulado francés para embarcar en el navío inglés *Taif*. Su despedida, al igual que su llegada a Yidda, no iba a ser discreta. El cónsul Maigret la acompañó en su coche oficial por las callejuelas desiertas de la ciudad hasta llegar al muelle donde los esperaba «una multitud encolerizada y llena de odio» que la policía armada trataba de controlar. «Me miran con rabia. Paso entre ellos, oculta bajo mi velo. En la lancha tenemos que izar rápido la bandera francesa para impedir que unos fanáticos que se han lanzado al agua hagan zozobrar la embarcación.» Los miembros del consulado que la acompañaban explicaron al capitán del barco su delicada situación. «Hay nayadíes a bordo y me indican que debo permanecer encerrada en mi camarote. Hay que evitar también los incidentes que podrían ocurrir si desembarco en los dos puertos del Hiyaz donde haremos escala: Uech y Bembo. Allí no habría nadie para ayudarme.»

«El adiós del cónsul es simple y lacónico. Él sabe que toda su vida le voy a guardar respeto, agradecimiento y afecto.» Marga se despedía con tristeza del hombre que la había salvado de morir lapidada. Trece años más tarde le dedicaría su libro autobiográfico *Le Mari-Passeport* con estas emotivas palabras: «A monsieur Roger Maigret, ministro de Francia en el reino de Neyed, del Hiyaz y del Yemen, a quien debo la vida». Por su parte, el cónsul nunca olvidaría a la encantadora y loca «aventurera» que durante dos meses le mantuvo en vilo. Ya instalada en su camarote, madame d'Andurain divisó por el ojo de buey cómo el barco se alejaba de la costa y dejaba atrás las fachadas de coral de la ciudad vieja de Yidda. La travesía no sería tan aburrida como imaginaba pues entre los pasajeros se encontraba un viejo amigo, el delegado de Irak Naser Bey, con quien había compartido más de una divertida velada en la residencia del cónsul francés. «Un hombre encantador que me cogió bajo su protección y me aconsejó que en las escalas no saliera de mi camarote.»

Naser Bey, descendiente de la familia hachemí, que había sido jefe de protocolo del emir Faisal, rey de Irak, era un gran conocedor de las costumbres árabes. Fue él quien le explicó con detalle las formalidades que debía cumplir con los hermanos de Soleiman a su regreso a Siria. «Hasta que esta cuestión no se resuelva —me aseguró el delegado—, yo misma y los de mi sangre, es decir mis hijos, estaremos en peligro de muerte […] también me comenta que el beduino siempre hace pagar, en caso de asesinato de un familiar, la *diya*, es decir el "precio de sangre".» A Marga le preocupaba la seguridad de su marido y la de su hijo; al no poder regresar de inmediato a Palmira, tendría que esperar un tiempo para poder pagar a la familia de Soleiman la indemnización acordada. Nunca olvidaría las premonitorias palabras de Naser Bey: «El beduino difícilmente perdona, pero jamás olvida».

En el barco Marga coincidió con otro personaje que le trajo a la memoria funestos recuerdos: era el famoso Maadi Bey, el gran torturador de La Meca en persona. Durante la travesía este hombre de cuarenta años, «delgado y seco, con una mirada penetrante y un prestigio indiscutible», se mostró amable con ella; incluso se atrevió a opinar sobre las causas de la muerte de Soleiman el Dekmari. Para Maadi Bey, su esposo se habría suicidado al notar «su frialdad y su desdén». Para desagrado de Marga, el célebre torturador del reino saudí no dudó en contarle, con morboso detalle, algunas de sus más célebres «hazañas». Con humor, la condesa escribiría: «El gran Maadi Bey sigue aquí, sentado a mi lado, como si nada. Este hombre, que hubiera deseado aumentar mi agonía con todas las torturas imaginables, es capaz de hablar de cualquier asunto con extrema delicadeza y parece olvidar su monstruoso oficio».

La travesía pasó sin incidentes hasta llegar al bullicioso puerto egipcio de Port-Said. En el muelle la esperaba ansioso su esposo Pierre quien, «en el colmo de la ironía», la recibió con estas palabras:

—Debes de estar muy cansada. Toma una pastilla de Kalmine.

Marga enseñó a Naser Bey y a Maadi Bey las famosas pastillas de Kalmine que su esposo guardaba en una cajita. Todos se echaron a reír ante su ocurrencia. La felicidad del encuentro con su esposo se vio truncada por una noticia que había conocido antes de abandonar Yidda. La condesa había sido informada de que el Alto Comisionado había pedido al Gobierno británico que anulara la validez de un año de su pasaporte obtenido en Jerusalén. Sólo se le permitía pasar cinco días en Palestina para ver a su hijo. «Son probablemente los informes desfavorables del Gobierno francés los causantes de esta medida extraordinaria. En efecto, al llegar a la frontera de al-Qantara (donde se visan los pasaportes para Palestina), tachan de mi pasaporte la autorización de estancia de un año y la reemplazan por la mención "cinco días". Pregunto a mi marido qué razones puede alegar el Alto Comisionado para prohibirme entrar en Siria.»

—Temen —le dijo Pierre— que tu vuelta pueda provocar disturbios entre los árabes después de todo lo ocurrido. Por este motivo te prohíben regresar a Palmira…

La excusa que le habían dado a Pierre las autoridades del Alto Comisionado no tenía fundamento. La realidad era que Marga d'Andurain se había convertido en un «problema» para las autoridades francesas en Siria, que sólo deseaban expulsarla cuanto antes de la región. Ignoraban los que firmaron su marcha forzosa que a su llegada a Francia emprendería una auténtica cruzada contra los funcionarios y políticos franceses a los que culpaba de todas sus desgracias. En una carta al Alto Comisionado de Beirut, que escribiría durante su breve estancia en Haifa, les diría entre otras cosas: «[...] encuentro inadmisible la medida tomada contra mí y es lamentable constatar que, tras diez años de política en Siria, tengan miedo de una simple mujer y sus amigos árabes [...]. Considero que todo esto es culpa de las autoridades francesas en Siria, que han debido de acusarme de espía ante el jeque Abd al-Rauf, cónsul del Neycd en Damasco».

Cuando Marga llegó con su marido a Haifa el 15 de julio de 1933 pudo abrazar de nuevo a su hijo menor al que pensó que no volvería a ver. Fue Jacques d'Andurain quien tomó en la terraza del hotel Carlton las famosas fotografías que servirían para ilustrar los reportajes que la prensa francesa publicaría sobre su extraordinaria aventura en Arabia. Marga aparece en ellas muy delgada, maquillada y con el cabello recogido; su rostro, sonriente y relajado, no refleja la pesadilla que había vivido en Yidda ni el inmenso dolor por tener que separarse de su familia. Posó para la sesión fotográfica como una artista, con distintos modelos de inspiración oriental —un favorecedor conjunto de pantalón bombacho y corpiño ceñido que dejaba al descubierto su vientre y una larga túnica recogida con un cinturón— confeccionados por ella misma durante su reclusión en el harén del vicegobernador.

El viaje de regreso a Francia sería más duro y triste de lo que imaginaba. Dejaba atrás a su familia, el hotel Zenobia en el que había puesto todas sus ilusiones y a sus amigos beduinos. Tras su largo cautiverio y el vivir con la incertidumbre de ser condenada a muerte, ahora se enfrentaba a un nuevo castigo: «No me imaginaba entonces lo que me esperaba. No es una condena a muerte, pero es como una muerte civil, sin motivo comprensible, y que sólo se puede explicar por el miedo que les entra, a veces, a los "chupatintas" que dictan la ley en la Administración francesa. Ley que se puede resumir, siempre, en la fórmula: "Sobre todo, nada de problemas"». Marga regresaba a casa dispuesta a contar su historia, a reclamar justicia y a señalar con el dedo a los instigadores del complot que, según ella, la había llevado al exilio.

9

Asesinato en Palmira

Ha sido reconocida mi total inocencia, al ser absuelta por no haber una sola prueba en mi contra, estando fundada la única acusación en las palabras de un moribundo. Y, sin embargo, no me han dejado entrar en Siria, me han obligado a regresar a Francia y me condenan a vivir en París, cuando todo lo que me importa está en Oriente.

Le Mari-Passeport

Durante su cautiverio Marga había sufrido hambre y sed, sin contar con la falta de higiene y las picaduras de pulgas y chinches que le hicieron la vida insoportable. Había estado enferma, con fiebres altas, vómitos y todo el cuerpo dolorido a causa de las llagas. En más de una ocasión había pensado en rendirse pero finalmente había conseguido superar aquel infierno. A pesar de todos los contratiempos guardaba en su retina toda la magia de aquellos países, sus impresionantes paisajes en regiones que aún no figuraban en los mapas, sus milenarias ciudades en

ruinas y la hospitalidad de los beduinos en el desierto. Ahora en
París se sentía de nuevo prisionera, sin libertad para viajar e
injustamente alejada de todo lo que amaba. De 1925 a 1933 sus
travesías por Oriente Próximo —Egipto, Siria, Líbano, Irán y la
península Arábiga— le habían dado una mayor seguridad en sí
misma. Había descubierto lo que realmente era capaz de hacer
y estaba a punto de demostrarlo.

Los que imaginaban que la condesa d'Andurain, tras su
penosa experiencia en la prisión de Yidda, llevaría una vida
tranquila y anónima en París no la conocían. El escándalo estalló a principios de mayo de 1934, cuando el periódico vasco
Le Courrier de Bayonne publicó por entregas su increíble aventura en Arabia Saudí. Durante dos meses consecutivos y bajo el
título de *Maktoub*, Marga relataría de manera muy novelesca sus
años en Palmira al frente del hotel, su conversión al islam y posterior matrimonio blanco con un beduino para intentar entrar
en La Meca, el ambiente «íntimo y asfixiante» del harén y su
cautiverio en los sórdidos calabozos de la cárcel de Yidda. Con la
ayuda de su amigo el erudito arqueólogo Henri Seyrig —que
colaboró en la redacción—, Marga describía la fabulosa ciudad
de Palmira en la Antigüedad y la vida nómada de los hombres del
desierto. Su relato *Maktoub* era a la vez una autobiografía, donde no dudaba en criticar su estricta educación religiosa y el con-
servadurismo de su entorno familiar, y un trepidante libro de
aventuras que transcurría por unos escenarios entonces poco
conocidos en Europa.

Si Marga recurrió a la prensa no fue sólo por su afán de
notoriedad —sin duda quería ser conocida en su país para más
adelante escribir un libro de memorias— sino también para
limpiar su buen nombre. Es cierto que había sido declarada

inocente del asesinato de su esposo Soleiman el Dekmari, pero algunos medios —y una parte de su familia— seguían creyendo que era una «traidora a su país». La publicación de sus artículos causó un gran revuelo, especialmente en su Bayona natal. Marga se convirtió en un personaje famoso y asiduo de la prensa francesa. Tras el éxito de sus relatos, en octubre de 1934 publicaría una nueva entrega de sus aventuras en el periódico *L'Intransigeant* —uno de los más leídos en su época—, esta vez bajo el título *Sous le voile de l'islam* (Bajo el velo del islam). Fue entonces cuando ocurrió una curiosa anécdota. El laboratorio Métadier, fabricante de las pastillas Kalmine, envió a la redacción de *L'Intransigeant* una carta dirigida a madame d'Andurain. En la misma, su director le agradecía la publicidad que les había hecho de su medicamento y le enviaban, como regalo, una caja de cien comprimidos para que ella misma «apreciara los beneficios del Kalmine».

La repentina popularidad de Marga y sus provocativas declaraciones a la prensa molestaron mucho a la familia d'Andurain. Jacques recordaba en sus memorias *Drôle de mère*: «Mi tío Jean, el hermano mayor y jefe de la familia, pidió a mi padre que, amparándose en su cláusula de divorcio, le retirara a Marga el noble y respetable apellido d'Andurain». No sólo querían dejar a Marga sin su apellido de casada sino que además, y tal como ella misma acusaría, algunos parientes cercanos de su propia familia pensaron en internarla. «Parte de mi familia, influida por la vergüenza, la cobardía y el temor al qué dirán que hoy inunda Francia, ha pensado hacerme internar. Mi parienta más próxima habló con Garat, alcalde-diputado de Bayona, con domicilio actual en Villa Chalgrin (la cárcel), quien tuvo la osadía de solicitar en una carta (que he leído), dirigida al procurador de Bayona, mi expulsión de Francia.»

Mientras Marga clamaba justicia, Pierre y su hijo Jacques trataban de llevar una vida normal en Palmira. Como al conde d'Andurain no le gustaba atender a los clientes y le parecía «deshonroso» ocuparse de las cuentas del hotel, Jacques se encargaría encantado de este cometido. Con auténtico entusiasmo defendería el elevado precio de las habitaciones que no estaba dispuesto a bajar. El Zenobia era, en 1934 —según las guías turísticas—, el establecimiento más caro de todo Oriente Próximo, «más que el lujoso Saint-Georges de Beirut y al mismo nivel que el legendario King David de Jerusalén». Estaba convencido de que su madre se sentiría orgulloso de él.

Pierre, al igual que cuando trabajaba en el salón de belleza de su esposa en El Cairo, no podía soportar que le confundieran con un empleado del hotel. Jacques recordaba un incidente, que él mismo presenció, y que da buena cuenta del talante de su padre, un hombre anclado en el pasado que vivía en un mundo feudal: «En una ocasión papá estaba fumando un cigarrillo de pie en la entrada del hotel, cuando un cliente que acababa de llegar en taxi desde Damasco le pidió que le llevara el equipaje dentro. El conde se limitó a decirle que podía regresar por donde había venido, sin importarle que el hotel más cercano estuviera a no menos de ciento cincuenta kilómetros...».

Como el hotel estaba casi siempre vacío, Pierre decidió continuar con las clases de equitación de su hijo. Todas las mañanas cabalgaban juntos por los alrededores de Palmira o se perdían a galope por el desierto donde, según la época del año, acampaban los últimos nómadas con sus rebaños. Por las noches solían sentarse en la agradable terraza desde donde se divisaba la acrópolis. Desde este mismo lugar, en 1751, los dibujantes ingleses R. Wood y H. Dawkins realizaron la magnífica panorámica de las ruinas que daría a conocer a Occidente esta fabulosa ciudad antigua. El paisaje apenas había cambiado, pero gracias a los trabajos de los arqueólogos franceses, algunos de sus monumentos, como el ágora oculta bajo dos metros de arena y los delicados mosaicos que revestían los suelos de las termas y palacios, habían recobrado su antiguo esplendor.

En ausencia de Marga, Pierre quiso ocuparse de la educación de su hijo menor e instruirle en los valores caballerescos que regían su vida: el honor, la lealtad y la honestidad. Pero ya era demasiado tarde, porque para entonces Jacques había comenzado a colaborar con sus camaradas comunistas en Beirut y en Damasco. Desde su llegada a Palmira en 1929 su hijo menor les había traído de cabeza. Aunque físicamente se parecía más a Pierre —había heredado su cabello rubio ondulado y sus hermosos ojos azules—, su carácter independiente y rebelde era el de Marga.

Jacques recordaba su paso por la Universidad Americana de Beirut —un auténtico espacio de libertad donde estudiarían importantes intelectuales y figuras de la política— como la mejor etapa de su vida estudiantil. Apenas tenía dieciséis años pero la lucha de clases y la revolución social guiaban su vida. En la biblioteca se sumergiría en la lectura de las obras de Marx y tendría la oportunidad «de conocer a Bayadjian, a Artinc Madoyan, responsable del Komintern para Oriente Próximo, y a Michel Afflack, fundador en 1947 del partido Baaz». Cuando en 1933, y tras la aventura de su madre en Arabia, se vio obligado a regresar a Palmira, sólo pensaba en reunirse con sus camaradas en Damasco. Pero le faltaban aún cuatro años para la mayoría de edad y hasta entonces tendría que vivir bajo la tutela de su padre.

A principios de octubre de 1934, Jacques le escribió una larga carta a Marga en la que, entre otras cosas, le decía que deseaba vivir en Damasco donde tenía buenos amigos, que ya no soportaba estar bajo la estricta autoridad de su padre y quería trabajar como periodista. Antes de enviarla, su padre le pidió que se la dejara leer. Tras un incómodo silencio, el conde d'Andurain se levantó de su sillón y enfurecido le gritó:

—Ya no tengo hijo. No quiero verte más. Vete a tu habitación.

«Al día siguiente abandonaba Palmira para ir a Damasco. Mi padre me expulsaba. Tenía en el bolsillo doscientos francos, el salario de un mes de uno de nuestros sirvientes.» Durante un tiempo Jacques colaboraría en el periódico *Les Échos de Damas* y contactaría con algunos miembros del embrionario Partido Comunista de Majid Cheik el Ard. Pero su estancia en Damasco tenía los días contados; al poco tiempo la policía le haría llamar para advertirle que si seguía acudiendo a reuniones clandestinas y frecuentando «malas compañías» podían expulsarle del país. La noticia de su paso por la comisaría llegaría pronto a oídos de su padre. Pierre, indignado, iría a buscarle para traerle de nuevo al hotel. Como recuerdo de su estancia en Damasco, Jacques llevaba consigo, como una «auténtica reliquia», la traducción al árabe del *Manifiesto comunista* que pensaba prestar a los empleados del hotel Zenobia.

En París, madame d'Andurain continuaba con su particular batalla por recobrar la libertad y legalizar su situación. No perdió el tiempo, recuperó antiguas e influyentes amistades del pasado y se sacó el título de piloto de aviación. En una foto, fechada en 1934, se la ve posando vestida de aviadora —con un mono blanco y gruesas gafas— junto a una amiga en el aeródromo militar de Villacoublay, a las afueras de París. Deseaba comprar una avioneta y a su regreso a Palmira pedir autorización a las autoridades militares para poder pasear a los turistas que se alojaban en su hotel. Con su fama de espía y los problemas que había tenido con los militares del puesto de Palmira, no sería fácil que se lo permitieran.

A raíz de sus declaraciones a la prensa, madame d'Andurain fue invitada por Léo Poldès a hablar en el prestigioso Club du Faubourg, una de las grandes tribunas políticas de la época donde se daba cita el *Tout-Paris*. Allí, ante un auditorio de dos mil personas —entre ellas prestigiosos periodistas, intelectuales, políticos y ministros—, no dudaría en denunciar la injerencia de la Administración francesa que le impedía regresar a Siria y poner nombre y apellidos a los «respetables» miembros de su familia que querían internarla en un convento. Aquel memorable día Marga tuvo un pequeño altercado con uno de los asistentes a la reunión, Jean Ybarnégaray, diputado de la extrema derecha de Saint-Jean-Pied-de-Port y viejo amigo de la familia. Marga, señalándole con el dedo y en voz alta, le dijo:

—Atrévete a decir lo contrario; tú, Jean Ybarnégaray, has intentado, con Garat y mi familia, encerrarme…

El diputado trató de disculparse ante Marga, afirmando que nunca la había creído culpable de espionaje y que le prometía ocuparse de su caso, aunque la última palabra la tenía Alexis Léger, secretario general del Quai d'Orsay. Antes de acabar la discusión Marga, dirigiéndose a los asistentes, exclamaría en tono irónico:

—Ya ven, si yo soy inocente, ¿por qué se me niega mi visado? Si soy espía, ¿por qué Léger paga todos los meses el alquiler de mi apartamento en la avenue Kléber?

El escándalo que la condesa organizó en el Club du Faubourg dio sus frutos. Al día siguiente Marga encontraría en el buzón de su apartamento del número 15 de la avenue Kléber un sobre que contenía un salvoconducto, a nombre de Zainab ben Maxime el Dekmari. Aunque algunos pudieron pensar que, una vez más, se salía con la suya gracias a la intervención de sus amigos «británicos», la realidad es que había incordiado tanto al Gobierno francés que el Ministerio de Asuntos Exteriores sólo deseaba perderla de vista.

A principios de octubre de 1934, Jacques d'Andurain hacía las maletas y abandonaba por segunda vez Palmira, expulsado por su padre. Marga y Pierre, de mutuo acuerdo, habían decidido alejarle de las malas compañías y de la influencia de sus antiguos compañeros de estudios. La gota que había colmado la paciencia de su padre fue enterarse horrorizado por boca de uno de sus sirvientes del hotel —el hijo del *sheik* Abdallah, gerente del hotel— de los planes de Jacques de incitar a la huelga a los trabajadores. Aquello era más de lo que el conde d'Andurain podía soportar. «Papá me acompañó al barco el mismo día que llegaba mamá. Los dos estaban de acuerdo en enviarme a París. Llegué al puerto de Marsella el 9 de octubre, el día que asesinaron al rey Alejandro I de Yugoslavia y a Louis Barthou, el ministro de Asuntos Exteriores francés.» Tardaría dos años en volver a ver a su madre.

La condesa d'Andurain, con su flamante salvoconducto, podía haber hecho las maletas y embarcado en Marsella rumbo a Beirut en uno de los lujosos cruceros de Messageries Maritimes que cubrían esta línea. Pero Marga, muy metida en su papel de intrépida viajera, no podía regresar a Siria como una simple turista en un crucero de recreo. La prensa parisina, durante varios meses, la había rodeado de una aureola de aventura y misterio muy a su gusto. No deseaba defraudar a un público que había seguido ávidamente sus peripecias en Oriente y esperaba de ella nuevas aventuras en exóticos países.

Marga toda su vida había admirado las hazañas náuticas de Hermine de Saussurre, esposa del arqueólogo Henri Seyrig, uno de sus mejores amigos en Oriente. Dispuesta a emular a su admirada amiga —y con la ayuda de su hermano, curtido navegante como ella—, la condesa partió de Cannes a bordo de un velero de once metros rumbo a las islas griegas. Aunque se mareaba en alta mar y desconocía las más elementales técnicas de navegación, era su compañero quien llevaba el timón. El viaje fue desde el principio una pesadilla y a punto estuvo de ser detenida por la policía italiana. «Una gran tormenta los arrastró a una costa desconocida —recordaba Jacques d'Andurain—, con tan mala fortuna que se trataba de una de las islas de Lipari, cercana a Sicilia, donde Mussolini encarcelaba a los comunistas. La policía al descubrir el salvoconducto de Marga, a nombre de una tal Zainab ben Maxime el Dekmari, creyó que se trataba de un documento falso y que en realidad pretendían ayudar a escapar a algún preso político.» Finalmente, y tras una llamada de la policía al embajador francés en Italia —quien por fortuna conocía a Marga por su famosa aventura en Arabia—, se les permitió abandonar la isla. Tras el susto Marga y el capitán del velero se refugiaron unos días en la playa griega de Glyfada, cerca de El Pireo, donde repararon el barco.

No se sabe cómo se las ingenió para llegar finalmente a Beirut en octubre de 1934. Su regreso a Palmira causó una gran expectación entre sus habitantes y los nuevos oficiales que habían seguido sus andanzas a través de la prensa. Su primera visita en Palmira fue a la casa de los hermanos de Soleiman. Marga aún era para ellos Zainab ben Maxime el Dekmari y seguía formando parte de la familia aunque su esposo hubiera fallecido.

«El protocolo es el siguiente: cuando vuelva a Palmira deberé ir a ver a los hermanos de Soleiman, acompañada por una escolta armada, pues podría estar en peligro. Cuando llegue a su casa me ofrecerán café, que beberé al tiempo que digo unas palabras, ni demasiado amables ni demasiado frías; el nombre de Soleiman no debe pronunciarse. Luego, después de saludarlos, me marcharé. Ellos me devolverán la visita, rechazarán el té que les ofrezca en mi casa y quizá hagan algunas preguntas sobre Soleiman. Después de lo cual debo elegir dos amigos árabes para que hablen con dos representantes de la familia del difunto. Estos enviados se pondrán de acuerdo sobre la indemnización que debo pagar. Poco importa si soy culpable o inocente, la *diya* debe ser satisfecha. Este arreglo da por concluido el asunto», escribió en *Le Mari-Passeport*.

Para su mayor tranquilidad, Marga le pidió a su cocinero Ahmed Jaled y a su sirviente Ali que la acompañaran a la casa de sus cuñados, en el barrio antiguo de Palmira. Temerosa de que pudieran matarla, escondió entre sus ropas su pequeña pistola. No la iba a necesitar. Los hermanos del difunto la recibieron con gran amabilidad y respeto y juntos compartieron una taza de café amargo. Aunque no debía referirse al pasado, ni mencionar el nombre de Soleiman, no pudo evitar declararse inocente. Ellos juraron que creían en su palabra, pero la obligaron a pagar el impuesto acordado.

Tal como estaba previsto, Marga los invitó a visitarla en su hotel a la mañana siguiente. Mientras ella abandonaba la casa,

Ahmed y Ali se quedaron un rato discutiendo con ellos el precio del duelo familiar. El interés de la familia de Soleiman por
cobrar pronto el dinero hizo que los hermanos se saltaran a la
ligera algunas etapas del protocolo. Así, en lugar de rechazar el
té que su anfitriona les ofreció en el salón de su hotel, aceptaron de buena gana varias rondas. Aquel día La Comta saldó sus
cuentas pagando «cien libras de oro» y regalándoles un fusil.
Ahora podía respirar tranquila y los suyos vivir en paz.

A su regreso de Francia, Marga se instalaría a vivir en Beirut
con su antiguo amante Daniel Schlumberger. Ambos compartían la acogedora villa rodeada de jardín que el arqueólogo tenía frente el mar. La condesa reanudaría así la discreta relación
que desde 1929 mantenía con él. En su ausencia, Daniel había
sido nombrado inspector adjunto al Servicio Arqueológico del
Alto Comisionado. Ahora ya no era el competente ayudante
del célebre Henri Seyrig, sino que muy pronto podría dirigir sus
propias excavaciones. Por su parte, Marga seguía manteniendo
una buena relación con su ex esposo. El conde d'Andurain no
puso ninguna objeción a que ella viviera en Beirut. Allí tenía buenos e influyentes amigos como el matrimonio Seyrig, el conde
Damien de Martel y el cónsul general de Bélgica, monsieur
Kerchove, cuya esposa Reichka apreciaba mucho a Marga y a su
hijo Jacques.

Mientras Marga recuperaba con Daniel en Beirut el tiempo
perdido, Pierre comenzó a dedicarse a la cría de ganado, su
antiguo sueño. Había comprado algunos rebaños de ovejas y en
compañía de su joven pastor Muhammad recorrían el desierto en busca de pastos. Le gustaba esa vida nómada y salvaje, en
contacto con la naturaleza, que le recordaba a la de los gauchos
argentinos. Salían al amanecer, él montado en su caballo pura-

sangre y a su lado Muhammad, a pie, guiaba el camello que transportaba lo necesario —tiendas de campaña, utensilios de cocina y libros— para acampar unos días en el desierto. Muhammad Turki, un beduino de dieciséis años, servicial y despierto, había sido contratado por Jacques en 1933 para cuidar los caballos y el ganado propiedad de la familia. En ausencia de su hijo, el conde acabó cogiendo cariño a este muchacho con el que podía comunicarse en francés. En una foto del álbum familiar Marga escribió en el reverso: «Muhammad, antiguo sirviente y el pastor preferido de papá, pues hablaba un poco de francés».

Poco a poco Marga fue reanudando en Beirut la vida social y mundana que tanto le gustaba. Con Daniel formaba una atractiva pareja y aunque en público disimulaban sus sentimientos se los veía muy enamorados. Juntos asistían a las divertidas y elegantes fiestas que se celebraban en las residencias de veraneo que sus amigos tenían en la montaña libanesa. A sus cuarenta y dos años estaba en plena forma y volvía a ser la mujer extremada y dicharachera que conseguía ser siempre el centro de atención. Eran muchos los que deseaban conocerla y escuchar de su boca alguna de sus jugosas anécdotas de su increíble aventura en el corazón de Arabia. Pero una triste e inesperada noticia vino a empañar su ociosa vida en Beirut: Muhammad había sido encontrado muerto en el camino de Deir ez-Zor.

Hacía unos días Muhammad le había confesado a Pierre que un individuo muy conocido en Palmira, El Haddidi, le había ofrecido una importante suma de dinero si le abría la puerta del hotel una noche en la que la condesa se encontrara allí. A Pierre la extraña noticia le llenó de inquietud, pues sabía por referencias cómo se las gastaba este individuo. El

Haddidi (el Hombre de Hierro), un tipo fuerte y muy corpulento, había formado parte del cuerpo de meharistas de Palmira
cuando Ghérardi era el jefe del puesto militar. Tras dos años en
Marruecos, el capitán Ghérardi —enemigo mortal de Marga—
había sido destinado en el puesto de Deir ez-Zor, a doscientos
cincuenta kilómetros de Palmira. El Haddidi no tenía un oficio conocido y se ganaba la vida trabajando para el capitán; era
un asesino a sueldo a las órdenes de un militar sin escrúpulos
que no estaba dispuesto a perdonar a la mujer que en el pasado le había humillado frente a sus oficiales.

Pierre, a través de una persona de confianza, le mandó una
carta a Marga donde le explicaba lo que Muhammad le había contado. La condesa, al enterarse de que su vida corría peligro, acudió a pedir ayuda a su amigo del Alto Comisionado
en Beirut, conde Damien de Martel. Tras escuchar a madame
d'Andurain, éste le pidió que no se preocupara porque él mismo
daría la orden al general Huntzinger, comandante en jefe del
Ejército en el Levante, para que asesinaran a este peligroso delin-
cuente. Satisfecha por la reunión, Marga le escribió unas líneas a
Pierre dándole buena cuenta de todos los detalles de su entrevista
y mandó la carta por correo ordinario a Palmira. Cuando Pierre
se enteró de lo que su esposa había hecho, estalló en cólera y le
envió una nota en la que le decía: «Eres una completa inconsciente al haberme enviado una carta a través del correo. Sabes
que todas nuestras cartas son leídas. Anunciándome la promesa de Martel de hacer asesinar a El Haddidi, has prevenido a nuestros enemigos; ahora le informarán a él y nos matará a
todos…».

Tal como Pierre imaginaba El Haddidi pronto se enteraría
de que Muhammad le había traicionado y se lo haría pagar.

Unos días más tarde aparecía su cuerpo sin vida en la cuneta del camino que llevaba a Deir ez-Zor. Según algunos testigos que los vieron partir juntos de la aldea, tras una acalorada discusión, El Haddidi le había estrangulado con sus fuertes manos. Palmira era un lugar pequeño y sus cinco mil habitantes se conocían bien. Todos señalaban a El Haddidi como autor del brutal crimen; pocas horas después los gendarmes lo detuvieron a la espera de que se celebrara el juicio.

El capitán francés Cadi, médico militar destinado en Palmira, fue el encargado de hacer la autopsia al cadáver del muchacho. En ausencia del capitán Ghérardi, el doctor Cadi se había convertido para madame d'Andurain en su «digno y odioso sucesor». Marga estaba convencida de que este hombre, tan mediocre como sus antecesores, recibía órdenes directas de Ghérardi, con quien le unía una estrecha amistad. Cuando la condesa conoció el resultado de la autopsia se dio cuenta de que sus antiguos enemigos no la dejarían nunca en paz.

—Muhammad ha muerto asesinado por una bala de 6.35 mm —declaró el doctor Cadi al juez que investigaba el caso.

La única arma de este calibre que existía en todo el desierto sirio era la que guardaba Marga escondida en el hotel. Aquella afirmación era una declaración de guerra contra ella. En los días siguientes, los d'Andurain se enteraron de que El Haddidi había sido puesto en libertad por orden del capitán Cadi. Marga era ahora sospechosa de asesinato, un grave delito que la podía llevar de nuevo a prisión. Dispuesta a demostrar que la autopsia del médico militar era falsa, abandonó precipitadamente Beirut y regresó a la aldea de Palmira. Lo primero que hizo, y temiendo una venganza por parte de la tribu beduina a la que pertenecía Muhammad, fue visitar a su familia.

La anciana madre de Muhammad recibió a Marga con los brazos abiertos. A solas con ella y los hermanos del fallecido, le aseguraron que no la consideraban culpable y que sabían con certeza que el asesino era El Haddidi. Antes de despedirse la madre le mostró, como una reliquia, la ropa que su hijo llevaba el día del crimen. Para su sorpresa, Marga comprobó que no había en la camisa ningún orificio de bala, como la autopsia de Cadi había revelado.

—Mi hijo ha muerto estrangulado, nadie le ha disparado —le dijo la anciana— y es El Haddidi quien lo hizo.

Furiosa ante lo que acababa de descubrir, Marga le dijo a Pierre que se lo comunicaría al juez encargado del caso. Estaba dispuesta a llegar hasta el final, aunque tuviera que recurrir a instancias militares. Conseguiría que se realizara una nueva autopsia, en presencia del juez, y se descubriera la verdad. El capitán Cadi tuvo que reconocer su error aunque nunca se habló de falsificación de pruebas. Para ella el verdadero asesino seguía libre y recurriría a todas sus amistades, incluido el general Huntzinger, para intentar que la investigación no se diera por concluida. Se negaba a aceptar lo que era más que evidente a los ojos de Pierre: las autoridades militares francesas no tenían ningún interés en detener a El Haddidi e interrogarlo, porque su testimonio podría inculpar a dos oficiales del Ejército francés.

A mediados de octubre de 1936, Jacques d'Andurain regresaba a Siria tras una ausencia de dos años. Su madre le esperaba en el puerto de Beirut acompañada de su amante Daniel. Ya no era el joven romántico que había embarcado rumbo a Marsella aquel histórico 9 de octubre de 1934. Jacques había madurado y, entre otras experiencias, había conocido la cárcel —su madre ignoraba que pasó una semana en la Santé de París— al ser detenido por participar en una manifestación contra el servicio militar de dos años. Al poco de llegar a París había conseguido con gran orgullo el carnet del Partido Comunista Francés (Juventudes del PCF). Tal como le había prometido a su madre, continuó sus estudios en el Liceo Michelet de Vanves, en Seine et Oise, pero sin abandonar sus actividades como militante comunista. En julio de 1935 se alistó voluntario en la 18.ª Compañía de la Aviación (Orly) pero una bronquitis crónica le impidió asistir de manera continuada.

A su regresó a Beirut Jacques se reincorporó a la Universidad Americana y continuó colaborando en la clandestinidad con el Partido Comunista sirio. Ahora vivía con su madre en la casa de Daniel Schlumberger, muy cercana al campus. Fue en aquellos días cuando Marga le comentó que tenía la intención de casarse con él. Jacques sabía que estaban muy enamorados y que su relación iba en serio, pero la idea de que aquel hombre —apenas doce años mayor que él— sustituyera a su verdadero padre no le gustaba en absoluto. Marga le aseguró que si se casaba con Daniel «todo serían ventajas para él» porque era un hombre joven, instruido y podría ayudarle en sus estudios. Es cierto que la relación de Jacques con el conde d'Andurain, un hombre de principios y muy estricto, nunca había sido fácil, pero tal como le dijo a Marga «era su padre y le quería sólo a él».

Jacques recordaba que sólo hacía unos meses su padre le había visitado de manera inesperada en Francia y le había hecho una extraña pregunta:

—¿Crees que tu madre me quiere aún? Es difícil competir con Daniel…

—Mamá se enfada con todo el mundo —le tranquilizó Jacques— pero cuanto más quiere a una persona más le grita, y a ti te grita más que a Daniel. Y conmigo le ocurre lo mismo.

Jacques, que había pasado la mayor parte de su vida lejos de sus padres, lo único que deseaba ahora era que se casaran de nuevo y volvieran a estar juntos. Quizá para contentarle por haber sido una madre ausente, Marga accedió a su petición. El 5 de diciembre de 1936, en una ceremonia civil celebrada en Beirut, y ante un pequeño grupo de amigos, los condes d'Andurain se dieron el sí quiero. Jacques, a sus veinte años, asistía satisfecho al enlace de sus padres. Zainab el Dekmari recuperaba así su nacionalidad francesa y el apellido que la había hecho famosa en Francia muy a pesar de la familia d'Andurain.

Tras la boda, Pierre regresó de nuevo al hotel Zenobia. Los militares franceses aconsejaron a Marga que se quedara en Beirut, pues en la aldea de Palmira no podían garantizarle su seguridad. En la Navidad de 1936, la condesa decidió pasar las fiestas con su esposo. Pierre estaba solo en el hotel —el gerente y el servicio estaban de vacaciones—, su hijo Jacques le había dicho que prefería quedarse en Beirut con sus amigos. Daniel había ido a esquiar. Aunque le recomendaron no volver al hotel porque El Haddidi seguía libre, no cambió de idea. Tampoco hizo caso a una famosa vidente de Beirut, madame Brassart, quien le echó las cartas en el salón de su amiga Reichka y en tono serio le advirtió:

—No vayas a Palmira, Marga, quédate aquí. Veo que se avecina una gran desgracia.

El 24 de diciembre partió sola para reunirse con Pierre. La carretera Beirut-Damasco estaba cortada a causa de la nieve, y tuvo que dar un largo rodeo hasta llegar al hotel Zenobia. Seis días después, Jacques recibió una llamada telefónica de la secretaria de su primo Pierre Lafont, cónsul general de Francia en Beirut, quien le dijo:

—Tus padres te reclaman en Palmira. Como las carreteras están cortadas por la nieve, ve a Damasco a casa del barón Fain, nuestro delegado; un avión militar está a tu disposición.

Jacques no daba crédito a lo que oía y pensaba que sus padres le querían dar una sorpresa invitándole a pasar el fin de año con ellos. Fue el barón Fain quien le dio la fatal noticia mientras le invitaba a desayunar en su residencia:

—Tengo una mala noticia que darte, un accidente, un grave accidente...

—¿Mamá ha muerto?

—No, por fortuna ella está bien... se trata de tu padre, ha sufrido un atentado, está herido y muy grave...

—¿Mi padre herido? Pero ¿por qué?

—Sé fuerte, hijo, y ten valor, tu padre ha muerto.

Jacques se quedó en silencio abrumado por la noticia. No entendía nada. Su padre nunca se había metido en líos ni había hecho daño a nadie. Todo el mundo le apreciaba y no tenía enemigos. «El avión me espera. Es mi bautismo de aire, el Potaz 25 no tiene calefacción y tiemblo de frío. Veo por primera vez Palmira desde el aire. El capitán De la Baume viene a buscarme al campo de aviación. Silencio. Un apretón de manos y pido que me lleven junto a mi madre.»

Al llegar al hotel Jacques encontró a Marga completamente abatida y sedada por los tranquilizantes. Le impresionó verla tan sola, desamparada y asustada. Nunca imaginó que su madre pudiera derrumbarse de aquella manera y que la pérdida de su padre le resultara tan dolorosa. Hacía dos días que no dormía y

entre sollozos le explicó que los gendarmes habían interrogado a todos los sirvientes del hotel, intentando culparla a ella del
crimen:

—Los han torturado, Jacques, los han golpeado para que
confesaran que La Comta había asesinado a su esposo, de nuevo
quieren culparme a mí de este horrible crimen…

Marga le contó a su hijo que se sentía culpable no sólo de
la muerte de Pierre sino también de la de su querido Muhammad. Le mostró a Jacques la carta que le había enviado a su
padre en la que le explicaba que el general Huntzinger en persona se iba a «encargar» de El Haddidi. Tras este incidente —o
«grave metedura de pata» como lo había calificado Pierre—, y
seriamente preocupados por su seguridad, los condes d'Andurain habían hecho el siguiente pacto:

—Si uno de los dos muere, el que sobreviva, sin esperar una
investigación ni un juicio, irá a matar de inmediato al doctor
Cadi o al capitán Ghérardi.

Marga no había matado al capitán Cadi, pero esperaba que
su hijo sí lo hiciera. Jacques, en ausencia de su hermano mayor
Pio, que vivía en Francia con su esposa y no mantenía una
buena relación con sus padres, era ahora el jefe de la familia.
A él le tocaba vengarse del médico militar, cómplice del capitán
Ghérardi, quien supuestamente habría encargado el asesinato
de su padre. Antes de retirarse a dormir Jacques quiso despedirse de su padre. Su cuerpo yacía en la cama de la habitación
número 3, la misma que él ocupaba cuando vivía en el hotel.
Tenía el rostro casi desfigurado a causa de las heridas y Marga
le contó más tarde los detalles de su salvaje asesinato. Había
recibido diecisiete heridas de arma blanca en el cuerpo y, cubierto de sangre, fue capaz de caminar varios metros y llegar

hasta la cocina para pedir auxilio. Antes de caer al suelo, le dijo a su esposa que el asesino «era alguien muy fuerte y alto que no quería robarle sino acabar con su vida».

En la gélida mañana del 1 de enero de 1937, Pierre d'Andurain, de cincuenta y cuatro años, fue enterrado en una fosa provisional en los límites de la parcela que rodeaba el hotel, a cien metros del recinto de Diocleciano. Las autoridades militares se encargaron de todos los detalles del sepelio. Como la tierra estaba helada, un grupo de soldados de la Legión Extranjera tuvo que trabajar toda la noche para conseguir cavar un hoyo profundo. Fue una ceremonia íntima y breve —por expreso deseo de la viuda— a la que asistieron sus amigos y jefes beduinos de la aldea, los sirvientes del hotel y un reducido grupo de oficiales que mantenían buena relación con el conde.

Marga no encargó ninguna lápida para la tumba de su marido, sólo una sencilla cruz de madera señalaba el lugar. Esperaba poder repatriar el cuerpo de su marido a Francia para que recibiera cristiana sepultura en el panteón familiar de los d'Andurain. Pero tras la publicación de sus aventuras en *Le Courrier de Bayonne*, Marguerite Chanard de la Chaume —la madre de Pierre— se negó no sólo a que el cadáver de su hijo fuera trasladado a Francia, sino a que reposara en el panteón familiar de Saint-Jean-le-Vieux, donde yacía su padre, Jules d'Andurain. Ante la reacción de su abuela, Jacques le escribió una breve carta dándole el pésame con estas palabras: «Amahandi [abuela en vasco], guarde su tumba y tome posesión de ella lo antes posible».

Tras el funeral, y mientras Marga recibía las condolencias de los amigos, Jacques descubrió al capitán Cadi que salía del dispensario militar. Con la pistola de su madre escondida en un bolsillo, se acercó a él dispuesto a dispararle a quemarropa. «Me aparté del grupo, con la cabeza baja, y fui directo hacia el doctor Cadi. Temblaba, y mi mano agarraba con fuerza la pistola. Quería matarlo, pero sabía que no podría hacerlo.» Cuando los invitados al funeral abandonaron el hotel, Marga y Jacques se sentaron junto a la chimenea del salón principal, el lugar preferido de Pierre. El juez Leriche, encargado de la investigación, estaba presente y la condesa, más tranquila, le contó lo que había ocurrido la fatídica noche del 28 de diciembre. «Eran las seis de la tarde, ya de noche, y Pierre salió del hotel como de costumbre para revisar el generador eléctrico. Apenas unos diez minutos después, los sirvientes vieron a un hombre ensangrentado, gritando y dando golpes a la puerta acristalada de la cocina. Creyendo que se trataba de un borracho, en un primer instante no le abrieron la puerta, pero en seguida le reconocieron y le cogieron entre sus brazos.»

Aquel 28 de diciembre, en el hotel Zenobia sólo tenían que estar Marga y su esposo. Pero esa noche esperaban la llegada de cuatro profesores de la Universidad Americana de Beirut que, en el último momento, habían decidido celebrar el fin de año en las ruinas de Palmira. Marga pidió entonces a sus sirvientes que se quedaran para ayudarla. Así que el día en que el conde fue atacado al menos ocho testigos presenciaron los hechos. El asesino, tras asestarle varias puñaladas, le siguió sigiloso mientras Pierre caminaba hacia el hotel pidiendo ayuda. Su idea era matar también a madame d'Andurain, pero al verla rodeada de gente desistió y se perdió en la oscuridad de las ruinas.

Ante la gravedad de las heridas de arma blanca que presentaba en todo el cuerpo, se decidió que fuera trasladado al hospital de Damasco en un avión militar. Una camioneta llegó para recogerle y conducirle hasta la pista. Marga le acompañó sujetando con fuerza su mano hasta que en el corto trayecto Pierre expiró. «Eran las siete de la tarde, del 28 de diciembre, el día de los Santos Inocentes.» El doctor Cadi fue el encargado de practicarle la autopsia que reveló «diecisiete puñaladas, tres de ellas mortales, con un arma similar a una bayoneta». Marga escuchó impasible el resultado de la autopsia, pero se le quedó grabado el tipo de arma que habían utilizado para matar a Pierre: una bayoneta, un arma que sólo utilizaban los militares del puesto de Palmira.

Años más tarde Marga recordaba así la tensión que se vivió en el funeral de su esposo: «Algunos civiles y militares se reunieron en torno a su tumba, pero yo me negué a estrecharles la mano. También mi hijo Jacques; nos negamos a saludar y a ser corteses con aquellos que sabíamos que habían sido los instigadores del crimen; los que habían creado mi fama de espía y se empeñaban en seguir acusándome de la muerte de Soleiman en Yidda. Los jefes del Estado Mayor en Siria podían decir lo que quisieran, pero sólo Jacques y yo sabíamos los nombres de nuestros dos principales enemigos en Oriente Próximo».

Mostrando una gran entereza, Marga decidió quedarse en Palmira hasta descubrir no sólo al autor material del crimen sino a los que habían encargado su muerte. Días más tarde se enteró de que el capitán Cadi, quien había hecho correr el rumor de que ella se encontraba detrás del asesinato de su esposo, fue transferido por orden de sus superiores. Sólo una anécdota que llegó a sus oídos la hizo olvidar por un instante el profundo dolor y rabia que sentía. El doctor Cadi regresó a Palmira para recoger algunos papeles que guardaba en el dispensario militar

y como ningún oficial de Palmira quiso alojarlo, se vio obligado a pasar la noche en el burdel. El capitán Cadi, tras el asesinato
de Pierre d'Andurain, había sido expulsado de Palmira y humillado por los suyos. Pero en el puesto militar de Deir ez-Zor, el
capitán Ghérardi seguía con su vida y nadie le interrogaría.

Marga, una vez más, recurrió a todos sus contactos en el Alto
Comisionado para que el crimen de su esposo no quedara im-
pune. Pero la justicia militar no haría absolutamente nada. El
general Charles Huntzinger, tras dar sus más sinceras condolencias a la viuda y a su hijo, lamentó la terrible pérdida y se com-
prometió a investigar lo sucedido. Dos meses más tarde, Marga
leería en el periódico *L'Orient* un artículo que la dejaría perpleja.
En el mismo se decía que los hermanos de Soleiman el Dekmari,
el esposo beduino de Marga d'Andurain, habían sido acusados
de la muerte del conde y encarcelados. La explicación que daba
el artículo era muy sencilla: Marga se había vuelto a casar con su
marido y los hermanos de Soleiman, sintiéndose traicionados,
se habían tomado la justicia por su mano. Nadie que conociera
de verdad el código de honor beduino hubiera creído semejante mentira. Marga sabía además que los hermanos de su esposo beduino no sólo la apoyaban sino que incluso se habían
comprometido a encontrar ellos mismos a El Haddidi. La justicia militar ya tenía culpables, aunque todo fuera una cortina
de humo. Los hermanos de Soleiman nunca fueron interrogados ni molestados por la policía.

Cuando Marga leyó la sarta de mentiras que publicaba
L'Orient, irrumpió en el despacho del general Huntzinger para
pedirle que se condenara a los verdaderos culpables de la muerte de su esposo. Tras escucharla con su habitual cortesía, el militar le respondió:

—Lo que usted me pide, madame, es un escándalo francés. Un oficial, dos oficiales, tal vez... condenados por el testimonio único de un asesino a sueldo, de un árabe, de un beduino. Ni lo piense.

Marga se levantó enfurecida de su asiento dispuesta a abofetear a este general francés —el mismo que durante la Segunda Guerra Mundial negociaría el armisticio con Alemania e Italia y sería ministro de Guerra de Pétain—, que representaba al más alto mando militar en la región. No lo hizo; en su lugar abandonó el edificio «avergonzada de ser ciudadana francesa y humillada, muy humillada». Cuando, tras la entrevista con el general, se reunió con Jacques, mirándole a los ojos le dijo en tono abatido:

—No habrá nunca justicia. No hay nada que hacer.

—Me quedaré en Palmira —le dijo Jacques—, y me pondré al frente del hotel...

—No, nos matarán a los dos si nos quedamos, no hay nada que hacer, aquí no existe la palabra justicia. Dejaremos el hotel y nos instalaremos aquí en Beirut, tienes que acabar tus estudios.

La noticia del asesinato del conde d'Andurain de Maytie ocuparía pronto las portadas de los principales periódicos franceses. *Le Courrier de Bayonne*, en su sección de Necrológicas, recordaba así su figura:

MONSIEUR PIERRE D'ANDURAIN HA SIDO
ASESINADO EN PALMIRA

Monsieur Pierre d'Andurain, perteneciente a una antigua familia vasca, estaba casado con Marga d'Andurain, heroína de la sensacional aventura a La Meca cuyas memorias publicó *Le Courrier* hace unos meses.

El *Paris-Soir* daba más detalles sobre el brutal asesinato del conde d'Andurain, «muerto por las puñaladas de un beduino que le habría desvalijado cerca de su hotel en Palmira». Según este periódico, el móvil del crimen habría sido el robo. El día de su muerte, Pierre —y ese dato sí era cierto— había vendido por la mañana todos sus rebaños y llevaba consigo una importante suma de dinero. El autor del crimen, según fuentes de *Paris-Soir*, le habría robado «cerca de 30.000 francos que escondía en uno de sus bolsillos». Muy a su pesar, Marga se convertía de nuevo en noticia en su país. Esta vez no era por ninguna extraordinaria aventura, sino por un sangriento crimen que venía a sumarse a la lista de misteriosos asesinatos que rodeaban su vida: la muerte del mayor Sinclair, la de su esposo beduino Soleiman, la de Muhammad y la de Pierre. Algunos medios sensacionalistas parisinos comenzaron a cuestionarse si la atractiva viuda —con su pasado de peligrosa espía— no era, en realidad, una asesina al mejor estilo de Mata-Hari.

Aunque le hubiera gustado abandonar Siria a principios de 1937, Marga esperó a que su hijo finalizara el bachillerato en la Universidad Americana. En los meses siguientes, y de nuevo instalada en la casa de Daniel, intentó recuperarse del terrible golpe que había sufrido. Su hijo Jacques era ahora su única compañía, y Daniel, un hombro donde apoyarse. Marga, muy afectada por todo lo ocurrido, rompió con su amante aunque siempre se tendrían un gran aprecio. Antes de acabar el año y de manera inesperada la condesa d'Andurain comunicó a sus amistades que abandonaba para siempre Siria. Jacques estaba enfermo, sufría dolores musculares y fiebre alta. El médico le había diagnosticado la enfermedad del dengue. El clima húmedo de Beirut no era el más adecuado para combatirla y Marga creyó que en Grenoble podría continuar sus estudios y recuperarse más pronto. No le resultó fácil despedirse de sus amigos en Beirut ni de sus sirvientes y amigos beduinos de Palmira. El hotel Zenobia, al que no había querido regresar desde la muerte de Pierre, se quedó en manos de un gerente armenio que nunca le mandó dinero a la dirección que Marga le dejó en París, porque «el hotel no tenía clientes y sí muchos gastos de mantenimiento».

Un año después del asesinato de su esposo, que nunca llegaría a esclarecerse, Marga embarcaba en Beirut en compañía de su hijo. Tras once años viviendo en Oriente Próximo se sentía cansada y desalentada. Mirando hacia atrás creía que había fracasado en todo: en su negocio hotelero, en su viaje a La Meca, en la educación de sus hijos y en su matrimonio. Sabía que por culpa de su inconsciencia y su gusto por la provocación, su fiel y paciente Pierre estaba ahora muerto. Jacques, por primera vez en su vida, veía a su madre totalmente desmoralizada y le preocupaba que regresara sola a París en semejante estado de ánimo.

En el muelle, la condesa se despidió con tristeza de su querido Daniel. De nada serviría que le pidiera que se quedara con él en Beirut y que se dieran una nueva oportunidad. En varias ocasiones Marga había estado a punto de abandonar a Pierre para casarse con él, pero tras la muerte de su marido, sus sentimientos habían cambiado. Quería borrar de su mente algunos episodios de su pasado que le resultaban muy dolorosos y Daniel formaba parte de él. El prometedor Schlumberger llevaría una vida llena de aventuras y excitantes descubrimientos arqueológicos en Siria y Afganistán, país que sería su hogar durante veinte años. Apodado «el príncipe de la arqueología»

—pertenecía a una importante y acaudalada familia protestante de banqueros de Alsacia—, siempre viajaría con su esposa Agnès y sus hijos pequeños a los que transmitiría su amor por la arqueología y la historia antigua. Una vida, la de esposa de arqueólogo, quizá demasiado tranquila para una mujer tan inquieta como Marga.

Marga había perdido a un hombre que la amaba incondicionalmente y que siempre había respetado su forma de ser. La suya no había sido una gran historia de amor, pero en sus años de vida en común habían compartido buenos momentos. En el barco le confesaría a Jacques que a los setenta años se suicidaría para que sus seres más próximos no fueran testigos de su decadencia. Pero Marga tenía cuarenta y cuatro años, aunque se sentía «vieja» y creía que «había desperdiciado toda su vida y ya era tarde para hacer algo distinto». En el fondo se equivocaba, porque la vida —muy a su pesar— todavía le deparaba otras traumáticas y duras experiencias que afrontaría con su habitual entereza y coraje.

10

La viuda negra

Mamá estaba arruinada y tenía deudas, el gerente del hotel Zenobia no le había enviado el dinero prometido, la fabricación y venta de bolsos
de piel había cesado con la guerra y no tenía
ningún trabajo. Había que hacer algo para ganar
dinero… y mi madre, como de costumbre, se las
ingenió para salir adelante.

Drôle de mère, JACQUES D'ANDURAIN

Durante nueve años nadie conocería el paradero de la célebre
Marga d'Andurain, la noble y misteriosa aventurera que un día
se creyó reina de Palmira. Pero el 24 de diciembre de 1946 su
nombre apareció de nuevo en la prensa. En esta ocasión la condesa era noticia porque había sido detenida acusada del asesinato
de su sobrino Raymond Clérisse, fallecido en extrañas circunstancias un año atrás. La fotografía de Marga, custodiada por los
gendarmes a su llegada a París y ocultando su rostro, ocuparía las
portadas de los principales periódicos franceses. Fue uno de los
momentos más duros y humillantes de su intensa vida.

Tras la muerte de su esposo, Marga llevaría una vida errante y angustiada. A su regreso de Siria en octubre de 1937, Jacques se quedó a vivir en Grenoble donde continuó sus estudios en el Liceo Champollion al tiempo que militaba en Les Étudiants Communistes con Pierre Fugan. El aire de las montañas y, quizá, el estar un tiempo alejado de su dominante madre, le ayudaron a recuperar pronto la salud. Marga llegó a París con su voluminoso equipaje —innumerables baúles, cajas y maletas— y en un principio se instaló en un pequeño apartamento en la avenue Raymond Poincaré, a un paso de la place Victor Hugo. Muy cerca de allí, en las calles colindantes de Copernic, Spontini y la Pompe, vivían también algunas de sus primas de Bayona con sus respetables maridos, todos ellos miembros de la burguesía vascofrancesa. Marga se reencontró con su querida prima de la infancia, Colette, la misma con la que en Biarritz había invocado al más allá para conocer el nombre de su futuro esposo.

También reanudó su relación, siempre afectuosa, con su cuñada Suzie Carpentier que seguía trabajando en la prestigiosa casa de alta costura de Madeleine Vionnet. Suzie y su esposo Pitt residían en aquella época en una elegante villa en Neuilly-sur-Seine. Poco antes de la ocupación alemana, a finales de 1939, madame Vionnet —de origen judío— huiría a Estados Unidos. El espíritu de la genial creadora se mantendría vivo gracias al ingenio y la tenacidad de Suzie y de su socia, la diseñadora Mad Maltezos; juntas tras la marcha de Vionnet fundarían su propia compañía: Mad Carpentier. La atractiva y dinámica Suzie fue capaz durante la guerra no sólo de sacar adelante su propio negocio sino de competir con los grandes de la alta costura como Balenciaga, Dior o Fath.

A diferencia de cuando llegó por primera vez a París en 1920 dispuesta a triunfar en el mundo de la decoración, Marga era ahora una viuda de cuarenta y cuatro años que necesitaba trabajar para poder mantenerse y costear los estudios de su hijo. La cruda realidad es que tenía que empezar desde cero y tratar de salir adelante sola, en una ciudad donde ahora se sentía una extraña. Cuando alguien le propuso trabajar unos meses vendiendo bocadillos en el pabellón de Canadá, en la Exposición Internacional de París de 1937, no lo dudó ni un instante. La exposición atrajo a una importante cantidad de público y la gran sensación fue el cuadro *Guernica* de Picasso, un enorme mural monocromo que reflejaba el horror de la guerra y que decoraba el pabellón español.

A principios de 1938 Marga se sentía muy sola en su casa de París y añoraba a Jacques, que seguía estudiando en Grenoble. En un momento de debilidad le escribió una larga y penosa carta en la que amenazaba con quitarse la vida. Dentro del sobre, su hijo descubrió un cheque por una importante cantidad de dinero. Marga, con mala letra y líneas entrecortadas que reflejaban su bajo estado de ánimo, le decía: «Cuando tengas en tus manos este cheque, me suicidaré. Tú tienes ahora unos años por delante de estudios… Yo ya no tengo ningún fin en mi vida… Es absurdo dilapidar este dinero. Tú solo llegarás más lejos que conmigo al lado… Desde nuestra separación en el barco griego vives feliz, solo, sin mí…».

Aquella misma noche, Jacques hizo las maletas y tomó un tren a París. Sabía que su madre no atravesaba un buen momento personal y le necesitaba a su lado. Marga le recibió con lágrimas en los ojos y le aseguró que saldría adelante, que superaría aquel bache. Jacques era muy consciente de que tras la trágica desaparición de su padre, Marga no era la misma. La condesa alquiló un piso más amplio y luminoso en el número 63 de la avenue Raymond Poincaré para que su hijo pudiera tener su propia habitación. Jacques seguiría estudiando por correspondencia y frecuentando en el bohemio Quartier Latin a sus antiguos camaradas del liceo y futuros líderes de la Resistencia francesa, entre ellos al carismático Pierre Hervé, responsable del movimiento Étudiants Communistes en toda Francia.

«Con un dinamismo extraordinario, en pocos días mamá creó su propia empresa: una conocida suya confeccionaba bolsos artesanos de piel y ella se encargaba de venderlos.» Como Jacques recordaba, cada mañana temprano Marga salía de casa con una maleta llena de bolsos de cuero, cogía el metro y visitaba las mejores tiendas de París, como Hermès y la Casa Chanel en la rue Cambon. De nuevo se la veía entusiasmada y se encontraba en su ambiente charlando con los grandes modistos y las encargadas de las tiendas de la place Vendôme. Nada en el ambiente hacía presagiar la terrible guerra que se avecinaba. La gente se reunía en los cafés a orillas del Sena, asistía a los desfiles de moda, se vestía de gala para ir a la Ópera o bailaba hasta el amanecer en alguna de las extravagantes fiestas de disfraces que se organizaban a diario en la ciudad. París seguía siendo una ciudad alegre, vanguardista y con una intensa vida cultural.

El 3 de septiembre de 1939, Marga escuchó por la radio una noticia que llenó de inquietud a los franceses y cambiaría el curso de la historia: las tropas de Hitler habían cruzado la frontera polaca a las nueve de la mañana y Gran Bretaña había declarado la guerra a Alemania. Cuando ocho horas más tarde

«por obligación moral y solidaridad» Francia se lanzó a la guerra, dio comienzo el conflicto armado más grande y sangriento
de la historia. A diferencia de la mayoría de sus amigos y familiares, Marga no abandonó la ciudad y se quedó en su piso a
la espera de los acontecimientos. A finales de agosto —y tras
la firma del pacto germano-soviético—, el Partido Comunista Francés pasó a ser clandestino. Los periódicos *Le Soir* y
L'Humanité fueron prohibidos aunque Jacques y sus camaradas
se encargaron de hacerlos circular a escondidas. Fue el verdadero inicio de la Resistencia francesa, que lucharía sin tregua
contra las tropas de ocupación alemanas y las fuerzas del régimen de Vichy.

Con el comienzo de la guerra, Jacques d'Andurain, que en
mayo de 1938 había sido readmitido en la Aviación y al año
siguiente pasó al Ministerio del Aire, fue movilizado a Bor-
deaux-Mérignac, en la «106.ª Compañía del Aire, como soldado
de segunda clase». Marga se quedó en una ciudad casi desierta donde apenas se veían hombres —dos millones fueron lla-
mados a filas el 26 de agosto cuando se ordenó una moviliza-
ción general en toda Francia— y reinaba una tensa espera. Tras
la caída de Polonia, las tropas alemanas y francesas, frente a frente a orillas del Rin, se observaban desafiantes. En aquel período de calma, y con la mayor parte de los franceses convencidos
de que su ejército podría frenar el avance de los alemanes, la
vida volvió prácticamente a la normalidad.

En la única foto que se conserva de Marga al inicio de la
guerra, posa en una calle de París frente a una barricada de sacos de arena. El pie de la imagen, tomada por la agencia Fran-
ce-Press, dice así: «La condesa d'Andurain en 1939, miembro
del equipo de chóferes químicos del servicio de defensa pasi-

va». Su trabajo, por el momento, se limitaba a conducir un camión, ensayar con la población civil evacuaciones en caso de emergencia y distribuir máscaras de gas. Por las noches París quedaba sumida en la oscuridad como medida de protección contra los posibles ataques aéreos. Pero en aquel frío invierno de 1939 no hubo incursiones sobre el cielo de París y la ciudad despertó de su letargo. Las tiendas, los teatros, los cines que habían cerrado durante los primeros días de la guerra, abrieron de nuevo sus puertas. Algunos diseñadores presentaron sus colecciones de temporada con menos modelos en la pasarela y un vestuario más acorde con los tiempos de crisis que se avecinaban.

Aquel espejismo de paz duraría apenas unos meses. En abril de 1940 terminó la calma. Después de un ataque por sorpresa de Hitler y de la ocupación de Dinamarca y Noruega, la Luftwaffe atacó los aeródromos del norte de Francia y los carros blindados alemanes atravesaron las fronteras de Bélgica y Holanda. Cuando el 3 de junio cayeron las primeras bombas en las afueras de París, el miedo se apoderó de sus habitantes. Por las noches, en los barrios más populares, familias enteras se hacinaban en el metro y en improvisados refugios subterráneos. A la mañana siguiente, y bajo un luminoso cielo azul primaveral, se contaban por millares las personas que huían en dirección al sur, a pie, en bicicleta, en coche o camiones, llevando consigo bultos inverosímiles. Los que optaron por quedarse pudieron contemplar aturdidos —e ignorantes de la magnitud del desastre que se avecinaba— cómo los alemanes desfilaban victoriosos con sus tanques por la avenue des Champs Elysées.

Francia aceptó su derrota militar y tras la caída de París el 14 de junio firmó un armisticio con Alemania estableciendo un gobierno provisional presidido por el mariscal Pétain y estrechamente ligado a la Gestapo y la Schutzstaffel (SS), conocido como la Francia de Vichy. La firma del acuerdo tuvo lugar en Rethondes, en el mismo viejo vagón donde los aliados impusieron a los alemanes las condiciones del armisticio de 1918. Al frente de la delegación francesa se encontraba el general Huntzinger, el mismo que Marga había estado a punto de abofetear en su despacho de Beirut por negarse a interrogar a los oficiales implicados en el asesinato de su esposo Pierre.

Una semana después, Hitler —de madrugada y sin apenas medidas de seguridad— se paseaba en su coche oficial por las calles desiertas de la capital francesa. Durante cinco horas recorrió la Ópera, la Madeleine, el Arco de Triunfo y la tumba de Napoleón en los Inválidos, su visita más esperada. París era una ciudad fantasma. Sus monumentos y edificios más emblemáticos como la fachada de la Ópera, las estatuas de la plaza de la Concorde o los caballos de Marly estaban rodeados por altas hileras de sacos de arena. Muy pronto, en los edificios públicos, los grandes hoteles como el Ritz y las casas requisadas ondearían las banderas rojas con la cruz gamada. La prensa cayó bajo control alemán y las emisoras de radio fueron ocupadas.

En aquellos dramáticos días, Marga se trasladó a vivir a la casa que su cuñada Suzie Carpentier tenía en la elegante calle de Longchamp en Neuilly. Esta hermosa residencia de dos plantas estaba alquilada a un ciudadano argentino que al estallar la guerra la abandonó. Suzie le aconsejó que dejara su piso en el centro y se instalara en Neuilly con Jacques, donde estarían más seguros. En la puerta de la vivienda un letrero advertía: «Bajo protección del consulado de Argentina»; como este país se mantendría neutral durante el conflicto, la policía no los molestaría. Jacques, que pronto comenzaría a colaborar en operaciones de sabotaje con el coronel Fabien, por el momento allí estaría a salvo.

Instalada en esta palaciega residencia de Neuilly, la condesa d'Andurain se dedicaría a un nuevo y más rentable oficio: vendedora y tasadora de antigüedades. Marga no tenía ningún conocimiento del tema, pero su origen aristocrático le permitía valorar todo tipo de antigüedades —tapices persas, muebles Luis XV, vajillas de plata…— que la gente de la alta sociedad trataba de vender para paliar las penurias económicas de la guerra. «Los negocios "anticuarios" de mamá —diría Jacques—, me permitieron dejar de comer la sopa popular en la rue Cujas, donde por un franco uno tenía derecho a un plato de nabos, pan y algo parecido a un trozo de carne.»

Tras la capitulación francesa, Jacques, cuya unidad se encontraba replegada en el pueblo de Sablet (Vaucluse), fue desmovilizado y el 15 de agosto regresó a París. Como las noticias que llegaban de la capital eran alarmantes, antes de partir metió en su macuto un buen número de latas de carne en conserva pensando en su madre. Para su sorpresa cuando llegó a su casa pudo comprobar que Marga tenía muy alta la moral y estaba bien aprovisionada. En su despensa no faltaban botellas de vino, tabletas de chocolate, azúcar, embutidos y abundantes conservas de todo tipo. Para sobrevivir en tiempo de guerra había que improvisar y encontrar soluciones rápidas a los problemas, algo en lo que Marga era una auténtica especialista. Si tras la Primera Guerra Mundial la condesa no tuvo éxito en sus negocios, ahora estaba dispuesta a ganar dinero como fuera.

—En esta guerra —le dijo a Jacques— es el momento de ganar dinero, de hacer fortuna con el mercado negro…

El invierno que se avecinaba iba a ser especialmente duro; el combustible escaseaba, en las casas la gente pasaba el día junto a la estufa y dormía con la ropa puesta; había largas colas para conseguir alimentos y los estraperlistas se preparaban para hacer su agosto. En 1940 el azúcar, el pan, la mantequilla, el aceite y la carne estaban racionados. Marga se las ingenió, como otros muchos, para conseguir cartillas de racionamiento y tíquets de alimentación falsos. En su casa no faltó nunca comida pero su situación económica era muy precaria. Conseguir alimentos era la máxima preocupación de la población y había emprendedores contrabandistas que se dedicaban a recorrer los pueblos de los alrededores de la capital en busca de legumbres frescas, huevos, carne o leche, productos que empezaban a escasear.

Jacques describía así las penurias de los habitantes de París en los primeros meses de la ocupación nazi: «Sólo se hablaba de racionamiento, de las largas colas para conseguir algo que llevarse a la boca, de los tíquets de alimentación… Un vecino de la rue Longchamp en Neuilly-sur-Seine utilizaba las diecisiete habitaciones de su elegante mansión para cultivar champiñones; se le veía salir de casa acompañado de su hermosa mujer (una modelo en paro) con grandes cestas de rafia llenas de champiñones de París…». Aunque la mayor preocupación de los que habían optado por quedarse en la capital era cómo los tratarían los alemanes y la forma de conseguir sustento, también había tiempo para la diversión. Los teatros y los cines estaban llenos aunque el horario de la sesión de noche se adelantó a las ocho para que no coincidiera con el toque de queda. Aunque muchos locales cerraban, la fiesta continuaba de puertas adentro hasta la madrugada y los restaurantes más famosos —como el mítico La Tour d'Argent— servían a sus clientes todo lo que teóricamente no se podía comprar.

Mientras Jacques militaba activamente en la Resistencia y por encargo de su amigo Pierre Hervé reorganizaba Les Étudiants Communistes —la mayoría de sus militantes habían sido detenidos en noviembre de 1940—, Marga se dedicaba al «mercado negro» vendiendo a ambos bandos. En aquel tiempo de penurias, traficaba con todo tipo de productos, desde conservas, botellas de vino y de whisky, pasando por cigarrillos ingleses, monedas de oro y antigüedades. «Mamá llevaba un ritmo de vida frenético, con una agenda llena de citas y docenas de negocios entre manos. Los conserjes, los salones de las grandes damas, las princesas francesas, rusas o georgianas; los diplomáticos sudamericanos vendedores de pasaportes, los generales alemanes adictos al opio, los marchantes de arte, los compradores de cuadros antiguos, las artistas arruinadas con magníficas colecciones de joyas… de todo ello me hablaba sin parar cuando por la noche nos encontrábamos en casa.»

En aquellos días, Marga pudo disponer de otra céntrica y elegante casa en París, en el número 10 de la rue Saints-Pères, en el exclusivo barrio del distrito VI. Su propietario era un buen amigo suyo, Emmanuel d'Astier de la Vigerie, a quien conoció en 1933. Este escritor, periodista y político francés trabajaba entonces en la redacción de la conocida revista *Vu*, que publicó por entregas las aventuras de la condesa d'Andurain en Arabia. Durante la Segunda Guerra Mundial, D'Astier —miembro del Consejo Nacional de la Resistencia— eligió luchar contra las tropas de ocupación y el régimen colaboracionista de Vichy. En 1941 fundaría el movimiento Libération —y el periódico del mismo nombre— y más tarde en Londres conocería al general De Gaulle, quien le apodaría «el Símbolo».

La esposa de D'Astier de la Vigerie, Grace Temple —casada en anteriores nupcias con un hijo del presidente Roosevelt—, era una despampanante americana rubia de origen sueco, que mantenía una estrecha relación con Marga. Cuando la visitó en su hotel de Palmira, Grace causó un auténtico revuelo entre los jefes beduinos, quienes al conocer su proximidad con la familia Roosevelt la recibieron en sus tiendas con todos los honores. Al estallar la guerra, Grace le pidió que cuidara de su piso y de sus gatos siameses mientras ella se refugiaba en un hotel en Cap Ferrat, en la Costa Azul. Hacia 1943, cuando Marga abandonó inesperadamente París y viajó a Argel se reencontraría con Emmanuel d'Astier de la Vigerie, para entonces ministro del Interior del general De Gaulle.

En algún momento entre 1941 y 1942 Marga tuvo en París un encuentro fortuito con un comerciante libanés al que había conocido cuando vivía en Beirut. Este avispado hombre de negocios era entonces el representante oficial para todo Oriente Próximo de un importante laboratorio alemán y se encargaba de comprar legalmente el opio que se utilizaba en algunos medicamentos. Durante la ocupación, el laboratorio alemán seguiría enviando importantes cantidades de opio para abastecer los hospitales franceses y este libanés coordinaba su distribución. El negocio que le propuso a la condesa era, a simple vista, muy sencillo: dar una falsa dirección al laboratorio —la de ella en París— y hacerle llegar a su casa un paquete con cien kilos de opio. La condesa sólo tenía que recibir el envío y vender la mercancía. Se trataba de un lucrativo negocio, teniendo en cuenta que sus principales clientes eran importantes generales y oficiales nazis. Su reputación de peligrosa espía al servicio de los ingleses unida a su título de condesa le abrirían muchas puertas.

El año de 1941 sería especialmente activo para la Resistencia francesa. Pierre Hervé había sido encarcelado el 22 de junio, junto a veinte militantes comunistas, un día antes de que estallara la guerra germano-soviética. Hervé había reemplazado al filósofo Georges Polizter —más adelante detenido y fusilado por los nazis— en la dirección de los intelectuales comunistas y editaba la revista *L'Université Libre*. La policía le detuvo al encontrar en su domicilio parisino varios ejemplares y fue acusado de «difundir escritos antinacionales». Annie Nöel, la esposa de Hervé, emprendería una carrera a contrarreloj para salvarle y evitar que fuera enviado a un campo de concentración en Bretaña. Le contó a Jacques que Pierre y los demás camaradas habían sido trasladados de la prisión de la Santé a los sótanos del Palacio de Justicia, apenas vigilados.

—Si quieres —le dijo Annie— puedes verle y hablar con él; al salir del palacio por la escalera que da a la place Dauphine verás al final dos leones de mármol. Si regresas en dirección a la fachada, verás un tragaluz a pie de calle con gruesos barrotes y puedes hablar con él, nadie los vigila…

Cuando Jacques escuchó la palabra «barrotes» se le ocurrió decirle a Annie:

—Entonces, si como dices nadie los vigila, podemos intentar serrar los barrotes…

—¿Lo harías?

—Claro, claro que sí.

La cálida noche del 7 de julio de 1941, Jacques d'Andurain y Jean Blanchard —uno de los más antiguos y fieles amigos de

Hervé— se encontraron en los bancos de la place Dauphine, frente a la fachada del Palacio de Justicia. Era casi medianoche, la plaza estaba desierta y reinaba el más absoluto silencio. Hervé, que había sido prevenido, recibió a sus amigos cantando en voz alta y a coro con sus camaradas. Pero la improvisada operación de rescate no sería tan fácil como imaginaban. Cuando Jacques comenzó a serrar los barrotes, hizo tal ruido con la sierra metálica que pensó que los iban a detener de inmediato. Por fortuna, Annie tenía razón y la policía no estaba muy pendiente de los comunistas arrestados en el sótano.

Durante más de cuatro horas y alternándose con Blanchard, Jacques intentó sin éxito liberar a sus camaradas. Finalmente, cuando ya estaban a punto de tirar la toalla casi exhaustos, uno de los barrotes cedió. Lo habían conseguido. Pierre Hervé fue el primero en salir y estrechándole la mano a Jacques, le dijo unas palabras que éste nunca olvidaría:

—¡En la vida, como en la muerte!

Al día siguiente, todos los periódicos hablaban de la espectacular fuga de Pierre Hervé aunque los detalles de lo ocurrido no eran del todo correctos. Algunos diarios afirmaban que el golpe —calificado de «audaz operación»— había sido obra de partisanos venidos del extranjero y que los detenidos habían cantado canciones populares para amortiguar el sonido de la sierra metálica. En realidad, el verdadero cerebro del asalto había sido Annie, la esposa de Hervé, y los autores del mismo dos jóvenes románticos e inexpertos dispuestos a ayudar a un amigo. Jacques se había convertido para muchos en un héroe y recibiría las felicitaciones del Comité Central. A partir de ese momento, ninguno de sus camaradas se atrevería a llamarle «anarquista pequeñoburgués», como en ocasiones se dirigían a él.

Tras la fuga magistral del Palacio de Justicia, Jacques pasó a la acción armada como miembro de Les Bataillons de la Jeunesse, grupo formado por estudiantes comunistas y jóvenes obreros de los barrios populares de París. Su bautismo de fuego fue el 13 de agosto de 1941, cuando participó en el ataque a la fábrica Les Isolants de Vitry —en compañía de Maurice Le Berre y Marcel Bourdarias— que producía materiales para submarinos destinados a la Alemania nazi. El suyo sería el primer disparo de la Resistencia organizada hecho con la pistola del calibre 6.35 mm de su madre. Nervioso y muy excitado, Jacques acompañó a sus camaradas para protegerlos con su arma mientras éstos lanzaban cócteles Molotov caseros contra las instalaciones de la fábrica. En su retirada, cuando eran perseguidos por un grupo de trabajadores, sus armas se encasquillaron y sólo Jacques consiguió abrir fuego hiriendo a un obrero que les pisaba los talones a través del boulevard Lamouroux. Al verle caer al suelo creyó que estaba muerto.

Tras el atentado, el hijo de Marga, en estado de gran agitación, cogió el metro y se dirigió a su casa en Neuilly. Apenas podía sostenerse en pie; las piernas le temblaban y el pánico se había adueñado de él. Al llegar a su domicilio su madre escuchaba tranquilamente la radio sentada en la cama, como era su costumbre. Cuando se percató de la presencia de su hijo, le preguntó cómo le había ido el día. Jacques, sentado en un taburete y aún temblando, le respondió:

—He matado a un hombre.

Aquella terrible confesión le hizo bajar la cabeza y esconder el rostro entre sus manos. Marga se acercó con gesto cariñoso y le abrazó con fuerza mientras le decía:

—Eres realmente mi hijo… Tienes mucho de mí… En fin, siempre te creí un miedoso.

—Pero ¿no te das cuenta, mamá, de que estoy temblando?

—No, no es nada, te has atrevido a matar a alguien, ya eres todo un hombre, estoy orgullosa de ti…

Para Jacques d'Andurain fue uno de los días más duros de su vida. La inesperada y fría reacción de su madre le dejó totalmente hundido. Durante años la persona más admirada e influyente en su vida había sido Marga. Sentía una auténtica veneración por esa mujer de espíritu aventurero, divertida y de conducta imprevisible tan distinta de las demás madres de sus compañeros. Pero con el paso de los años le exigía una obediencia y una fidelidad que acabarían deteriorando su relación. «Entonces comprendí —escribió Jacques— cómo era Marga en realidad, en qué mundo vivía y cuáles eran sus valores. Sentí una gran decepción y no volvimos a hablar del tema. Durante un tiempo nuestros caminos se separaron.» Lo que nunca le contó a su madre es que aquella pequeña y manejable pistola que ella había comprado por correspondencia en Palmira, iba a ocupar un lugar señalado en la historia de la Resistencia. El 21 de agosto de 1941, Jacques d'Andurain se la prestaría a su jefe Pierre Georges —futuro coronel Fabien— para asesinar en pleno metro de París a un joven oficial alemán. Con este atentado en la estación de Barbés la Resistencia comenzó la lucha armada organizada.

El 19 de noviembre de 1941, Jacques recibía un telegrama de su tío Jean d'Andurain en el que le informaba que, tras la muerte de su abuela, tenía derecho a una parte de la herencia de su padre. El hijo menor de Marga, a punto de cumplir veinticinco años, no sentía ningún aprecio por su abuela paterna

Marguerite Chanard de la Chaume, que se negó tajantemente a que el cuerpo de Pierre d'Andurain descansara en el panteón familiar. Pero tratándose de una herencia, Jacques olvidó viejos rencores y aceptó viajar a Saint-Jean-Pied-de-Port, en la costa vascofrancesa. Aquel inesperado viaje le salvaría la vida; el mismo día de su partida, la policía se presentó en su domicilio para detenerle. El coronel Fabien le aconsejó entonces que se ocultara por un tiempo y rompiera toda relación con su familia.

Los caminos de Marga y de su hijo se separarían durante cerca de dos años. Jacques, muy buscado por la policía tras participar durante todo el verano en arriesgadas operaciones de sabotaje, pensaba abandonar Francia y quizá instalarse en Londres. Pero fue Grace d'Astier quien despejó todas sus dudas al animarle a dejar la lucha armada en la capital francesa y trabajar en el interior, al lado de su esposo. Pocos días después, Jacques se pasó a la zona libre —no ocupada— situada al sur del Loira. Mientras, sus camaradas continuarían la lucha en París y sólo unos pocos sobrevivirían. En los meses siguientes, en plena clandestinidad, Jacques viajaría a Clermont-Ferrand donde se alojaría en la casa de un amigo músico que trabajaba como oficial para el Deuxième Bureau de la armada del Gobierno de Vichy. Después se ocultaría en Saint-Gervais, en los Alpes franceses, hasta que los gendarmes le avisaron de que la Brigada Especial Antiterrorista estaba tras su pista.

En Niza, de la mano de Jean Moulin, que dirigía el Consejo Nacional de la Resistencia y fue uno de los principales héroes de este movimiento, se reencontraría con Emmanuel d'Astier de la Vigerie. D'Astier le diría orgulloso que Francia necesitaba hombres como él y le encargó que organizara, junto a Pierre

Hervé, su red Liberación-Sur en Toulouse. En los meses siguientes, y siempre bajo la protección de D'Astier, Jacques crearía el primer maquis de la región sudoeste. Tenía por delante un duro trabajo: reclutar jóvenes maquis en Revel y en Montségur, buscar refugios seguros en el bosque y entrenarlos sin apenas armas ni medios y con el riesgo constante de ser descubiertos.

En la primavera de 1942 Marga alquiló el castillo de Villebouzin, en Longpont-sur-Orge, a unos veinte kilómetros al sur de París. Este imponente edificio, mandado construir en la segunda mitad del siglo XVII por el conde de Montgomery, se hizo famoso porque en él habitó madame de Montespan, favorita del rey Luis XIV. La leyenda cuenta que la hermosa cortesana, para conservar el favor del monarca, realizaba misas negras en su capilla. La condesa d'Andurain convirtió Villebouzin en una granja donde tenía doce vacas, gallinas y una colmena de abejas. Amigos y familiares la visitaban los fines de semana para beber «un buen vaso de leche y rica miel», todo un lujo en tiempos de guerra. En el castillo también vivían Pio, el hijo mayor de Marga, y su esposa Madeleine Le Roi, padres de dos niñas pequeñas. La relación de la condesa con su nuera siempre fue muy conflictiva —se negó a asistir a su boda celebrada en Brive la Gaillarde, de donde era natural la novia— y nunca sentiría por ella el menor aprecio. Sin embargo, su hijo Pio la había hecho abuela por primera vez en 1937 con el nacimiento de Élisabeth. En una foto que Jacques d'Andurain conserva en su álbum familiar se ve a Marga en Niza, orgullosa y feliz, sosteniendo en sus brazos a una de sus nietas de pocos meses.

Al pasar a la zona libre, Jacques había perdido todo contacto con su madre. Ignoraba que hacia 1944 Marga había abandonado repentinamente París y cruzado la frontera española. No sabemos cuál era su destino final, pero sí que llegó a un balneario, distante a unos cincuenta kilómetros de Bilbao, que acogía provisionalmente a los «extranjeros recomendados» llegados de Francia. Como a partir de 1940 el campo de concentración de Miranda de Ebro (Burgos) se encontraba saturado de presos, se acondicionaron las instalaciones de algunos antiguos balnearios próximos, como el de Uberuaga de Ubilla a donde —según varios testigos— llegó Marga. Este enorme edificio rodeado de bosques y a orillas de un caudaloso río, había sido un famoso centro termal por la calidad de sus aguas. Al estallar la guerra quedó vacío y tenía el aspecto de un viejo hotel decadente, húmedo y muy frío. Los detenidos eran, en su mayoría, prisioneros de guerra y refugiados extranjeros que utilizaban España como vía de escape para huir a Inglaterra o el norte de África.

No se saben los motivos por los que un día la condesa hizo las maletas y se apresuró a entrar en España; tampoco quién la acompañó en coche —posiblemente hasta Irún— en pleno invierno, a través de las peligrosas carreteras nevadas pirenaicas, o si la policía española la detuvo y la llevó directamente a Uberuaga. De su misteriosa estancia en este lugar sólo nos quedan las controvertidas memorias de un príncipe polaco —publicadas en 1997— que se encontraba preso en este balneario vasco cuando ella llegó. El príncipe Michel Poniatowski —ministro del Interior del presidente francés Giscard d'Estaing en mayo de 1974— recordaba a Marga la primera vez que la vio: «Cada dos o tres días, la monótona y tranquila vida en Uberuaga se veía alterada por la llegada de nuevos residentes o la partida de antiguos. Una mañana de febrero descendió de un coche de la policía un abrigo de visón tan pesado que su propietaria, que lo llevaba doblado, apenas podía avanzar. Dos almas caritativas la quisieron ayudar, pero ella gritó que no la tocaran o se ponía a chillar…».

Como de costumbre, la presencia de Marga no pasó inadvertida en el hotel. Por lo que cuenta Poniatowski, gracias a las monedas de oro y a las joyas que llevaba ocultas en una de sus maletas y a sus buenos contactos, su estancia fue bastante tranquila y ociosa. A diferencia de los demás refugiados, que debían contentarse para sus gastos con las veinte pesetas a la semana que les daba la Cruz Roja, Marga disponía de dinero para comprarse algunos caprichos. «Era muy divertida —contaría Poniatowski en una entrevista publicada en la prensa parisina en diciembre de 1946 cuando Marga fue detenida en Niza— y ofrecía té todos los días en su habitación a gentes de su "condición", divertía a todo el mundo porque era espiritual y algo mala, y se había codeado con los grandes personajes de la época.»

La relación entre el príncipe polaco y la condesa francesa fue desde el principio tensa aunque se desconocen las razones. Poniatowski la describe como una mujer «maléfica, drogada, caprichosa y una aventurera sin escrúpulos». En sus memorias el príncipe cuenta una divertida —y aparentemente real— anécdota de Marga. Al día siguiente de su llegada la dama acudió a la peluquería del centro envuelta en su inseparable abrigo de pieles y pidió que le hicieran la manicura. Al no quedarse satisfecha con el resultado —ella que era una profesional en el cuidado de las manos— le gritó al peluquero:

—¿Dónde ha aprendido su oficio? ¿En casa de un herrero, con las pezuñas de los caballos? Déjeme a mí…

Marga se pintó cuidadosamente las uñas y abandonó altiva la peluquería satisfecha por la lección que le había dado al empleado.

Para Poniatowski estaba claro que madame d'Andurain había huido de Francia porque había «retomado sus contactos con los Servicios de Información ingleses y franceses en Siria y colaboraba con los alemanes, en particular con la Gestapo; este triple juego era muy peligroso y la espía se vio obligada a huir». Según el testimonio del príncipe, el responsable de la Cruz Roja en el centro de Uberuaga había recibido una llamada telefónica desde Madrid informándole de que la condesa era «peligrosa y había que vigilarla muy de cerca».

El 15 de febrero de 1944, el príncipe Poniatowski fue liberado y abandonó el balneario de Uberuaga al mismo tiempo que Marga. Juntos llegaron en tren a Madrid y tras permanecer unos días en la capital continuaron rumbo a Algeciras. El 23 de febrero un camión los transportó hasta la línea fronteriza y siguieron a pie hasta el puesto militar inglés de Gibraltar. Desde esta ciudad embarcaron en un viejo carguero, el *Hoggar*, en dirección a Casablanca. Allí, el príncipe polaco y la falsa aristócrata francesa se separaron. Ella continuó rumbo a Argel sin que se conozcan los verdaderos motivos de su viaje. Cuando a finales de 1946 la condesa fue detenida en Niza —acusada de envenenar a su sobrino—, un testigo que decía haber coincidido con ella en el campo de Uberuaga declararía al periódico *L'Aurore*: «La vi una noche en Argel, en una elegante cena, rodeada de importantes políticos y como siempre, brillante, muy habladora y algo misteriosa…».

Marga pudo viajar a Argelia, según Jacques, «para contactar con alguien, por encargo o para hacer alguna pequeña misión de espionaje». Es cierto que en Argel la condesa se reencontraría con buenos amigos como Emmanuel d'Astier y viejos conocidos de sus años en Oriente Próximo como George Catroux. Este veterano general no había olvidado a la condesa francesa que un día irrumpió como una fiera en su despacho del Grand Sèrail en Beirut porque se había enterado de que el Deuxième Bureau había abierto un dossier donde se la acusaba de ser una espía al servicio de los ingleses. En 1941 Catroux había sido designado por el general De Gaulle comisionado para el Oriente Próximo, reconociendo poco después de su nombramiento la independencia de Siria. Cuando Marga llegó a la capital argelina, el hombre que la definió como «una aventurera de altos vuelos» era el gobernador general de Argelia. Marga quizá intentó a través de él llegar a Siria para conseguir vender su hotel. D'Astier sí recordaba la estancia en Argel de Marga d'Andurain aunque lo único que le contó a Jacques fue que en 1944 «tuvo un serio altercado con el general Catroux a propósito de su madre y De Gaulle no dudó en ponerse de su lado a pesar de que Catroux le había amenazado con dimitir, algo que, finalmente, no hizo».

A principios de 1945, tras su misterioso viaje a España y Argelia, Marga regresó a París. Jacques se reencontró con ella y durante varios días —y sus interminables noches— escucharía asombrado las aventuras y desventuras que su madre le contaba. «Me hablaba sin cesar, saltando de un escenario a otro, nombrándome a importantes políticos franceses y americanos, espías, oficiales británicos y peligrosos contrabandistas que había conocido en su viaje. Estos y otros nombres los tenía anotados en una pequeña agenda que empezó a utilizar a partir de 1944. En ella apuntaba sus citas, sus estados de ánimo y los nombres de personas con las que mantuvo algún tipo de relación.» Una agenda donde entre otros tenía el teléfono personal del general De Gaulle, lo que demostraba que las relaciones de la condesa eran del más alto nivel.

En el momento de la liberación de París, Jacques era comandante del Estado Mayor en Montpellier y al igual que el resto de los primeros combatientes de la Resistencia, tenía por delante un brillante futuro lleno de oportunidades. Pero el hijo de Marga, a quien nunca le interesó la gloria ni el poder, no deseaba un cargo político, tan sólo volver al periódico *L'Humanité*. Su sueño era trabajar como periodista, junto a Pierre Hervé, pero no lo tendría fácil. Sus orígenes aristocráticos y el escándalo que en 1946 salpicó a su madre le alejarían para siempre del periodismo.

Durante la ausencia de Marga muchas cosas habían cambiado. París había sido liberado el 26 de agosto de 1944 y los aliados victoriosos habían desfilado por la avenue des Champs Elysées, en medio de una multitud que esperaba la llegada del general Charles de Gaulle, representante de la Francia Libre. Marga encontró una ciudad muy distinta de la que había dejado cuando huyó a España. La gente trataba de reconfortarse mutuamente ante el horror de las cifras de muertos, que cada día aumentaban, y se hablaba con esperanza de la reconstrucción de una ciudad que no había sufrido grandes destrozos en comparación con otras capitales europeas durante la guerra. Tras la euforia inicial por la retirada del Ejército alemán, el miedo se apoderó de nuevo de la gente. Era el miedo a ser delatado por un amigo o por un vecino, a ser acusado de colaborar con los alemanes y sufrir las peores humillaciones. Comenzaron las detenciones y los juicios sumarísimos; se encarcelaba a los sospechosos meses y meses sin un juicio previo y a las mujeres que habían confraternizado con los alemanes les afeitaban la cabeza en público y las exhibían como animales.

Marga d'Andurain, a quien algunos acusaban de haber es-

condido en su casa a paracaidistas ingleses durante la Ocupación, pensó abandonar cuanto antes la capital y refugiarse en la
Costa Azul donde tenía buenos amigos y algún contacto; era el
momento de pasar desapercibida y no exponerse demasiado.
Pero en aquellos días en que París celebraba su libertad y el fin
de una terrible guerra —aunque la mitad de Francia todavía
estaba en manos de la Alemania nazi—, Marga recibió un duro
golpe que la hizo remover un pasado que creía olvidado.

Fue Jacques quien le dio la fatal noticia: Pio había muerto
en el frente de Alsacia el 5 de febrero de 1945. En realidad, su
hermano mayor, que se había alistado voluntario en la División
del general De Lattre de Tassigny, se dejó matar en el frente. Sus
compañeros observaron impotentes cómo un buen día Pio saltó
de la trinchera sin decir nada a nadie y se puso a caminar con
paso ligero a través del campo de batalla en dirección a las tropas enemigas. Cuando se encontraba a escasos cincuenta metros de las trincheras alemanas, le dispararon y quedó malherido
sobre la nieve. Hasta el amanecer sus compañeros no pudieron
acudir en su auxilio y para entonces ya había muerto de frío.

Antes de abandonar la trinchera, Pio le entregó una carta a
un compañero —el hijo de madame Ivonne, una buena amiga de Marga en París— pidiéndole que se la hiciera llegar a ella.
Fechada el mismo día de su muerte, la carta contenía una pequeña flor campestre. La encabezaba con estas palabras: «Cuando recibas estas líneas ya estaré muerto como esta diminuta flor
que tienes entre tus manos…». Su madre se quedó completamente abatida. Es cierto que Jacques había sido su hijo predilecto, el más cercano a ella, y que con Pio las cosas no habían
sido fáciles. Pero ahora se sentía culpable por no haberse ocupado más de su primogénito. Con su muerte, los fantasmas del

pasado regresaron y Marga recordó un incidente, ocurrido en Palmira, que no había contado a nadie. Un secreto de familia que creía olvidado…

En 1927 los d'Andurain habían aceptado hacerse cargo del hotel Zenobia pero aquella idílica existencia con el tiempo se vio truncada con un desagradable suceso, que marcó para siempre la relación de la condesa con su primogénito. Un día Pio se enteró —a través del capitán Ghérardi— de que su madre tenía un amante, el arqueólogo Daniel Schlumberger. Totalmente impresionado por la noticia, Pio perdió la razón y una noche intentó matarla. Era un frío mes de diciembre y Marga se encontraba en el salón principal del hotel, de pie frente a la chimenea. Jacques, sentado en el sofá, observaba el fuego cuando un denso polvo negro inundó toda la habitación al tiempo que un extraño objeto explotó entre las llamas. «Fue mi hermano —recordaría Jacques—; había intentado fabricar una bomba casera con pólvora y unos cartuchos, pero no había funcionado.»

Cuando Pio le confesó a su padre que había intentado «asesinar a mamá», Pierre le encerró en su propia habitación hasta que se calmaran los ánimos. Al día siguiente el muchacho —tras una fuerte discusión con su padre por negarse a pedir perdón a su madre— intentó quitarse la vida ingiriendo jabón de arsénico que utilizaba en sus experimentos de taxidermia. Sobre una mesa había dejado escrito un mensaje:

> Queridos papás
> Os pido perdón
> Os quiero a los dos
>
> Pio

Pierre llevó a su hijo al dispensario militar donde le hicieron un lavado de estómago y salvó la vida. Todo quedó en un susto, pero el conde d'Andurain ya había tomado una decisión: enviaría a Pio a Indochina donde residía el tío Michel d'Andurain y quizá aquel viaje le ayudaría a madurar. Marga siempre pensó que su esposo se había excedido al pegar y castigar con extrema dureza a su hijo. Aunque el peor castigo para el pobre Pio fue que le echaran de casa y le apartaran de su familia. Desde aquel día Pierre hablaría de su hijo mayor como de alguien ajeno a la familia.

El año 1945 fue muy duro para Marga. Cuando partió a Argel le había dejado a un sobrino un céntrico apartamento de su propiedad en la rue Sheffer de París, hasta que ella regresara. Se trataba de Raymond Clérisse, un atractivo abogado francés de veintiséis años, con aspecto de dandi y un tanto extravagante, con el que mantenía una cordial relación. Raymond, hijo del notario Henri Clérisse, era dos años menor que Jacques y uno de sus pocos amigos de la infancia. Cuando veraneaban en Villa Le Pic, Jacques pasó muchas horas jugando con Raymond en el jardín del castillo d'Estrac, contiguo a la casa y propiedad de su familia.

Al parecer, Marga y Raymond discutieron porque éste se negó a devolverle su apartamento, donde vivía con su compañero sentimental. Un día la condesa invitó a Raymond a tomar un aperitivo a su casa —quizá para hacer las paces— y tras charlar animadamente toda la tarde con él, al despedirse jugando con él, Marga le metió una trufa de chocolate en la boca que el joven se comió al instante. Al salir a la calle y mientras descendía la escalera para coger el metro, Raymond tuvo que sentarse porque sufría un fuerte dolor en el estómago. Creyendo que iba a morir anotó en su billete de metro la siguiente frase: «Mi tía Marga me ha dado un dulce que tenía un sabor muy extraño».

A la mañana siguiente la policía se presentó en el apartamento de la condesa, y tras un minucioso registro, no encontró rastro del veneno. Desde el primer momento, Marga negó toda relación con los hechos, incluso fue a visitar a su sobrino al hospital y le convenció para que retirase los cargos contra ella. Así lo hizo el joven antes de fallecer el 5 de noviembre de 1945, tras dieciocho días de agonía. A quien no convencería de su inocencia fue al señor Henri Clérisse, quien desde el primer instante sospechó de ella. Con el general De Gaulle en el poder, el padre de Raymond solicitó al nuevo ministro de Justicia que se abriera una investigación y se nombró al comisario Courtant —un veterano de la brigada criminal de la policía judicial— para que llevara un caso que no estaba cerrado. Por el momento, y a falta de pruebas, Marga quedaba libre.

Tras los problemas con la justicia, madame d'Andurain y su hijo se fueron a vivir a Niza. La condesa se instaló en una elegante villa rodeada de un exuberante jardín tropical, en la Promenade des Anglais, el célebre paseo marítimo adornado con esbeltas palmeras, lugar de reunión de la alta sociedad. La hermosa residencia era propiedad de una buena amiga de Marga que se la prestó el tiempo que necesitara hasta encontrar su propia casa. A Marga le gustaba el clima cálido de la Costa Azul y el ambiente «chic y selecto» que aquí se respiraba en los años cuarenta. Aventureros, artistas, bailarines, actrices, espías, príncipes, millonarios, damas de la nobleza europea... se daban cita en esta costa del Mediterráneo famosa por sus hoteles, casinos y villas de lujo, así como por sus ilustres inquilinos.

Durante un tiempo, madre e hijo vivieron tranquilos, cada uno intentando rehacer su vida tras los penosos años de la guerra. Marga se dedicó como antaño a vender algunos de sus collares de perlas a señoras adineradas que disfrutaban de un exilio dorado en sus mansiones de la Riviera. En una foto tomada en aquellos días se ve a la condesa de pie, en el elegante salón de una casa, mostrando a una clienta sus largos collares de perlas, de dos y tres vueltas, muy de moda entonces. Mientras Marga se codeaba con la alta sociedad para vender sus joyas, Jacques consiguió trabajo en el periódico *Le Patriote*, órgano del Partido Comunista en Niza. A sus veintinueve años era la primera vez en toda su vida que tenía un trabajo fijo y se sentía orgulloso de que sus artículos de opinión aparecieran en primera página.

En la Navidad de 1946 Jacques invitó a dos antiguos compañeros de los maquis y a sus esposas a cenar en su casa de Niza. Aquel 24 de diciembre Marga estaba tranquila y dispuesta a pasar una agradable velada con los amigos de su hijo. Cuando hacia las ocho de la noche se encontraban sentados a la mesa, unos gendarmes irrumpieron en su casa. Sin dar ninguna explicación les pidieron a todos los presentes —incluidos los invitados— que los acompañaran a la comisaría. Ya en las dependencias policiales Marga y su hijo fueron interrogados por separado. El comisario Courtant, quien en los últimos meses había interrogado a un buen número de conocidos y amigos de la condesa como parte de la investigación —entre ellos al capitán Ghérardi destacado en el norte de África—, le explicó el motivo de su detención: el «asesinato premeditado de su sobrino Raymond Clérisse d'Alaincourt». Durante doce horas seguidas, Courtant, que no sentía ninguna simpatía por aquella mujer a la que consideraba una «peligrosa espía y asesina», intentó que Marga confesara su crimen. De nada le sirvió dejarla sin comer, amenazarla con preguntas capciosas o abandonarla sola en un pequeño cuarto, con un cegador foco iluminando su rostro. La condesa en ningún momento perdió la compostura a pesar del cansancio, el hambre y la tensión y se limitaría una y otra vez a declararse inocente. Courtant le diría más tarde a Jacques: «Tendría que haberla golpeado para que dijera la verdad». Si no lo hizo fue porque el hijo de Marga era periodista y podía denunciarlo a la prensa.

Cuando Jacques vio a su madre por la mañana tenía el rostro demacrado y unas profundas ojeras. El maquillaje se le había corrido a causa del potente foco que la había «torturado» toda la noche, pero parecía serena. En voz baja le dijo:

—No tengo nada que decir, no he dicho nada.

Tras su paso por la comisaría de Niza, Marga d'Andurain fue trasladada a París para ser interrogada por el juez Goletty, encargado de su caso. Una soleada mañana de domingo la detenida llegaba en el expreso de la Riviera a la Gare de Lyon. Cuando descendió de su vagón, en tercera clase, se vio rodeada de una nube de fotógrafos y periodistas que la acribillaban a flashes y preguntas. Ocultando su rostro bajo una manta escocesa y vestida de manera muy extraña —envuelta en su inseparable abrigo de visón y luciendo unas gruesas botas para la nieve— se abrió paso entre la multitud custodiada por tres gendarmes. No era la primera vez que se enfrentaba a una situación como ésta. Marga recordó entonces cuando, tras ser liberada de la cárcel de Yidda, el cónsul Maigret la acompañó en su coche oficial al muelle del puerto donde los esperaba una muchedumbre encolerizada dispuesta a lincharla.

El juez Goletty permitió descansar unos días a Marga para que recuperara las fuerzas antes de entrevistarse con ella. A este conocido magistrado le había tocado la difícil misión de encontrar pruebas que la culparan de haber envenenado a su sobrino. Algo que no parecía fácil, pues Marga había salido victoriosa del duro interrogatorio al que la sometió el comisario Courtant. A su llegada a París la detenida comentó a la prensa que estaba dispuesta a enfrentarse a toda su familia si era necesario. Para demostrar su inocencia había contratado a una reconocida abogada y amiga suya, Marie-Louise Cachin, hija de Marcel Cachin, uno de los fundadores del Partido Comunista Francés. Al llegar al Palacio de Justicia, en cuyos sótanos pasaría la primera noche, Marga declaró a los periodistas:

—Para mí, la guerra no ha hecho más que empezar. Pronto seré yo quien ponga una denuncia. Una denuncia basada en hechos sólidos y veraces. Mi familia no me da ningún miedo…

Jacques no daba crédito a lo que le estaba sucediendo y desde el principio creyó en la inocencia de su madre. Tras su arresto se trasladó a París para estar junto a ella y defenderla en los medios. El 5 de febrero de 1947, el periódico *France-Dimanche* anunciaba en portada en grandes titulares un artículo escrito por Jacques d'Andurain, hijo de la condesa, «único supervivente de la familia y testigo de la vida de Marga en Oriente Próximo». En el mismo hacía un repaso de los episodios más sobresalientes de la azarosa vida de su madre y de los problemas que siempre la enfrentaron a las autoridades militares francesas en Siria. Jacques finalizaba su artículo declarando: «A decir verdad, estoy tranquilo sobre el desenlace de este caso y estoy seguro de que la inocencia de mi madre saldrá pronto a la luz».

El juez Goletty, molesto por las declaraciones del hijo de Marga, le amenazó con «mandar dos años a prisión a su madre y tomar represalias contra él» si continuaba ofreciendo entrevistas a los medios. Para Jacques el escándalo por la detención de su madre tendría unas consecuencias más graves que las represalias del magistrado: en 1946 fue expulsado del Partido Comunista —no se le renovó el carnet— y se le echó del periódico *Le Patriote* donde trabajaba. Aquello lo vivió como un drama personal y fue, según él mismo confesaría, «el día más triste de mi vida». La alargada sombra de su madre le acompañaría siempre; los historiadores de su antiguo partido no dudarían en borrar de un plumazo no sólo su nombre sino sus valientes operaciones con los militantes comunistas de Les Bataillons de la Jeunesse durante los primeros tiempos de la Resistencia.

Hasta su vista con el juez de instrucción Goletty, prevista para principios de enero de 1947, Marga ingresó en la Petite-Roquette, la prisión parisina de mujeres. La llegada de la condesa a la cárcel no pasó desapercibida para el resto de las condenadas que la recibieron con pitidos y aplausos. En los días anteriores, su caso había ocupado las portadas de toda la prensa francesa: *Le Monde, Libération, L'Humanité, L'Aurore, France-Dimanche* entre otros habían dedicado amplios artículos a recordar sus pasadas aventuras en Siria, al frente del hotel Zenobia y en Arabia, así como su detención en Niza y posterior traslado a la cárcel de París. Marga d'Andurain era un personaje conocido y controvertido en Francia, donde se había labrado una leyenda «negra» de espía y ahora asesina. También en el extranjero importantes revistas como *Life* y *Time Magazine* publicaron la noticia de su detención y sus insólitas aventuras en Oriente. Para *Life*, la vida de esta aristócrata francesa recordaba «el guión de *Arsénico por compasión*».

La prensa sensacionalista había encontrado un filón en la extraordinaria historia de esta misteriosa dama a la que ahora se le imputaba una larga lista de crímenes. Todas las muertes inexplicables de personas cercanas a ella, entre ellas la de su amante Sinclair, la de su esposo Soleiman y la del conde Pierre d'Andurain, le fueron atribuidas. *Le Paris Hebdo*, en enero de 1947, se refería a Marga como *«La Marie Lafarge du désert»*, en alusión a la famosa joven que en 1840 fue acusada de asesinato por envenenar con arsénico a su esposo y condenada a cadena perpetua. La condesa d'Andurain, gracias a la prensa —el periódico *Libération* la calificaba de «la aventurera de los veinte crímenes»—, acababa de entrar en la historia de las grandes envenenadoras francesas junto a nombres tristemente célebres como el de Lafarge o la parricida Violete Nozière. Con semejante leyenda a sus espaldas es de imaginar la curiosidad que la presencia de Marga despertó entre las reclusas.

A Marga, que había conocido el infierno de la prisión de Yidda, la Petite-Roquette no le pareció un mal lugar a pesar de sus deterioradas instalaciones y los ratones que corrían a sus anchas. Su celda, de unos doce metros cuadrados, era húmeda y fría, y la compartía con otras dos detenidas. Esta antigua y legendaria cárcel parisina —inaugurada en 1830 y donde aún se ejecutaba con la guillotina— situada cerca del cementerio de Père-Lachaise era ahora su nuevo hogar.

El 7 de enero de 1947 el juez Goletty, célebre por su severidad e intransigencia, se trasladó a la Petite-Roquette para interrogar a la detenida. Ante su sorpresa se encontró frente a una mujer que no se mostraba en absoluto desmoralizada por encontrarse entre rejas, conviviendo con prostitutas, ladronas, drogadictas y mujeres acusadas de crímenes terribles. Marga había cumplido cincuenta y cuatro años y, aunque parecía tener más edad debido a los duros golpes que le había dado la vida, aún conservaba un indudable atractivo. Se mostró en todo momento dispuesta a colaborar con el juez; encantadora y exquisitamente educada le dejó muy claro que ella no tenía nada que ver con la «terrible muerte de su querido sobrino». El letrado sólo deseaba que le contara los principales episodios de su novelesca existencia. Durante más de tres horas Marga respondió a todas sus preguntas con su habitual verborrea y sentido del humor.

El periódico francés *Combat* publicó al día siguiente un artículo sobre este encuentro en la prisión entre Goletty y la detenida. El titular decía así: «La condesa d'Andurain ha hecho reír al juez de instrucción». Al parecer le contó al juez sus insólitas aventuras en Siria y en Arabia con tanta comicidad que le hizo soltar al magistrado más de una carcajada. Marga parecía haber engatusado al juez con las mismas armas que empleó con su apreciado y paciente cónsul francés en Yidda, Roger Maigret.

Mientras Marga estuvo en prisión, Jacques pudo visitarla en dos ocasiones. En una su madre, desmoralizada por la lentitud de la justicia, le hizo una insólita petición:

—No puedo soportar más este lugar, tienes que ayudarme y yo sé cómo… Quiero que me saques de aquí, que organices una evasión con tus viejos camaradas como la de Pierre Hervé…

—Mamá, esto que dices es una locura, ahora no es lo mismo que en la guerra, no puedo pedir ayudar a mis antiguos camaradas y no conozco esta prisión…

No hubo necesidad de que Jacques serrara ningún barrote porque el 28 de febrero de 1947, apenas un mes después de su ingreso, Marga fue puesta en libertad sin cargos. Eran muchos los que no se explicaban cómo un juez veterano y recto como Goletty había dejado libre a una mujer a la que algunos consideraban «la mayor criminal del siglo». Al igual que en 1933 en Arabia, Marga se había salido con la suya. Si en aquel entonces fue el cónsul Maigret quien intercedió por ella en las más altas esferas, no es de extrañar que en esta ocasión el juez Goletty sufriera algún tipo de presión política para liberarla.

Marga d'Andurain regresó a Niza a principios de marzo y se instaló de nuevo con su hijo en la misma casa donde la habían detenido la noche de Navidad de 1946. Días después un fotógrafo de la agencia Traverso tomó una serie de fotos a la condesa y a su hijo paseando relajados y sonrientes por la Promenade des Anglais. Marga lucía un vestido de punto ceñido muy favorecedor y el cabello recogido en un moño alto; había engordado y su aspecto físico parecía muy saludable. Nada hacía imaginar que aquella mujer que caminaba con paso decidido junto a su apuesto hijo, sólo hacía un mes que había sido acusada de horribles crímenes por la prensa francesa.

El resto de aquel año Marga se recluyó en su casa de Niza y publicó su libro de memorias *Le Mari-Passeport*, escrito durante su estancia en París en 1934 cuando fue obligada a abandonar Arabia. Dedicado a Maigret, el libro era una recopilación de los capítulos publicados por entregas en *Le Courrier de Bayonne*. *Le Mari-Passeport* no tuvo el éxito que ella esperaba y para la autora fue una gran decepción. Marga tenía puestas grandes expectativas en este libro autobiográfico que la podía haber consagrado como una gran escritora de viajes en la línea de su admirada Ella Maillart. En su epílogo, lamentaba no haber podido conseguir sus propósitos: «Habría realizado la travesía de un país (Arabia Saudí) que ningún europeo ha logrado pisar aún. Sin las odiosas maquinaciones de las que he sido víctima, la aventura, sin duda, habría tenido éxito. Me iba a divorciar de mi esposo beduino a mi regreso, y poca gente llegaría a conocer este matrimonio de conveniencia. Pero estos espíritus burgueses y mezquinos, que me odian, son incapaces de creer en el amor por la aventura y lo desconocido [...]. La rutina francesa es incorregible».

Fue entonces cuando pensó seriamente en abandonar Francia y poner rumbo a un país cálido y luminoso; un lugar junto al Mediterráneo donde embarcarse en nuevos negocios y vivir ajena al escándalo. En marzo de 1948 concedió su última entrevista al periódico *L'Espoir* en Niza para promocionar su libro. En ella se decía que la condesa había comenzado a escribir la segunda parte de sus memorias y que pensaba viajar a las islas Galápagos, algo que no era cierto. Marga tenía otros proyectos en mente, tan audaces y peligrosos como antaño. En breve pondría rumbo a Tánger dispuesta, una vez más, a hacer fortuna en el mercado negro.

11

Confesiones en Tánger

> … y mi madre comenzó a hablar, diminuta en su enorme cama, apenas iluminada por una lámpara de cabecera cuya pantalla de color verde oscuro daba a su rostro un lúgubre aspecto cadavérico del cual yo no sabía cómo escapar y que me hizo recordar su letanía de días anteriores, cuando no dejaba de repetir: «Están aquí y me quieren matar».
>
> Tánger, 5 de noviembre de 1948

En el mes de marzo de 1948 Jacques d'Andurain, a sus treinta y dos años, estaba a punto de emprender el gran viaje de su vida: la vuelta al mundo, sin dinero y con un holandés que apenas conocía. Marga, al enterarse de sus planes, le animó a que él y su compañero Hans anunciaran su *Tour du Monde* en el Club du Faubourg de París. La recepción en este célebre foro de opinión ante el *Tout-Paris* fue muy calurosa y Jacques —digno heredero de la gran aventurera Marga d'Andurain— emocionó a los asistentes al explicarles su romántico sueño de recorrer el ancho mundo en bicicleta, «Hans tocando la guitarra y yo haciendo fotos para enviar a algunos medios franceses interesados en nuestra aventura». Al día siguiente los dos trotamundos, con sus mochilas a la espalda, partían de París en dirección a Fontainebleau, primera etapa del viaje, en lo que parecía sería la gran experiencia de su vida. Pero, como era habitual, la condesa truncaría los planes de su hijo.

Hacia el mes de mayo Jacques se encontraba en Suiza, trabajando como *caddie* en el exclusivo club de golf de Lausana. Tenía que ahorrar algo de dinero para poder continuar su periplo y estos empleos temporales, de camarero, monitor de alpinismo o pescador de altura, le permitían pagarse la manutención. Jacques, bronceado y relajado, pasaba sus días llevando las pesadas bolsas con los palos de golf a los clientes del club, en su mayoría gente de la alta sociedad y miembros de la realeza europea. Tuvo la oportunidad de conocer en una recepción del club al rey Leopoldo III de Bélgica, casado en segundas nupcias con la hermosa princesa Lilian Baels. El monarca, un apasionado de la antropología y las exploraciones científicas, al enterarse de que pensaba dar la vuelta al mundo con su amigo, le confesó: «Si no fuera porque estoy casado, me apuntaría a vuestro viaje».

Durante su estancia en Grenoble Jacques recibió desde Niza la primera carta de su madre. En ella le decía que había comprado un magnífico velero, el *Djeilan*, y que se lo prestaría para que prosiguiera su vuelta al mundo; deseaba tenerle a bordo cuanto antes para contarle sus nuevos proyectos. Jacques no había navegado nunca en un velero ni sabía cómo manejarlo, «tan sólo había leído a Alain Gerbault y su travesía en solitario del Atlántico, a bordo del legendario *Firecret*». Durante unas semanas se olvidó de la propuesta porque no tenía intención de renunciar a su gran sueño.

A finales de mayo Marga le suplicaba en una nueva carta que acudiera en su ayuda: «Es un asunto de vida o muerte», le decía. Su madre le rogaba que regresara a Niza y que tanto él como su compañero tendrían asegurado «trabajo y salario» a bordo del barco. El 4 de junio Jacques y Hans, con sus mochilas al hombro, llegaban a Niza ansiosos por conocer el velero que la condesa había adquirido. Jacques encontró a su madre muy animada y, como siempre, llena de proyectos. Pero tras su aparente dinamismo intuyó que algo no iba bien. El mismo día de su encuentro, en tono enigmático, le dijo:

—En público no me llames nunca mamá, sino madame; tú puedes seguir utilizando tu nombre, pero de cara a la gente serás un amigo íntimo de la infancia de mi hijo.

Sin desvelarle todavía su verdadera intención de viajar a Tánger, Marga le enseñó orgullosa el barco que acababa de comprar. Era un auténtico Colin Archer, construido en Oslo en 1900. Un elegante velero de quince metros de eslora, en madera de roble y teca, protegido por placas de cobre. Jacques observó que los flotadores de cubierta tenían las iniciales RYS (Royal Yacht Squadron), distintivo de la familia real de Inglaterra. El barco había pertenecido en 1939 a lord Clarke, embajador de Inglaterra en Francia. Cuando estalló la guerra, y al no poder llevárselo de Niza, el velero se quedó amarrado en el puerto. En 1942 los alemanes invadieron Niza y el astillero Monti decidió sumergirlo en las aguas del puerto para que no fuera requisado o destruido. Con el fin de la guerra el *Djeilan* fue reflotado y puesto a punto a la espera de que alguien lo reclamara. Legalmente no podía venderse a otra persona, algo que Marga ignoraba cuando lo adquirió.

Jacques se enteró años más tarde de todos los detalles que rodeaban al misterioso barco bajo pabellón inglés que su madre compró en la Costa Azul: «El *Djeilan* era una especie de barco fantasma sin propietario: para comprarlo había que sacar divisas (el propietario era inglés) y en aquella época tras la guerra, en que la prioridad era la reconstrucción de una Francia en ruinas, la salida de divisas no era posible salvo para comprar productos de primera necesidad o de utilidad pública. El barco no podía ser francés, era inglés y llevaba el pabellón de este país».

Mientras Marga organizaba los preparativos de la travesía, su hijo comenzó las clases de navegación de la mano del capitán Oliveda, un viejo lobo de mar jubilado que la condesa había contratado para el velero. En unas semanas Jacques aprendería a «plegar e izar las velas, a lustrar el cobre, barnizar la madera, sin saber que en los papeles de a bordo era yo quien constaba como capitán del *Djeilan*». Cuando días después le preguntó a su madre por qué le había pedido que regresara con tanta urgencia, Marga le contó una rocambolesca historia que le dejó muy preocupado. Al parecer había comprado el barco a medias con una banda de tres corsos considerados «los reyes del contrabando en el Mediterráneo». La banda de Benedetti —como Jacques la llamaba porque sólo recordaba el nombre de uno de ellos— convenció a madame d'Andurain de que un velero como el *Djeilan*, con una condesa a bordo y bandera inglesa, no tendría ningún problema en transportar cualquier mercancía a Tánger. A finales de los cuarenta esta ciudad gozaba de estatus internacional y vivía únicamente del intercambio de divisas y el contrabando; no existía ningún control sobre las importaciones y exportaciones y el comercio portuario era libre.

Los Benedetti habían encontrado el barco perfecto para traficar en las aguas del Mediterráneo y Marga disponía de la mitad del dinero —un millón de francos de los de entonces—, que supuestamente el astillero Monti pedía por él. Esta importante suma de dinero la había obtenido por la venta en 1947 del hotel Zenobia, que finalmente quedó en manos de una conocida familia de Palmira. El doctor Kahled Asaad, director de Antigüedades de Palmira durante más de cuarenta años, recordaba que sus padres compraron el hotel Zenobia a «una misteriosa aventurera, la condesa Margot d'Andurain, que algunos tomaron por espía alemana…».

El *Djeilan*, según los Benedetti, valía dos millones de francos y ellos se comprometieron a poner su parte; de esta manera cada uno podría utilizarlo por un período de seis meses al año. Jacques comprendió que una vez más su madre había abusado de su buena fe, haciéndole creer que estaba en un serio peligro. Le advirtió que no le convenía juntarse con este tipo de gente y que tratarían de engañarla, como así hicieron. Ella se enteraría después por un amigo inglés residente en Niza de que el astillero Monti había valorado el *Djeilan* en un millón de francos y no en el doble como le habían asegurado los Benedetti. En realidad sólo ella había desembolsado la cantidad acordada y desde hacía unos días los miembros de la banda se encontraban en Tánger esperando la llegada del velero.

Marga se había relacionado con peligrosos mafiosos que intentaban utilizarla para llevar a cabo sus fraudulentos negocios. Aunque su hijo le pidió que renunciara a su temerario plan de instalarse en Tánger, ella le respondió que nadie le tomaba el pelo y que seguiría adelante con su idea: «Cuando dentro de seis meses me reclamen el barco, no lo voy a devolver, por supuesto que no».

El 3 de julio, tal como anotó Jacques en su diario de viaje, el *Djeilan* abandonó Niza rumbo a la bahía de Tánger. La tripulación estaba compuesta por la condesa d'Andurain, su hijo, un muchacho llamado Jean que Jacques contrató en Niza como ayudante y un marinero —el único con experiencia en navegar a vela— que reclutaron en unas pequeñas islas donde recalaron antes de llegar al puerto de Cannes. Durante los dos meses siguientes, el velero con bandera inglesa navegaría a lo largo de la Costa Azul y la costa española. La travesía transcurrió sin incidentes y el *Djeilan* hizo escala en ocho puertos españoles: La Selva, San Feliu, Barcelona, San Carlos, Vinaroz, Castellón, Valencia y Algeciras. Un viaje «audaz con un barco sin capitán y una tripulación en su mayoría inexperta», como recordaba Jacques con humor. No fue su soñada vuelta al mundo, pero en una foto tomada por su madre durante la travesía, se le ve feliz al timón fumando en pipa como un curtido marinero. Aquel inesperado viaje a Tánger acabó siendo una gran aventura náutica. Antes de llegar al estrecho de Gibraltar hubo tiempo para descubrir hermosas calas desiertas, frecuentar elegantes puertos deportivos, pescar en alta mar y bucear en las cristalinas aguas del Mediterráneo.

En la única foto que se conserva de Marga en el *Djeilan* rumbo a Tánger se la ve sentada en cubierta con el rostro demacrado y sujetándose la cabeza con las manos. Durante toda la travesía se sintió enferma por el mareo y de mal humor. Marga se mostraba cada vez más autoritaria y los roces con la tripulación eran constantes. Cuando el 10 de agosto el velero llegó al puerto de Valencia, desembarcó con su equipaje y le dijo a Jacques que continuaría el viaje por tierra. La relación entre madre e hijo era muy tirante y Jacques sólo pensaba en llegar a su destino y separarse de ella. Unos días más tarde Marga, descansada y radiante, esperaba a su hijo en el puerto de Algeciras con un voluminoso cargamento. Había comprado varios muebles de estilo rústico en la ciudad malagueña de Ronda para decorar su casa de Tánger y le pidió a Jacques que los transportara en el barco. Se despidieron de nuevo; ella cruzaría el estrecho de Gibraltar en un ferry mientras Jacques navegaría los catorce kilómetros que apenas los separaban de la bahía de Tánger.

El caluroso 31 de agosto de 1948, Jacques contemplaba desde la cubierta del velero las suaves colinas verdes de la costa de Tánger asomándose al estrecho. El *Djeilan*, con las velas henchidas por el fuerte viento de levante, se acercó lentamente al cabo de Malabata. A medida que se aproximaban a las costas africanas la visión de la ciudad vieja con sus casas de fachadas encaladas y minaretes recubiertos de azulejos recortados en un luminoso cielo azul recordaba los cuadros que Henri Matisse pintó durante su estancia en la ciudad. A Jacques le entraron ganas de recorrer esta ciudad azul y blanca, barrida por el viento, con su medina alta y su *casbah* fortificada repleta de tortuosos callejones. Pensó que su madre habría alquilado una casa en lo alto de la colina, pues entonces eran muy baratas. Desde allí le habían dicho que se divisaban las vistas más hermosas de toda la ciudad; de un lado el estrecho, al fondo las costas españolas y hacia el sur las imponentes montañas del Rif.

Había quedado con su madre que llevaría el barco solamente hasta la bahía de Tánger y que después partiría para continuar su viaje. Marga le recibió en el muelle con grandes muestras de alegría porque había conseguido llegar al puerto sin dañar el *Djeilan*. La condesa no había ido sola a buscarle, le acompañaba un hombre con el que compartía su casa de Tánger. Al igual que le ocurriera a su llegada a El Cairo, donde una tal lady Graham se encargó de su vivienda, Marga no tuvo que preocuparse en buscar alojamiento. Este misterioso personaje, que dirigía la búsqueda en la zona de barcos franceses hundidos durante la guerra —y que para Jacques trabajaba para el Deuxième Bureau—, le ofreció a la condesa instalarse en una gran villa de estilo europeo en el número 2 de la rue Grotius, muy cerca del paseo marítimo. Madame d'Andurain viviría en la planta baja de la casa que no disponía de vistas al mar, pero estaba rodeada de un pequeño jardín. Su anfitrión ocupaba con su familia el primer piso que disponía de una amplia y soleada terraza.

Tánger, a finales de los cuarenta, era una ciudad de extravagancias y oportunidades que parecía hecha a la medida de Marga. Qué mejor escenario para alguien como ella —una supuesta aristócrata con un misterioso pasado lleno de extraordinarias aventuras en Oriente y con fama de peligrosa espía— que este paraíso de especuladores, aventureros y traficantes. La ciudad, convertida en «zona internacional», atrajo como un imán a expatriados europeos y americanos —entre ellos, refugiados que huían de la Gestapo e intentaban comprar a cualquier precio un visado—, intelectuales, aventureros y miembros de la *high society*. Era el Tánger de la película *Casablanca*, del dinero fácil, los negocios ilícitos, los vicios inconfesables y las fiestas fastuosas en palacios de ensueño donde se reunían príncipes rusos, lores ingleses, espías, contrabandistas y vulgares timadores.

A Marga, amante de los países cálidos, Tánger le resultó desde el primer momento un lugar muy agradable. En esto coincidía con el escritor Paul Bowles, que descubrió Tánger en 1931 y acabó viviendo en la ciudad durante más de cincuenta años. «El calor aquí —diría Bowles— es como el de un baño turco. Es absolutamente delicioso y permanente. Y sólo cuando fugaz y esporádicamente cambia el tiempo eres del todo consciente de lo agradable que resulta este calor. El clima tórrido, seco, estable, con un sol que provoca un agujero blanco en el cielo ultramarino, con una luna que es como un sol cuando está llena.» Marga d'Andurain y Paul Bowles no llegaron a conocerse, aunque los dos residían en Tánger en 1948, cuando la condesa esperaba convertirse en la «reina del mercado negro del oro».

Y es que a diferencia de cuando vivía en Oriente Próximo, donde disfrutó de una intensa vida social, Marga apenas tuvo contacto con los residentes extranjeros en Tánger, en su mayoría excéntricos millonarios que vivían en sus lujosas mansiones en la exclusiva zona del Monte Viejo. Tampoco era una asidua a las fiestas y bailes de disfraces que organizaba David Herbert —el segundo hijo del conde de Pembroke que vivía en Tánger desde 1947—, auténtico árbitro social de la vida tangerina. En su lista de invitados se encontraban, entre otros, los escritores Paul y Jane Bowles, Truman Capote, Tennessee Williams o el famoso fotógrafo Cecil Beaton, compañero sentimental de Herbert. Aquel año sería recordado por todos ellos como el de las fiestas más originales y divertidas de cuantas se habían celebrado en la ciudad blanca.

Cuando Marga llegó allí aún se hablaba de la última fiesta dada por la millonaria Barbara Hutton en su fabuloso palacio de Sidi Hosni, en la Medina. La excéntrica dama, heredera de los grandes almacenes Wolworth, instaló dos enormes jaimas en la espléndida azotea de su palacio. Los asistentes podían sentarse en mullidos almohadones bordados con perlas y zafiros auténticos mientras bebían una copa de champán o fumaban una pipa de kif. En aquella ocasión la Hutton se hizo traer a treinta jinetes con sus tiendas y camellos desde el Sáhara tan sólo para que hicieran de guardia de honor a sus invitados.

Jacques lamentaba que las personas con las que Marga se relacionaba eran gente metida en negocios fraudulentos que sólo buscaban aprovecharse de ella. A su llegada a Tánger apenas tuvo tiempo de hablar con su madre porque ésta quiso enseñarle todos los rincones de la medina alta, cerca de la *casbah*. Durante los primeros días recorrió con ella sus empinadas calles y tortuosos callejones «con olor a especias y a pan recién hecho» y las diminutas plazuelas donde las mujeres campesinas del Rif, con sus pesados sombreros de paja trenzada y sus toallas de rayas blancas y rojas sujetas a la cintura, vendían melones amarillos, higos y ramitos de menta salvaje. Cuando finalmente pudo quedarse a solas con ella tuvieron una violenta discusión. Jacques le preguntó para qué quería en realidad el barco y Marga, sin rodeos, le respondió:

—Para el mercado negro, pero trabajaré honradamente. En Tánger todo puede entrar y salir por la aduana: oro, dólares, cigarrillos… es un puerto franco, este tipo de comercio no sólo está permitido sino que aquí es legal.

Marga le contó entonces el gran secreto que le había ocultado hasta el momento: había venido a Tánger porque quería comprar oro en el Congo, a un precio muy bajo, y revenderlo en la ciudad a cuatro veces su valor. Parecía un negocio rentable y estaba segura de que el *Djeilan* aguantaría bien la travesía bordeando las costas africanas. La realidad es que Marga necesitaba ganar, como fuera, algo de dinero. Jacques sabía que al abandonar Niza su madre había llevado consigo una importante cantidad de dólares. Cuando intentó cambiarlos en el Zoco Chico descubrió horrorizada que todos los billetes que le habían dado eran falsos. «Yo sólo quería irme, no me entendía con mi madre ni quería saber nada de sus sucios negocios», escribiría Jacques a finales de septiembre cuando llevaba cerca de un mes en Tánger. Fue entonces cuando se enteró de que Marga había puesto a la venta el *Djeilan* y sus problemas económicos no eran una invención. Jacques acordó con ella que se trasladaría a vivir al barco y atendería a los posibles compradores.

Pasaron los meses y Marga no había podido emprender su anhelado viaje al Congo ni vender el *Djeilan*. Tánger no era el París ocupado donde se había enriquecido vendiendo opio a los nazis. Aquí no tenía los mismos contactos ni estaban cerca las personas bien relacionadas en las altas esferas de la política que tantas veces la habían sacado de un apuro; ella tampoco era la misma de entonces. Desde que salió de la prisión en París se sentía muy sola y angustiada; parecía haber perdido el rumbo de su vida y sólo pensaba en la manera de ganar dinero rápido. «Vivía en un mundo irreal, me pedía cosas imposibles: que la acompañara al Congo en su velero a buscar oro o que la ayudara a sacar a un preso de la cárcel internacional de Tánger condenado por colaborar con los alemanes; me pedía a mí, un comunista de la Resistencia, que la ayudara a sacar a un traidor a Francia…»

Jacques no podía protegerla de los que se acercaban a ella dispuestos a estafarla y sacarle el poco dinero que le quedaba. Como un tal Simon Lewkovitch, al que la condesa conoció por mediación de su hija Mónica, propietaria de un conocido bar de la *casbah*. Este comerciante judío, que se presentó como un antiguo experto en diamantes de Amsterdam y que decía haberse arruinado durante la ocupación nazi, era todo un profesional del mercado negro. Cualquier cosa que alguien buscara, ya fuera oro, antigüedades raras, joyas o un visado, él la conseguía. Fue Lewkovitch quien un día le vendió una máquina para hacer dinero, según él una auténtica ganga que le reportaría grandes beneficios. La máquina, que todavía no tenía en su poder pero aseguraba que podía conseguirla, podía reproducir en oro —con los gramos exactos— monedas en curso como napoleones, libras turcas o inglesas.

Marga, que no había abandonado del todo su idea de dedicarse al mercado negro del oro, vio en esta máquina mágica un auténtico filón. Aunque Jacques le advirtió que se metía en un nuevo problema, la condesa pagó al comerciante por adelantado cien mil francos. Nunca vería la máquina prometida y el listo de Lewkovitch tampoco le devolvería el dinero. Para Marga fue un duro golpe porque se había ilusionado con la idea y había perdido una importante cantidad de dinero. Estaba desengañada y a la vez enfurecida por haber sido tan ilusa.

El 4 de noviembre, Jacques anunció a su madre que al día siguiente, de madrugada, cogería un tren a Casablanca para continuar su vuelta al mundo. A Marga la noticia de su partida le entristeció y le suplicó que no la abandonara. Desde hacía dos días no dejaba de repetir de manera obsesiva que se sentía amenazada, que sabía que los Benedetti estaban en la ciudad, alojados en el hotel Cecil, y que iban a matarla. Habían pasado ya más de seis meses desde que en abril comprara el *Djeilan* y al parecer la banda de mafiosos quería recuperar el barco. Jacques no la creyó, pensó que era una excusa más para que se quedara junto a ella.

Al mediodía la condesa le propuso dar un paseo hasta las míticas Columnas de Hércules, donde según la leyenda el hijo de Zeus descansó tras separar los dos continentes y dejar que el mar se mezclara con el océano. Tras una larga caminata bordeando la costa, Jacques y su madre alcanzaron un elevado promontorio rocoso desde donde se divisaba una magnífica panorámica de la bahía de Algeciras y el peñón blanco de Gibraltar. Marga había elegido este lugar que en la Antigüedad marcaba el final del mundo conocido, el Mare Nostrum, para despedirse de su hijo. Le contó a Jacques que las leyendas de antaño presagiaban la muerte y la enfermedad a quien se aventurase a cruzar «más allá del oscuro océano». Marga, extasiada ante la belleza del paisaje, exclamó:

—Es un hermoso lugar, sí, es verdaderamente hermoso, me gustaría ser enterrada aquí, en las profundidades del mar, no quiero morir y pudrirme en la tierra...

Jacques no olvidaría nunca aquellas premonitorias palabras de su madre y siempre lamentó no haberse llevado aquel día la cámara de fotos para inmortalizarla subida en lo alto de las rocas, con su cabello al viento, el rostro bronceado y precozmente envejecido, y una mirada extrañamente lejana. Regresaron a la ciudad y por la noche, tras una frugal y silenciosa cena en su casa de la rue Grotius, Marga, con expresión apenada y mirando fijamente a su hijo, le preguntó:

—¿Qué harás después de que yo muera?

—Intentaré escribir tu vida, pero la verdad...

En aquel instante, Jacques intuyó que su madre quería contarle algo que hasta entonces no había sido capaz de decirle. Echada en su cama, comenzó a hablar con voz pausada y recordó el día en que la policía acudió a su casa de París en busca del veneno que según su sobrino Raymond Clérisse le había dado mezclado con el chocolate de una trufa.

—Cuando la policía golpeó la puerta aquella mañana, antes de abrirles me metí en el cuarto de baño, abrí los grifos y tiré…

—¿Me quieres decir —la interrumpió Jacques— que tenías veneno en casa y te deshiciste de él?… ¿Utilizaste una parte de este veneno para matar a Raymond?

Marga reconoció que cuando Raymond salió de la casa, ya en el ascensor, le metió la trufa envenenada en la boca y le dejó partir. Jacques no quiso que le contara nada más, pues le resultaba una confesión demasiado dolorosa. Raymond era uno de los pocos amigos que había tenido en su infancia, «el único que la abuela Clérisse dejaba que jugara conmigo en nuestra casa de la rue Victor Hugo de Bayona», y sentía por él un gran aprecio. Fue un golpe muy duro para Jacques que siempre había creído inocente a su madre y la había defendido con uñas y dientes en la prensa. Durante toda la noche los dos recordaron episodios de su vida pasada en Palmira; instantes felices —que también los hubo— cuando la familia al completo se trasladó a vivir al decadente hotel Zenobia, frente a las espléndidas ruinas y los beduinos los invitaban a cazar gacelas y a cabalgar por el desierto. En un momento de la noche, Marga le dijo que sentía haberle fallado como madre y reconoció con cierto pesar:

—No me tenía que haber casado nunca, no supe educar a mis hijos como debiera, he sido una madre extraña… nací para ser aventurera…

Aquella noche triste en el salón de su casa tangerina, Marga se refirió también a la muerte de Soleiman y, aunque no le dio muchos detalles de lo ocurrido, reconoció su culpa. Para Jacques aquella confesión —a diferencia de la de su amigo Raymond— no fue una sorpresa. Siempre supo que su madre se había librado de su esposo beduino al no conseguir sus propósitos; ella misma le dijo en Beirut, cuando fueron juntos a comprar el veneno a una farmacia, que lo utilizaría si se sentía en peligro. El asesinato de Soleiman fue un secreto entre los dos, como tantos otros que compartieron en su vida. Jacques jamás se lo comentó a nadie, ni siquiera a su padre. El pobre Soleiman nunca le hubiera concedido el divorcio y, tras su frustrado intento de llegar a La Meca, ella sólo deseaba regresar a Palmira con los suyos. Jacques le preguntó cómo había conseguido esconder el veneno para que Said Bey, el jefe de la policía, no lo encontrara en la habitación de su hotel en Yidda.

—Estaba conmigo el joven Maigret —le dijo—, y Said Bey y sus hombres entraron en la habitación, removieron todas mis pertenencias, pero el veneno no lo tenía yo... lo oculté en el nudo de la corbata del hijo del cónsul; sabía que a él no le cachearían...

Amaneció sin que ninguno de los dos hubiera podido dormir apenas unas horas. En silencio, Jacques preparó sus cosas, cogió su mochila y a las cinco de la madrugada se despidió de su madre para coger el tren a Casablanca. Le hubiera gustado abrazarla, pero estaba demasiado enfadado con ella para demostrarle su afecto. Aquélla fue la última vez que la vio con vida.

El 26 de noviembre de 1948 Jacques d'Andurain se encontraba pescando en el club náutico de Agadir cuando recibió un mensaje de la legación francesa en Tánger que decía así:

26.11, 13.30 h Ministro de Francia en Tánger a Siat Gal, Agadir

Desearía saber si J. d'Andurain, residente en el Yacht Club Agadir, está actualmente en la ciudad. En caso afirmativo, le ruego que le pregunte si tiene alguna noticia de su madre desaparecida de Tánger desde el 5 de noviembre, dejando su casa y su barco sin vigilancia. Sería necesario que monsieur d'Andurain se presentara en Tánger.

Ministro de Francia (M. Beauverger)

Cuando aquella mañana el hijo de Marga regresó al club orgulloso de su primera pesca en los alrededores de Cap Ghir se encontró también con una carta de monsieur de Lespinasse, presidente del Yacht Club de Tánger, anunciándole «la desaparición de mamá, que habría vendido su barco y partido hacia Gibraltar». Desde que se separaron en la madrugada del 5 de noviembre, Jacques no había vuelto a tener noticias de ella. Temiendo lo peor, recogió su tienda de campaña —donde dormía en las instalaciones del club— y viajó en un autobús a Tánger, donde llegó ya entrada la noche. Al día siguiente el inspector Rouillère, encargado del caso, le desvelaría algunos datos de la investigación que estaba en curso. «El inspector tenía mucha información, me dijo que probablemente el asesino de mi madre era el guardián del *Djeilan*, que había huido con su esposa, y a la que habían visto que llevaba en la muñeca un reloj-brazalete que había pertenecido a la víctima. Diversas piezas del barco habían sido vendidas a marineros del puerto [...] y una conocida de mi madre, madame Sorano, aseguraba haber hablado con el guardián que pretendía llamarse Poncini y ser italiano, aunque ella le encontró un marcado acento alemán…»

El miércoles 15 de diciembre los principales periódicos del país, *Dépêche Marocaine* y *Le Petit Marocain*, hicieron pública la desaparición de la célebre condesa Marga d'Andurain. Un testigo aseguró entonces a la policía haber visto en el puerto de Casablanca al guardián del *Djeilan* en compañía de una mujer. La detención de los supuestos autores del crimen fue cuestión de horas. Días más tarde salía a la luz la verdadera identidad del matrimonio que Marga había contratado, tras la partida de Jacques, para que cuidara del barco amarrado en el puerto de Tánger. Era un alemán llamado Hans Abele —con pasaporte falso a nombre de Renato Poncini— y su esposa Hélène Kultz. Los dos dormían en el velero y se encargaban de su mantenimiento.

Entre la larga lista de irregularidades que rodearon la detención de los autores del crimen de Marga y el posterior juicio, Jacques recordaba el día en que el inspector Rouillère le preguntó si él podía costear el traslado en avión de los detenidos y de los dos policías encargados de custodiarlos, desde Casablanca a Tánger. Según le explicó, si en las próximas horas Hans Abele y su esposa no eran transferidos a Tánger, la policía marroquí intentaría falsear el interrogatorio y echar tierra sobre el caso. La publicidad que los periódicos *France-Soir* en París y *Le Petit Marocain* en Casablanca habían dado a este suceso —y el impacto que la desaparición de madame d'Andurain había tenido en la opinión pública— no gustó nada a las autoridades locales. Jacques, a quien lo único que le interesaba es que se hiciera justicia, aceptó pagar el transporte de los detenidos que ingresaron en la prisión internacional de Tánger a la espera del juicio.

Cuando finalmente Hans Abele pudo ser interrogado por el inspector Rouillère, declaró que había tenido una violenta discusión con madame d'Andurain y que ésta se había caído accidentalmente por la escalera que conducía del puente a la cabina y se había fracturado el cráneo. Al descubrir que estaba muerta, y no pudiendo acudir a la policía porque tenía pasaporte falso, decidió arrojar el cadáver al mar. Unos días más tarde el detenido fue sometido a un duro interrogatorio y cambió de opinión; reconoció entonces haberla estrangulado aunque no aclaró el motivo. Esta nueva versión de los hechos, que Jacques conoció a través de un amigo periodista que cubría el caso para *Le Petit Marocain*, nunca saldría a la luz. En la rueda de prensa que el comisario jefe convocó el 18 de diciembre en Tánger, declaró que la muerte de Marga había sido accidental y motivada por una violenta pelea entre ella y el guardián del *Djeilan*.

Desde el anuncio de su desaparición a finales de diciembre, algunos periódicos sugirieron que la célebre aventurera francesa conocida como «la reina de Palmira» podía estar viva. *Libération* en su edición del 20 de diciembre titulaba así un artículo: «La policía duda de la muerte de la condesa d'Andurain. Se preguntan si la condesa no ha escenificado su propia muerte». En Tánger eran muchos los que creían que la escurridiza Marga había pasado a Gibraltar y huido a algún país de América del Sur. El doctor Cadi, uno de sus enemigos declarados cuando vivía en Palmira que estaba destinado en Argelia con el rango de coronel, ayudó a sembrar aún más dudas sobre su paradero. En una entrevista que concedió a la prensa local declaró: «Yo no me creeré que está muerta hasta que yo mismo le haga la autopsia». Incluso después de muerta, Marga seguía dando que hablar y su trágico fin acaparaba de nuevo las portadas de los principales periódicos franceses y marroquíes. A sus cincuenta y cinco años acababa de convertirse en una leyenda.

El 28 de marzo de 1949 en el Palacio de Justicia de Tánger comenzó el juicio contra los culpables del asesinato de Marga d'Andurain. El caso había levantado una gran expectación, la sala estaba abarrotada de curiosos y en la puerta la prensa esperaba la llegada de los abogados y testigos. Jacques acudió acompañado de su abogado Maître Lerin y poco convencido de que saliera a relucir la verdad. Desconfiaba del abogado de oficio de la defensa, Maitre Raïda, quien le había dicho al juez que disponía de unos importantes documentos pertenecientes a madame d'Andurain que alguien le había dejado en su despacho. Estos papeles no eran otros que los documentos personales robados de la casa de Marga por el propio Hans Abele, el mismo día de su asesinato.

Jacques no había olvidado la noche que llegó a Tánger angustiado por la desaparición de su madre. Cuando al día siguiente fue a su casa en la rue Grotius encontró el salón y el dormitorio todo revuelto. Zoida, la sirvienta, le confirmó que, el 5 de noviembre hacia el mediodía, el guardián del *Djeilan* se presentó en la vivienda con la excusa de que madame d'Andurain había decidido viajar a Gibraltar y necesitaba unos documentos de su escritorio. Según Jacques, buscaba el título de propiedad del barco que no encontró porque lo tenía él depositado en una caja fuerte de la banca Lloyd's. Hans rebuscó a fondo por toda la casa y robó numerosos papeles y documentos, incluidas las memorias que la condesa había comenzado a redactar en Niza, así como un misterioso sobre de gran tamaño que Marga le había enseñado a Jacques antes de su partida, diciéndole orgullosa:

—Es de Philby…

«En aquel momento —se lamentaba Jacques— y como estaba enfadado con ella, no le presté atención a lo que me dijo… yo no sabía entonces quién era el famoso espía Saint John Philby o su hijo Kim. Recuerdo que me dijo que le había pedido una indemnización por los destrozos causados en el hotel Zenobia de Palmira, durante los combates de julio de 1941…» Jacques nunca supo lo que contenía el voluminoso sobre pero estaba seguro de que su madre había mantenido contacto con Saint John Philby —consejero personal de Ibn Saud— y que incluso éste había intercedido ante el monarca para que la liberaran de la cárcel de Yidda.

Durante el juicio Jacques pudo ver por primera vez la cara del asesino de su madre. Sentado en la primera fila y custodiado por dos policías se encontraba Hans Abele, y a su lado su esposa Hélène con aire ausente. Era un hombre de mediana estatura, moreno, con el cabello peinado hacia atrás y engominado. Tenía las facciones duras y el rostro bronceado por la brisa del mar. Sin duda no le resultó difícil hacerse pasar por italiano pues físicamente parecía latino. Marga lo contrató porque decía tener experiencia como mecánico y había trabajado en otros barcos del puerto.

Cuando el juez le preguntó a Hans Abele las causas por las que había discutido con Marga, éste dijo al tribunal que ella le había pedido que la ayudara a sacar a un prisionero que cumplía condena en la cárcel internacional de Tánger. Al enterarse de quién era —según él, un antiguo agente de la Gestapo al que apodaban Lucas— se negó en rotundo. El guardián dijo ser de origen judío y haber estado internado en un campo de concentración. La proposición de la condesa le pareció inadmisible y al negarse a ayudarla Marga se enfureció. Repitió de nuevo que lo que ocurrió fue un accidente, que la señora perdió el equilibrio y se cayó por la escalera y se golpeó fuertemente la cabeza. Asustado al ver que estaba muerta —y con ayuda de su esposa— pusieron el motor en marcha y llevaron el *Djeilan* en dirección al cabo de Espartel. Allí, en mar abierto, Hans le pidió a Hélène que cogiera el timón mientras él se encargaba de envolver el cuerpo con una lona y atarle al cuello una pesada batería para que se hundiera en lo más profundo.

Al día siguiente, cuando en la sala se procedió a la reconstrucción del «supuesto accidente», quedó demostrado que era imposible que Marga se fracturara el cráneo al caer en la forma en que decía el acusado. En la sala del tribunal se levantó una maqueta al natural del interior del *Djeilan* y se pidió a Abele que recreara lo ocurrido; una joven policía hizo de Marga. Pero Hans no convenció al tribunal con su actuación y tras una nueva ronda de preguntas, el jurado se retiró a deliberar.

Jacques supo entonces que nunca se conocería la verdad sobre el asesinato de su madre; la muerte de madame d'Andurain era un asunto muy engorroso que salpicaba la buena imagen de Tánger, una ciudad internacional que ofrecía a los extranjeros diversión, seguridad y sobre todo mucha discreción. Había prisa por cerrar el caso y que la gente se olvidara de las trágicas circunstancias en las que murió la condesa francesa. El inspector Rouillère declaró ante el tribunal que era cierto que madame d'Andurain se sentía amenazada pero que si no acudió a la policía quizá fue porque andaba metida en turbios negocios. Tánger, dijo en su turno el comisario Rodière, no era una ciudad peligrosa ni de gánsteres y este crimen era un hecho aislado y excepcional.

Cuando aquella brumosa madrugada del 5 de noviembre de 1948, Jacques se despidió por última vez de su madre con un nudo en el estómago, no podía imaginar que unas horas después estaría muerta. Según Zoida, madame d'Andurain tomó tranquila el desayuno en su habitación y le avisó de que «pasaría todo el día fuera y que preparara la cena para cuatro invitados». Después se marchó en dirección al puerto porque tenía asuntos que arreglar en el barco. Durante el juicio algunos testigos afirmaron que la condesa había conseguido vender el velero y que iba a recibir por él «trescientas mil pesetas». Hacia las nueve y media la vieron subir al *Djeilan* amarrado en el muelle y allí se perdió su rastro. Nunca se encontró el cuerpo de Marga, que las fuertes corrientes del estrecho hicieron desaparecer. Jacques d'Andurain no tenía una tumba donde rezarle ni depositar flores, pero en el fondo no lo lamentaba. Su madre quería descansar en las profundidades del mar y su deseo se había cumplido. Él siempre la recordaría en las Columnas de Hércules, mirando desafiante al horizonte infinito, en lo alto de las rocas azotadas por el viento, incapaz de aceptar que había llegado al final del camino.

Epílogo

A partir de cierto punto no hay retorno posible.
Ése es el punto al que hay que llegar.

FRANZ KAFKA

Hasta la fecha no se conoce el móvil del asesinato de Marga
d'Andurain ocurrido en Tánger, en la mañana del 5 de noviembre de 1948. A su hijo Jacques el juicio le pareció una
cortina de humo que no esclareció quién estuvo detrás de la
muerte de su madre. Aún hoy sigue pensando que alguien contrató los servicios de Hans Abele para acabar con la vida de
madame d'Andurain y robarle los documentos comprometedores que obraban en su poder. Hans fue sólo la cabeza de turco de un asesinato lleno de interrogantes. Marga, en la última
y dolorosa noche que compartieron juntos en su casa de Tánger, no quiso confesarle a su hijo la verdadera identidad de la
persona o personas que pensaban matarla. Jacques supo después
que la banda de los Benedetti no se encontraba en la ciudad
como su madre le había dicho.

Hans Abele fue declarado culpable de asesinato premeditado y condenado a veinte años de prisión. Cumplió sólo diez por buena conducta y a los tres días de su puesta en libertad fue asesinado en las calles de Tánger.

Hélène Kultz, esposa de Hans y cómplice del asesinato, fue condenada a un año de prisión.

Jaime Menéndez «El Chato», veterano periodista español —en 1925 entró a formar parte de la prestigiosa redacción de *The New York Times*—, investigó el asesinato de Marga D'Andurain para su periódico el *España* de Tánger. En sus artículos, que nunca vieron la luz porque, según sus propias palabras, «se sintió amenazado por la mafia», Menéndez averiguó que Hans Abele había nacido en Alemania en 1917 y por causas desconocidas en 1939 fue detenido y condenado a dos años y medio de confinamiento en el campo de concentración de Dachau. Tras su liberación huyó a Suiza donde conoció a Hélène Kultz, con la que en realidad no estaba casado. Ambos llegaron a Tánger con documentación falsa y fueron contratados por Marga para que cuidaran de su velero. La condesa ignoraba que sobre ellos pesaba una decisión de expulsión de las autoridades locales.

Jacques d'Andurain —tras la muerte en febrero de 2009 del militante comunista Gilbert Brustlein— es el único superviviente de la Organisation Spéciale (OS), brazo armado de la Resistencia francesa. El hijo menor de Marga vive en la actualidad y de manera discreta en una residencia de ancianos a las afueras de París. A sus noventa y dos años, y con una memoria privilegiada, es el único testigo de las aventuras que su madre protagonizó en Oriente Próximo.

Anexos

MAKTOUB
(«Lo que está escrito»)
o las memorias de una vasca,
encarcelada y condenada
a muerte en Arabia

Ésta es la historia que el *Courrier* ha tenido la buena fortuna de poder ofrecer a sus lectores.

El folletón es generalmente obra de la imaginación, y los hechos que relata, incluso los más sorprendentes y los más verosímiles, no podrían producir en la sensibilidad y la inteligencia del lector, la impresión duradera de un relato que es la transcripción exacta de la realidad.

La que el *Courrier* comenzará a publicar es la aventura más inesperada, la más apasionante, la más viva y al tiempo la más verídica. El autor es también el protagonista de un drama en el que la intriga, la acción y el encantamiento tienen constantemente en vilo la curiosidad del lector.

Se trata de una vasca que cuenta su propia historia sencillamente, sin maquillar ni adornar la verdad.

Es un trozo de vida, la más agitada, la más extraordinaria que pueda ser. No es una novela de tesis, menos aún la apología de tal o cual doctrina, de tales o cuales costumbres, de tal o cual religión.

En ella el autor no busca ni convertir, ni demostrar ni aconsejar. Él dice lo que ha vivido, lo que ha hecho, sin tomas de posición, sin apasionarse. Y esta historia es, como *Las mil y una noches,* un deslumbramiento.

ACTA DE MATRIMONIO DE MARGA Y PIERRE
Y POSTERIOR DIVORCIO

ACTE DE MARIAGE
mention de l'ACTE DE DIVORCE (sur le côté)

[en Julie d'Andurain, *Marga d'Andurain (1893-1948).*
Une Occidentale d'avant-garde en Orient, octubre 1996]

ACTA DE MATRIMONIO DE MARGA Y SOLIMAN, 1933

Matrimonio celebrado el 27 de Zil Kaadat 1351,
en el hotel Koukab el-Chark.

El esposo: Soliman, treinta años, domiciliado en Haifa.
Profesión: camellero.
Su padre: Abdel Aziz.

La esposa: Marga Clérisse, treinta y siete años de edad.
Sin profesión.
Su padre: Maxime Clérisse.

Referencia 152-131
Tribunal Charii de Haifa

(en M. C. de Taillac, *La comtesse de Palmyre*,
París, 1995, p. 90)

TELEGRAMAS DEL CÓNSUL FRANCÉS EN YIDDA
AL MINISTRO DE ASUNTOS EXTERIORES, 1933

28 de abril de 1933

La señora d'Andurain cuya mentalidad no parece muy normal encarcelada se arriesga a la pena de muerte.

29 de abril de 1933

Me esfuerzo por obtener personalmente de Ibn Saud en nombre de la amistad franco-hiyaziana y en razón del efecto deplorable de que una condena no se llevara a cabo por haberse pagado en Francia el perdón de la acusada por el pago de la *diya* [precio de la sangre].

5 de mayo de 1933

Según me ha dejado entrever el asesor diplomático del rey, la autopsia ha certificado el envenenamiento.

11 de mayo de 1933

Que la prensa se calme, me molesta. Confirmo que puedo salvar a nuestra compatriota debido a las relaciones particularmente amistosas con el rey.

26 de junio

Estoy feliz de comunicar a Su Excelencia que la señora d'Andurain ha sido liberada hoy.

(en M. C. de Taillac, *La comtesse de Palmyre*,
París, 1995, p. 113)

ARTÍCULO EN *L'ORIENT*, DIARIO FRANCÉS DE BEIRUT,
MAYO DE 1933

Trágico epílogo

La condesa d'Andurain fue ahorcada ayer en La Meca.

Un despacho llegado de La Meca, hoy miércoles por la mañana, informa lacónicamente que la condesa d'Andurain, después de ser juzgada sumariamente ayer martes por la mañana, y condenada a muerte, ha sido ahorcada de inmediato.

Una investigación nos permite dar detalles sobre este asunto.

La condesa d'Andurain es francesa. Hace dos meses llegó a Damasco y se presentó, en compañía de un meharista musulmán, ante el jeque Abdal Rauf, cónsul de Nayad-Hiyaz en la capital siria.

La condesa expuso al cónsul que quería contraer matrimonio con el meharista, y registrar este casamiento en la cancillería, para poder obtener un pasaporte legal. El cónsul pidió a la condesa que volviera al día siguiente. Entretanto investigó sobre el asunto. Se le informó de que la mujer era una agente del espionaje franco-británico… Cuando volvió, el cónsul dijo a la condesa que lo sentía mucho, pero que le era imposible dar curso a su solicitud.

Madame d'Andurain no se dio por vencida. Se fue a Palestina, y encontró en Haifa a un cónsul más complaciente, que satisfizo todos sus deseos.

Tras despedir a la condesa, el jeque Abdal Rauf, como pueden imaginar, envió un amplio informe al sultán del Nayad-Hiyaz, Ibn Saud, haciendo resaltar la extraña petición de la condesa.

Ibn Saud ya estaba sobre aviso.

Hace diez días, las noticias de La Meca indicaban que se había hallado envenenado al marido de conveniencia de la condesa, y que ésta había sido detenida, al haber encontrado sobre ella, metido en una bolsita, un veneno muy potente…

El telegrama que notifica el juicio sumario y la ejecución de la condesa d'Andurain se nos presenta como el doloroso epílogo de un arriesgado y azaroso viaje.

¿Ha matado realmente la condesa a su compañero, como señalan ciertos contactos?

La cosa no está clara.

Dadas las circunstancias que acabamos de exponer sobre esta odisea, parece que los hechos podían haber ocurrido de la manera siguiente: la policía wahabí habría matado al meharista, y hecho caer la responsabilidad de este crimen sobre la audaz espía extranjera, para luego poder desembarazarse de ella legalmente.

(en *Le Mari-Passeport*, p. 151)

ARTÍCULO EN *L'ORIENT*, DIARIO FRANCÉS DE BEIRUT, 12 DE MAYO DE 1933

La trágica odisea de la condesa d'Andurain

Informamos ayer, según un telegrama privado de La Meca (que nos costó mucho descifrar, al estar redactado, como pueden suponer, en lenguaje convencional), que la condesa d'Andurain, acusada de haber envenenado a su marido de conveniencia, un beduino, fue juzgada sumariamente y ejecutada de inmediato.

No hemos recibido aún ninguna confirmación oficial de tan terrible suceso.

La información difundida ayer por *L'Orient* ha provocado una profunda y dolorosa impresión por todas partes. Queremos pensar, y lo deseamos, que el telegrama de La Meca sea una equivocación.

Ayer hemos podido conseguir nuevos informes, que nos permiten suponer que el autor del comunicado de La Meca sólo informa de un rumor, que ha circulado por la capital del islam.

Nuevos detalles

Los informes nos permiten afirmar que la tragedia, si es que la hubo, ha debido desarrollarse en Yidda, y no en La Meca.

Es sabido que la ley wahabí obliga a todo cristiano que abraza el islam a esperar un año, tras su conversión, antes de realizar el viaje a La Meca.

¿Desconocía la condesa d'Andurain este detalle, o quería apresurar su visita a la Kaaba por motivos que desconocemos?

Pero lo cierto es que la viajera tuvo que detenerse en Yidda, y fue allí donde su marido ficticio, el beduino, ha sido hallado muerto.

Podemos añadir que el cadáver fue enviado a Egipto para hacerle la autopsia, y que la respuesta de los expertos del laboratorio egipcio no ha tenido tiempo material para llegar a Yidda, a menos que fuera enviada por cable, lo que parece dudoso... y a la vez verosímil.

Dudoso porque un informe médico de tal gravedad necesita explicaciones, precisiones... Verosímil porque las autoridades wahabíes, cuyas formas de actuar son conocidas, han querido, dada la personalidad de la víctima, poner al mundo ante un hecho consumado, impidiendo así toda intervención diplomática.

La policía de Ibn Saud aparece como sospechosa, y con razón.

Hay contra ellos ciertos datos preocupantes:

1.º En primer lugar, la advertencia del cónsul del Nayad-Hiyaz en Damasco, avisando, con razón o sin ella, de la llegada de una «indicadora», que lleva un veneno y va acompañada de un marido ficticio.

2.º La súbita partida del cónsul de Damasco, y su embarque para Egipto, justo la víspera de la ejecución de «la francesa».

3.º Las autoridades wahabíes de Yidda, en lugar de impedir la entrada de la condesa, la han retenido en esta ciudad, con el pretexto de la aplicación del plazo de un año previsto por la ley.

Sea lo que sea, ante tantas noticias e informes contradictorios, todas estas hipótesis sólo pueden ser aceptadas con grandes reservas.

El único hecho cierto es que la condesa d'Andurain, acusada de haber envenenado a su marido ficticio, fue encarcelada en Yidda el 21 de abril y no ha sido liberada.

Queremos recordar, para los que no lo saben, que el conde y la condesa d'Andurain llevan residiendo cinco años en Palmira, donde compraron el hotel Zenobia, que se ha convertido en un lujoso *palace* del desierto, de reputación mundial.

La condesa d'Andurain es para los beduinos la castellana de Palmira, una especie de nueva reina Zenobia. Madame d'Andurain es
conocida en todo el desierto sirio, que recorre continuamente, com-
prando caballos, prestando dinero…

Para facilitar sus desplazamientos, obtuvo hace poco el carnet de
piloto aéreo, pero el gobierno no le ha concedido la autorización
para tener un avión privado.

SENTENCIA DEL PROCESO DE SOLEIMAN DIKMARI, 1933

Um Alquara de 7 Rabia 1352.

El cadí del tribunal de primera instancia de Yidda acaba de dictar sentencia en el proceso de los herederos de Soleiman Dikmari contra Zainab bent Maksime. Este juicio ha sido visto en apelación por el cadí de los cadíes, que lo ha confirmado.

El proceso de la inculpada ha tenido lugar en Yidda, con fecha de 23 Safar. Para la instrucción, la comparecencia de los testigos y las formalidades judiciales han sido necesarias varias sesiones. La sentencia del cadí se halla contenida en un extenso documento, que llenaría varias hojas de este periódico. Nos contentamos con reproducir en extracto el fallo.

El cadí, después de examinar la principal inculpación, así como las cuestiones secundarias que han venido a sumarse a la primera, ha dictado separadamente para cada uno de los casos los siguientes fallos:

1. En base a las actas escritas, que provienen de los servicios competentes del lugar del matrimonio, ha quedado establecida la validez de este matrimonio entre la inculpada y la víctima.

2. La parte civil no ha podido establecer la culpabilidad de la acusada, y sólo ha podido presentar como única prueba al respecto ciertas declaraciones puestas en boca de la víctima, que las habría hecho en el momento de la agonía, y según las cuales acusaba a su mujer.

   Dada por un lado la ausencia de pruebas, y, por otra parte, habiendo tomado en consideración el cadí el desacuerdo existente entre los dos esposos.

   Temiendo, en consecuencia, que la víctima quisiera ven-

garse de su mujer, y también por otras razones legales expues-
tas en este acta, el cadí ha dictado sentencia absolviendo a la
interesada de la inculpación de haber envenenado a su marido, y deteniendo cualquier diligencia contra ella por parte de
los herederos.

3. Respecto a la sucesión, el cadí ha dictado sentencia deshere-
dando a la acusada.

4. Ha condenado a la inculpada a un castigo infamante, al quedar establecido que fue encontrada con un extranjero.

Dado que el período de detención de la inculpada coincide con
el previsto para esta última sentencia, la inculpada ha sido puesta en
libertad.

(en *Le Mari-Passeport,* p. 143)

AGRADECIMIENTO DE LA FIRMA KALMINE, 1934

Tours, 24 de mayo de 1934

Señora d'Andurain
a la atención de *L'Intransigeant*
París

Señora:

Hemos encontrado en su apasionante relato «Bajo el velo del islam» varios pasajes en los que cita nuestro producto.

Kalmine, como sabe, no hace ninguna publicidad, por lo que nosotros sólo podemos ser receptivos a la confianza que usted manifiesta hacia nuestra especialidad.

Permítanos enviarle 100 cajas de 1 pastilla, aunque sólo sea para reemplazar la provisión que le cogió el «shauish» que, evidentemente, ha apreciado él también los beneficios de KALMINE.

Reciba, señora, nuestra más distinguida consideración.

P. Pon P. METADIER

ARTÍCULO EN *PARIS-SOIR*, 10 DE ENERO DE 1937

El señor Pierre d'Andurain
ha sido asesinado en Palmira

La familia de Pierre d'Andurain, que vive en los Bajos Pirineos, acaba de recibir un telegrama que anuncia que este último ha sido asesinado en Siria, en Palmira.

El hijo del señor d'Andurain, que firma el mensaje, no da otras informaciones.

El señor Pierre d'Andurain era esposo de la señora d'Andurain, que tuvo aventuras sensacionales en Oriente. Ella fue condenada a muerte hace cuatro años por haber entrado en el santuario de La Meca. Debió su salvación a las intensas intervenciones de altas personalidades del mundo diplomático.

Estuvo igualmente implicada en el asesinato de un jefe árabe.

ARTÍCULO EN *PARIS-SOIR*, 13 DE ENERO DE 1937

Un ladrón beduino asesina al conde d'Andurain

De nuestro enviado especial, Palmira 11 de enero

¡Pierre d'Andurain ha sido asesinado! La noticia ha provocado en Damasco, tanto en la zona europea como en los zocos, una conmoción notable.

En efecto, ¿quién no conoce a la señora d'Andurain, aventurera, viajera a La Meca, reina del desierto? ¿Quién no apreciaba al señor d'Andurain, peculiar gran señor, hotelero, establecido desde hace años en Tadmor, la ciudad de los palmerales del rey Salomón, la antigua Palmira? En el cruce de las carreteras de Siria e Irak, un nuevo drama vivifica la célebre mansión por donde han pasado todos los que visitan la ciudad muerta.

¡Qué decorado!

AL PIE DEL TEMPLO DEL SOL

La carretera es larga y difícil, sobre todo en este momento, cuando atraviesa las montañas sirias. Después de varias horas de automóvil, llegamos al desierto donde campearon Marco Antonio y Nabucodonosor.

La fabulosa ciudad, que contaba con cien mil habitantes hace varios siglos, no es hoy más que una modesta aldea donde encuentran acogida los beduinos trashumantes. Ni Baalbek ni Babilonia muestran una desolación semejante.

Las ruinas, acumuladas en montones, dominan las arenas. En medio de las columnas, cuya base por sí misma supera la altura de un hombre y cuyos fustes coronan el cielo oriental, se alza un fantástico templo del Sol, verdadero refugio para gigantes. No lejos se encuentra el hotel d'Andurain, desde donde se descubre un desierto en el que es imposible aventurarse sin un guía beduino. No hay carretera, las pistas se pierden; sólo hay curvas en las que no hace mucho un meharista anduvo ocho días y acabó sucumbiendo a la fatiga y el hambre.

LE HA MATADO UN BEDUINO

El hotel, que se eleva a la entrada de Palmira, se compone de un caravasar con dos patios, donde se detienen nuestros oficiales, comerciantes sirios, ingenieros del oleoducto de Mosul y ricas caravanas persas.

El señor d'Andurain había salido el 29 de diciembre hacia las siete de la mañana, como cada día, para controlar el funcionamiento del molino de viento que hace llegar el agua al hotel; llevaba ausente unos diez minutos cuando se le oyó lanzar un grito.

Regresó inmediatamente; estaba cubierto de sangre. Se desplomó.

Su mujer y sus criados intentaron que recobrara el conocimiento y lo lograron con dificultad.

—Un beduino ha intentado robarme y me ha matado —murmuró el señor d'Andurain.

Fueron sus últimas palabras, pues entró en coma.

Como el cadáver estaba acribillado de puñaladas, la señora d'Andurain logró del mando militar de Palmira que un avión trasladara inmediatamente a su marido a Damasco. La aeronave se preparaba para partir cuando el señor d'Andurain expiró.

Un médico militar practicó la autopsia al día siguiente. Estableció que el señor d'Andurain había recibido tres puñaladas, la primera de las cuales le atravesó el omóplato, la segunda le abrió la bóveda craneal y la tercera le sacó el ojo derecho. Las autoridades judiciales de Damasco fueron entonces avisadas por radio.

LA INVESTIGACIÓN

La investigación ha mostrado dos huellas de calzado desgastado en el lugar del crimen. Estas huellas hacen suponer que el asesino es un antiguo criado del hotel.

El móvil del crimen fue el robo. En el momento en que fue asesinado, el señor d'Andurain tenía 30.000 francos en efectivo en su cartera de mano. Esta suma ha desaparecido.

Se busca […] valioso que el señor d'Andurain llevaba a menudo grandes sumas […] En efecto, el gran señor hotelero tenía numerosos negocios con los beduinos. Él les compraba rebaños y les daba a menudo préstamos considerables.

REY DEL DESIERTO

En toda la región de Palmira, el conde y la condesa d'Andurain eran considerados verdaderos reyes del desierto.

Se habían divorciado hacía algunos años por alguna misteriosa razón. Poco después de haberse separado de su marido, la condesa d'Andurain se casó con el jeque Soleiman, un beduino que había convenido llevarla a La Meca, la ciudad santa […] La pareja […] Yidda, la capital de Ibn Saud […] el jeque Soleiman sucumbió en extrañas circunstancias. Había sido envenenado. La señora d'Andurain fue puesta en prisión y condenada a muerte. El cónsul francés en Yidda, señor Maigret, la salvó a tiempo de una condena arbitraria y ella volvió a Francia.

Hace unos meses regresó a Siria y el pasado 15 de diciembre se casó de nuevo con su anterior marido ante nuestro cónsul en Beirut.

Como los ligaba una vieja amistad, se dijo en aquella época que el señor d'Andurain se proponía únicamente que su antigua mujer recuperara la nacionalidad francesa. Ellos dejaron entrever la posibilidad de un próximo divorcio. Sin embargo, regresaron juntos a Palmira para explotar el hotel los dos.

Amazona intrépida, mujer valerosa, la señora d'Andurain [...] en Siria, en las regiones que recorrieron, no existen ya los temibles salteadores de caminos, una [...] admirable leyenda. Se le atribuyen aventuras tan sorprendentes como heroicas, aventuras en las que ella mostró tanta audacia como agallas. ¿No ayudó a capturar al más terrible de los bandidos del Líbano?

ARTÍCULO EN *COMBAT*, 25 DE DICIEMBRE DE 1946

Una misteriosa aventurera, la ex condesa d'Andurain, ha sido detenida en Niza

Después de haber vendido joyas en La Meca, quizá asesinó
a un camellero y numerosas personas

Niza, 24 de diciembre. Una sorprendente aventurera, cuya actividad en Oriente Próximo fue ya muy comentada antes de la guerra y cuya personalidad real sigue siendo misteriosa, la ex condesa Marguerite d'Andurain, de cincuenta años, acaba de ser arrestada en Niza por el comisario Courtant, de la Primera Brigada Móvil de París.

Este último, antes de llegar a la Costa Azul y de detener a Marguerite d'Andurain, que vivía allí desde hacía algunos meses con su hijo Jacques, había realizado una prolongada investigación que le había llevado sucesivamente al norte de África, Siria y el Líbano.

Esta investigación reveló datos de extraordinaria gravedad, y la condesa quizá estuviera implicada en una tragedia que parece salida de un cuentacuentos oriental, en cuyo curso un gran número de personas encontró la muerte. Por otra parte, no es posible saber todavía si este asunto no es paralelo a la actividad de los servicios secretos en esta parte del mundo, en la que ellos tienen que intervenir.

CONDENADA A MUERTE EN LA MECA

El drama en el que la «condesa» parece haber representado el papel principal, estuvo precedido de un alzamiento de telón en 1933 que ya hizo sensación. La señora d'Andurain dirigía en Palmira con su esposo, de la antigua nobleza vasca, un gran hotel de turismo. Pero ella hacía largas incursiones por el desierto para comprar y vender ganado y prestar dinero a los beduinos con fuertes intereses. Después de haberse divorciado en 1931, se casó con un jefe de tribu wahabí que murió envenenado en 1932. Como consecuencia de este asunto, la ex condesa d'Andurain, condenada a muerte por ahorcamiento en La Meca, logró, no se sabe en qué condiciones, huir y regresar a Francia.

Durante la Ocupación se refugió en el norte de África, donde su pasado misterioso no le impidió introducirse en medios políticos gracias, se dice, a los servicios secretos.

El asesinato del camellero

No se sabe en qué medida los hechos que actualmente se le imputan están en relación con los que antes de la guerra fueron causa de sus primeros tropiezos. A pesar de la discreción policial, esto es lo que nos ha sido posible saber: la señora d'Andurain emprendió una peregrinación a La Meca, no con un fin turístico, sino para vender un lote importante de perlas y diamantes.

Para conseguir sus fines, se hizo amante de un camellero y, disfrazada de hombre, se introdujo en una caravana. Así llegó hasta la ciudad santa del islam. En el camino de vuelta, y sin duda para no compartir los beneficios de la operación, se desembarazó del camellero. A eso siguieron una serie de muertes. Varios estorbos, sus amantes, sus cómplices o sus asociados fueron asesinados a puñaladas o envenenados. Llegó incluso a aplastar a uno de ellos con su automóvil para que pareciera un accidente.

Los policías han dejado Niza este mediodía con su prisionera, que llegará a París mañana por la mañana.

TITULARES DE PERIÓDICO SOBRE MARGA D'ANDURAIN

25 de diciembre de 1946

«Por hierro o por veneno, la bella marquesa debe de haber asesinado a quince personas.» *(L'Humanité)*

«Aventurera con veinte crímenes, la baronesa d'Andurain arrestada después de una larga investigación en el norte de África, donde ella asesinó a un jefe árabe y a un camellero, testigos molestos del tráfico de piedras preciosas.» *(Libération)*

«La marquesa d'Andurain, detenida en Niza, es sospechosa de quince asesinatos… que quizá cometió en el camino a La Meca.» *(France-Soir)*

«Para vender joyas en La Meca, una bella aventurera sedujo a un camellero que no iba a volver a ver. La policía sospecha que "eliminaba" a sus amantes y cómplices cuando se volvían molestos.» *(Libé-Soir)*

«Hija del desierto. ¿La vizcondesa d'Andurain ha matado a su marido, su hijo y su primo? Ha sido detenida en Niza por la policía de París.» *(Nice-Matin)*

26 de diciembre de 1946

«Una misteriosa aventurera ha sido detenida en Niza.» *(Le Monde)*

«La aventurera de los veinte crímenes. Por donde pasaba la marquesa d'Andurain, la muerte golpeaba inmediatamente… ¿Se conocerá la suma total del muertes?» *(L'Aurore)*

«Marguerite d'Andurain, amazona y agente doble, ha sido trasladada hoy a París. Ex reina de Palmira, ¿Marga d'Andurain ha matado?»
(Parisien Liberé)

27 de diciembre de 1946

«Aventurera. Así aparece la condesa d'Andurain, de nuevo sospechosa
en relación con la muerte de su primo.» *(Le Monde)*

«Una única acusación contra Marga d'Andurain: el envenenamiento
de su sobrino Raymond Clérisse.» *(Libération)*

«Detención en Niza de Marguerite d'Andurain, sospechosa de varios
crímenes.» *(Le Figaro)*

«Una misteriosa condesa ha sido detenida. Disfrazada de árabe, viajó a La Meca.» *(Daily Graphic)*

28 de diciembre de 1946

«La misteriosa vida de Marga d'Andurain. Del comercio de perlas
falsas a la hostelería en el desierto.» *(Libération)*

«La vizcondesa d'Andurain, envenenadora. En un billete de metro,
Raymond Clérisse había escrito: "Marga me ha dado un bombón
que tenía un gusto raro…". Murió tres días después.» *(Franc-Tireur)*

29 de diciembre de 1946

«La señora d'Andurain es culpable… lo dicen los amigos de Clérisse, pero el hijo de la inculpada acusa a su vez.» *(L'Aurore)*

30 de diciembre de 1946

«La carretera de La Meca terminaba en el harén. No obstante, Marga se había hecho musulmana y se había casado con un camellero.» *(Libération)*

31 de diciembre de 1946

«Caballero del puñal, amazona de las arenas, la vizcondesa d'Andurain eclipsa a la Brinvilliers y a Mata-Hari.» *(La Presse)*

«Llegada a París, Magda [*sic*] d'Andurain fue interrogada por el señor Goletty. "Es una mujer inteligente, pero sobre todo una drogadicta…", nos dijo uno de los que vivieron con la inculpada en un campo de concentración español.» *(L'Aurore)*

«Princesa de la aventura, Marga d'Andurain me dijo: "Estoy lista para la pelea". "Tenía el diablo en el cuerpo. El canónigo d'Ascain me exorcizó."» *(France-Soir)*

2 de enero de 1947

«Enamorada de Arabia, me he convertido en Zainab, jefe de tribu y reina de las arenas.» *(France-Soir)*

7 de enero de 1947

«Marga d'Andurain ha sufrido su primer interrogatorio.» *(Parisien Liberé)*

22 de enero de 1947

«Marga d'Andurain, en libertad condicional.» *(Parisien Liberé)*

16 de diciembre de 1948

«Marga d'Andurain vuelve a la actualidad desapareciendo misteriosamente en Tánger.» *(Libération)*

«Marga d'Andurain, mi madre, partió para dedicarse al tráfico de polvo de oro entre el Congo y Tánger. Ella desapareció tres años, día tras día, después del envenenamiento de su sobrino.» *(France-Soir)*

17 de diciembre de 1948

«Marga d'Andurain, ¿ha sido eliminada por la banda del oro?» *(Libération)*

«Detenidos ayer en Casablanca Renato Poncini y Hélène Kulz. ¿Son los secuestradores de la condesa?» *(France-Soir)*

18-19 de diciembre de 1948

«En la rada de Tánger un alemán, Hans Abele, ha asesinado a Marga d'Andurain y ha arrojado su cuerpo por la borda.» *(Le Courrier de Bayonne)*

20 de diciembre de 1948

«La policía duda de la muerte de la condesa. Se pregunta si la condesa d'Andurain no ha escenificado su propia muerte.» *(Libération)*

21 de diciembre de 1948

«"Ni accidente ni puesta en escena. Marga d'Andurain ha sido estrangulada por Poncini", confiesa finalmente Hélène Kulz.» *(L'Aurore)*

29 de marzo de 1949

«Los asesinos de Marga d'Andurain, ante un jurado internacional.» *(L'Aurore)*

30 de marzo de 1949

«El alemán Hans Abele, condenado a veinte años de reclusión. A su cómplice se le inflige una pena de un año de prisión.» *(Le Courrier de Maroc)*

31 de marzo de 1949

«Veredicto en Tánger. Veinte años de reclusión para Abele, asesino de Marga d'Andurain.» *(France-Soir)*

[en Julie d'Andurain, *Marga d'Andurain (1893-1948).*
Une Occidentale d'avant-garde en Orient, octubre 1996]

ARTÍCULO EN LA REVISTA *LIFE*

La condesa misteriosa

La fabulosa vida y amores de Marga d'Andurain recuerdan una versión de «Arsénico por compasión» en el desierto.

Ocho palabras misteriosas, garabateadas al dorso de un billete del metro de París por un hombre moribundo, llevaron al arresto, el mes pasado, de una de las bellezas más legendarias de Oriente Próximo. Las palabras —«El dulce que Marga me dio tenía un sabor raro»— fueron escritas en noviembre de 1945 por Raymond Clérisse, de veintiséis años de edad. La hermosa condesa Marga d'Andurain, de cincuenta y un años, fue arrestada por haber envenenado a Raymond, su sobrino.

Era sólo otro episodio más de la historia de la condesa d'Andurain, en cuya misteriosa vida ha habido más amores, asesinatos y fugas sorprendentes que en el guión de una película de serie B. Cuando la policía la arrestó, era una mujer esbelta, de ojos oscuros y aspecto corriente que no mostraba huellas visibles de sus experiencias. Su rostro recordaba ligeramente a la belleza que le había valido el título de Reina del Desierto. La prensa dijo que era «un personaje de *Arsénico por compasión*», porque «la muerte atacaba de inmediato dondequiera que Marga estuviera». Su turbulenta historia empezó en la provinciana Bayona, donde nació y se casó con el rico conde Pierre d'Andurain. Tenaz y romántica, Marga convenció a su afable y débil esposo para que se establecieran en Palmira, Siria.

Allí, no tardó en convertir su hotel Reina Zenobia en un nido de intrigas, coqueteando con los jeques locales y los representantes coloniales. Para 1932 estaba tan enamorada del mundo musulmán que dijo haberse convertido al islam; se divorció de su esposo, se casó con un beduino e inició una peregrinación a La Meca. Pero entre Yidda y La Meca fue raptada por la tribu de su nuevo marido, furiosos porque éste se hubiera casado con una infiel. Luego, durante su cautiverio en las montañas, su marido fue envenenado. La condesa fue declarada culpable por un tribunal tribal y sentenciada a morir lapidada. No obstante, los franceses intercedieron ante el rey Ibn Saud y fue liberada.

De vuelta en Palmira, volvió a casarse con el conde Pierre, que pocas semanas después moría apuñalado en el hotel Zenobia. Las autoridades investigaron, pero no pudieron probar nada. Poco antes de la guerra, volvió a Francia y, después de la ocupación alemana, se trasladó a un piso en París, donde su sobrino Raymond la visitaba con frecuencia. Un día, justo cuando él se marchaba, le metió, jugando, un pastelillo en la boca. Para cuando llegó a casa, sufría unos violentos espasmos y sus desesperadas últimas palabras pusieron en marcha la investigación policial. Cuando la arrestaron en Niza, había alquilado una casa abandonada y la estaba decorando con recuerdos de su vida.

El mes pasado, la condesa, envuelta en un viejo abrigo de piel, vestida con un pantalón de chándal deportivo y ocultando la cara fue trasladada a una cárcel de París, mientras protestaba de su inocencia. Hasta ahora, no ha aparecido ningún jeque del desierto para salvarla.

ARTÍCULO EN LA REVISTA *TIME*, 13 DE ENERO DE 1947

¿Asesinato, cariño?

En la estación de Lyon destellaban los flashes. Los cazanoticias se daban codazos para ver a la glamurosa prisionera. La puerta de un compartimiento de tercera clase en el expreso de la Riviera se abrió y aparecieron tres gendarmes. Entre dos de ellos, caminando con elegancia, con sus botas altas, forradas de piel, los hombros envueltos en armiño y sus encantadores rasgos ocultos detrás de un espeso velo negro, estaba Marga, la condesa d'Andurain, de cincuenta y un años, trotamundos y supuesta agente secreto. Había vuelto a París, esta vez acusada de asesinato.

Hija de un notario del sur de Francia, Marga escapó de la aburrida tranquilidad de una vida de clase media casándose (1911) con un rico conde vasco, mucho mayor que ella. El paciente Pierre d'Andurain la siguió dócilmente mientras ella recorría a toda velocidad España, Marruecos, Argelia y Sudamérica. En 1923, la pareja se estableció en Palmira, Siria, desde donde, en otro tiempo, la reina Zenobia dominaba las rutas de las caravanas del desierto. Allí el conde era dueño del hotel Reina Zenobia, un caravasar con paredes de barro, pero lujosamente amueblado, preparado para recibir a los magnates del petróleo, los jeques del desierto y a los ocasionales viajantes de comercio sirios. En pocos años, Marga convirtió este oasis en un refugio de intrigas y amoríos. Se dice que el emir Fawaz el Sha'lan despilfarró el tesoro de su tribu con Marga. Según parece, incluso el infatigable rey Ibn Saud era asiduo. Marga no tardó en amasar una fortuna personal de unas 20.000 libras.

Diecinueve heridas de puñal. En 1932, Marga decidió visitar la prohibida Meca. Sin más preámbulos, se divorció del conde y se casó con un devoto musulmán. Cuando la pareja iba en peregrinaje a la ciudad santa, la tribu de su marido —resentida por aquel matrimonio con una infiel— los secuestró a los dos. Marga estuvo semanas cautiva en las montañas. Luego, un día, su jeque fue encontrado muerto, envenenado. Los musulmanes se apresuraron a declarar culpable a Marga y ordenaron que fuera lapidada. Sólo salvó la vida por la intervención de Ibn Saud.

Entonces volvió a casarse con el conde. Poco después, también él fue encontrado muerto, apuñalado por la espalda diecinueve veces. Las investigaciones no consiguieron inculpar a Marga (aunque dos oficiales franceses que habían dudado de su testimonio la acusaron de haber tratado de atropellarlos posteriormente con su coche). Justo antes de la Segunda Guerra Mundial, Marga apareció en una villa francesa, cerca de la frontera española. La prensa insinuó que traficaba con los nazis. Pero después de la ocupación nazi, Marga fue al norte de África. Allí, los rumores la asociaron con las actividades secretas británicas y francesas.

En 1943 estaba en París, cómodamente instalada en un pequeño apartamento, donde su sobrino, Raymond Clérisse, un joven abogado francés, a veces se dejaba caer para tomar el aperitivo. Un día, Marga tuvo una visita especialmente agradable de Raymond. Cuando se iba, le metió un pastelillo en la boca. «Gracias», dijo Raymond y se marchó. Más tarde fue presa de unos horribles espasmos. Sólo tuvo la fuerza necesaria para garabatear en el dorso de un billete de metro: «El pastel que Marga me dio sabía raro». Unos días más tarde había muerto. La policía interrogó a Marga, pero pronto abandonó el caso.

Hace quince días, en el lujoso apartamento de Niza que comparte con su hijo Jacques, editor comunista, Marga y tres amigos fueron bruscamente interrumpidos a la hora del almuerzo por el fantasma del difunto Raymond. Tres gendarmes arrestaron a Marga como sospechosa de asesinato. «Volverá —afirmó una amiga con seguridad, cuando se llevaban a la condesa—. Es una de las personas con más sensibilidad artística que he conocido nunca. Es incapaz de hacer daño a una mosca.» Pero la florista de Marga dijo, moviendo la cabeza, dubitativa: «Era una clienta extraña. Siempre pedía flores que ya hubieran empezado a marchitarse».

CARTA DE MADAME DE HOPPENOT

Los Andurain nos esperan como al Mesías. Han tenido problemas graves, interminables discusiones con los escasos pobladores del oasis debidas a su falta de sangre fría. El *mudir* de la aldea y el oficial meharista, capitán Ghérardi, que manda el destacamento, se han convertido en sus enemigos a muerte y aquí, como nadie tiene nada que hacer, todos se preocupan de todos (es preciso decir que Marga Andurain volvería loco a un psiquiatra). La autoridad militar está cerca de considerarla una espía después de que un avión, en el que ella se encontraba en compañía de un oficial inglés, aterrizó en las ruinas; Ghérardi se encarga de vigilarla. Ha derribado un muro que cerraba una chabola que ella llamaba «mi parque de las gacelas» con el pretexto de que invadía la carretera y el incidente ha arrojado leña al fuego. Marga, que presume de tener pequeños y grandes contactos en el Alto Mando de Beirut, no deja de repetir: «¡Iré a ver a Ponsot! ¡Se lo diré a Ponsot!». En cuanto ha visto a un hombre dos veces, le llama por su nombre de pila cualesquiera que sean sus títulos, edad o rango, y le basta ver a una mujer durante más de una hora para llamarla «amiga mía». Sus proyectos de arreglo del hotel son tan grandiosos como extravagantes: quiere ampliar el edificio construyendo otro en la parte de atrás (para relegar a los turistas maleducados), instalar una moderna central lechera, una piscina, un palmeral y tener una avioneta de turismo que pensaba encargar en Nueva York; en fin, representar el papel de una Zenobia del siglo xx. ¡Y esperando estos lujos, no hay agua para llenar una bañera! ¡Ella afirma que están matando a sus gacelas arrojando por encima del muro alimentos envenenados, que le roban el berro que ella se hace subir, sin preocuparse del deseo irresistible que tiene de comerlo, que intentan despedir a sus criados, beduinos que ella educa con paciencia angelical —es lo único que tiene de angelical— y que, para acabar,

una parte de la aldea está en contra de ella! Un día, en ausencia de
su marido, la vizcondesa d'Andurain se dio cuenta de que unas
mujeres habían penetrado en el recinto de su casa. Les gritó en árabe
que «dispararía al bulto» si se acercaban, pero las otras, creyendo que
era una broma, avanzaron riéndose. Sonó un disparo de fusil que,
afortunadamente, no dio a nadie, pero que no contribuyó a aumentar la popularidad de esta mujer extravagante, esta aventurera que se
equivocó de siglo para nacer. Su hermoso rostro está bien conserva-
do por los cuidados de belleza, tan meritorios en este desierto, viste con elegancia, pero su verborrea y sus quejas son tan insufribles
que sólo se tiene un deseo: ¡huir, huir lo más lejos posible!

(*Diario inédito de Hélène Hoppenot, 4 de abril de 1930*
Publicado en el Blog de Julie d'Andurain, 2008)

NOTA INFORMATIVA QUE SE DABA
A LOS CLIENTES EN EL HOTEL ZENOBIA
DE PALMIRA (SIRIA)

La condesa Mangrete Donne de Ranne

Nació en Lyon, Francia, en 1898. Consiguió el título de condesa al casarse con el conde Donne de Ranne. Vivía con él, cómodamente, en la opulencia y la ociosidad, sin ningún respeto por las tradiciones ni la moral.

Durante la Gran Revuelta árabe de 1916 fue secretaria de Lawrence de Arabia. Se alojaban en el hotel Shepheard, de El Cairo. Después de la conferencia de San Remo, en 1920, se trasladó a Siria, donde vivía en el hotel Zenobia, de Palmira. Se lo compró a la compañía francesa Kettaneh, que lo había construido entre Damasco y Bagdad. Por ese tiempo, una agresiva compañía de viajes británica llamada Nairn puso en marcha una línea directa entre Damasco y Bagdad, sin pasar por Palmira.

Por aquel entonces, la condesa vivía en Palmira, con su marido. El hotel se iluminaba mediante un molino eólico que también suministraba agua y cargaba las baterías. La condesa se alojaba en las habitaciones números 1 y 2; eran sus aposentos privados. En la estancia había una pequeña ventana para que la condesa pudiera ver a los huéspedes que entraban y salían. Construyó algunos de los anexos del hotel, como el garaje y el restaurante.

Los oficiales franceses solían acudir al hotel con frecuencia para tomar bebidas alcohólicas en el bar. Agatha Christie vivió en el hotel más de tres meses, en la misma habitación, y escribió algunas de sus novelas allí. El presidente francés François Mitterrand también ocupó la misma habitación.

Bibliografía

Libros

ALMARCEGUI, P., *Alí Bey y los viajeros europeos a Oriente*, Bellaterra, Barcelona, 2007.

AL-RASHEED, M., *Historia de Arabia Saudí*, Cambidge University Press, Madrid, 2003.

AL-YAHYA, E., *Travellers in Arabia*, Stacey International, Londres, 2006.

APERTÉGUY, P., *Le roi des sables*, Librairie des Champs-Élysées, París, 1939.

AUDOIN-ROUZEAU, S. y BECKER, A., *La Grande Guerre 1914-1918*, Gallimard, París, 1998.

AUDOUIN-DUBREUIL, D., *La Croisière Jaune,* Glénat, Grenoble, 2002.

BEATTIE, A., PEPPER, T. y TELLER, M., *Siria y Jordania*, Ediciones B, Barcelona, 2000.

BENITO, R., *Sinaí Jordania Siria*, Abraxas, Barcelona, 2001.

BENOIST-MÉCHIN, J., *Ibn Séoud ou la naissance d'un royaume*, Albin Michel, París, 1990.

BENOIT, P., *La Châtelaine du Liban*, Albin Michel, París, 1986.

BLOTTIÈRE, A., *Vintage Egypt*, Flammarion, París, 2003.

BLUNT, A., *Viaje a Arabia*, Laertes, Barcelona, 1983.

—, *Anna d'Arabie*, Phébus, París, 1994.

BOBZIN, H., *Mahoma*, Folio, Barcelona, 2004.

BOISSEL, T., *La vie extraordinaire de Lady Stanhope*, Albin Michel, París, 1993.

—, *Lady Stanhope, la vraie Châtelaine du Liban*, Albin Michel, París, 1993.

BOSCH, A., *Los siete aromas del mundo*, Planeta, Barcelona, 2004.

BOWLES, P., *Memorias de un nómada*, Grijalbo, Barcelona, 1990.

BOYER-RUNGE, C., *Syrie, Guide Bleu*, Hachette, París, 2004.

BRUCE, I., *The Nun of Lebanon*, Collins, Londres, 1951.

BURTON, R. F., *Mi peregrinación a Medina y a la Meca I, II y III*, Laertes, Barcelona, 1985.

—, *Epílogo a las mil y una noches*, Laertes, Barcelona, 1989.

CAVE, A., *Philby père et fils*, Pygmalion, París, 1997.

CHAUVEL, G., *Eugenia de Montijo*, Edhasa, Barcelona, 2000.

CHRISTIE, A., *Ven y dime cómo vives*, Tusquets, Barcelona, 1987.

CRISTOBAL, R., *La Costa Azul*, Planeta, Barcelona, 2003.

D'ANDURAIN, J., *Drôle de mère*, In Libro Veritas, Cergy, 2007.

—, *Commentaires après-guerre*, In Libro Veritas, Cergy, 2007.

D'ANDURAIN, M., *Le Mari-passeport*, Jean Froissart, París, 1947.

DARAUD, G., *Trente ans au bord du Nil*, Lieu Commun, París, 1987.

DARMON, P., *Vivre à Paris pendant la Grande Guerre*, Fayard, París, 2002.

DE LA RADA Y DELGADO, J., *Las peregrinaciones a la Meca en el siglo XIX*, Miraguano, Madrid, 2005.

DE TAILLAC, M.-C., *La Comtesse de Palmyre*, Belfond, París, 1994.

DEACON, R., *The french Secret Service*, Grafton Books, Londres, 1990.

DEGEORGE, G., *Palmyre*, Garamont-Archimbaud, París, 1987.

DESANTI, D., *La femme au temps des Années Folles*, Stock/Laurence Pernoud, París, 1984.

DOS PASSOS, J., *Años inolvidables*, Alianza, Madrid, 1974.

—, *Orient Express*, Ediciones del Viento, La Coruña, 2005.

DOUGHTY, CH., *Arabia desierta*, Ediciones del Viento, La Coruña, 2006.

EDER, C., *Les comtesses de la Gestapo*, Grasset, Pris, 2006.

EDWARDS, A., *Mil millas Nilo arriba*, Turismapa, Barcelona, 2003.

EL-HAGE, B., *Saudi Arabia. Caught in time (1861-1939)*, Garnet, Londres, 1997.

ERRERA, E., *Isabelle Eberhardt*, Circe, Barcelona, 1988.

FALIGOT, R. Y KAUFFER, R., *Histoire mondiale du renseignement*, Robert Laffont, París, 1993.

FEILER, B., *Recorriendo la Biblia*, Ediciones del Bronce, Barcelona, 2002.

FERGUSON, N., *El imperio Británico*, Debate, Barcelona, 2005.

FLETCHER, J., *La nómada apasionada*, Planeta, Barcelona, 2001.

FOURNIÉ P. y RICCIOLI, Jean Louis, *La France et le Proche-Orient (1916-1946)*, Casterman, Bélgica, 1996.

FOX, M., *Passion's Child*, Hamish Hamilton, Londres, 1976.

FREELY, J., *En el Serrallo*, Paidós, Barcelona, 2000.

FREETH, Z. Y WINSTONE, V., *Explorers of Arabia*, George Allen & Unwin, Londres, 1978.

GOYHENETCHE, M., *Bayonne guide historique*, Elkar, Bayona, 1986.

GOYTISOLO, J., *De la Ceca a la Meca*, Alfaguara, Madrid, 1997.

GRAVES, R., *Lawrence y los Árabes*, Seix Barral, Barcelona, 1992.

—, *Lawrence de Arabia*, Ediciones Folio, Madrid, 2003.

HEIMERMANN, B., *Titayna*, Circe, Barcelona, 2001.

HODGSOB, B., *Señoras sin fronteras*, Lumen, Barcelona, 2006.

HOURANI, A., *La Historia de los Árabes*, Ediciones B, Barcelona, 2003.

HOWELL, G., *La hija del desierto*, Lumen, Barcelona, 2008.

HUMBERT, A., *La resistencia*, RBA, Barcelona, 2008.

HUREAU, J., *La Syrie aujourd'hui*, Éditions du Jaguar, París, 1987.

JONES, J. (editor), *Viajeros españoles a Tierra Santa (siglos XVI y XVII)*, Miraguano, Madrid, 1998.

JORDÁ, E., *Tánger y otros Marruecos*, Destino, Barcelona, 1993.

KAZAN, F., *Tras los Muros del Harén*, Planeta Internacional, Barcelona, 2003.

KIDWAI, A., *El Islam*, Tikal, Madrid, 1998.

LAGNADO, L., *Cairo Suite*, Santillana, Madrid, 2008.

LAWRENCE, T. E., *Los siete pilares de la sabiduría*, Ediciones B, Madrid, 2000.

—, *Rebelión en el desierto*, Ediciones de Intervención Cultural, Barcelona, 2002.

LEGUINECHE, M., *El último explorador*, Seix Barral, Barcelona, 2004.

LOTI, P., *El desierto*, Abraxas, Barcelona, 2000.

—, *Supremas visiones de Oriente*, José J. de Olañeta, Palma de Mallorca, 2001.

—, *La escandalosa vida de Jane Digby*, Almed, Granada, 2008.

MACK, J., *Lawrence de Arabia*, Paidós, Barcelona, 2003.

MACKEY, S., *Los Saudíes*, Paidós, Barcelona, 2004.

MADSEN, A., *Coco Chanel*, Circe, Barcelona, 1998.

MAILLART, E., *La vagabonde des mers*, Payot, París, 2002.

MANZANERA, L., *Mujeres espías*, Debate, Barcelona, 2008.

MARTÍN, P., *Descripción del Egipto Otomano*, Miraguano, Madrid, 2006.

MAZZUCO, M., *Ella, tan amada*, Anagrama, Barcelona, 2006.

MERNISSI, F., *El Harén en Occidente*, Espasa Calpe, Madrid, 2001.

MIERMONT, D., *Annemarie Schwarzenbach ou le mal d'Europe*, Payot, París, 2004.

MONOD, T., *Peregrino del desierto*, José J. de Olañeta, Palma de Mallorca, 2000.

NÉMIROVSKY, I., *Suite francesa*, Salamandra, Barcelona, 2005.

NIGHTINGALE, F., *Cartas desde Egipto 1849-1850*, Plaza & Janés, Barcelona, 2002.

NOUEL, E., *Carré d'as aux femmes*, Guy le Prat, París, 1977.

PONIATOWSKI, M., *Mémoires de Michel Poniatowski*, Plon, París, 1997.

RAMONA, P., *Paquebots vers l'Orient*, Alan Sutton, Joué-lès-Tours, 2001.

RAYMOND, A., *Le Caire*, Fayard, París, 1993.

REGÁS, R., *Viaje a la luz del Cham*, Siete Leguas, Madrid, 2003.

Reiss, T., *El orientalista*, Anagrama, Barcelona, 2007.

Rice, E., *El capitán Richard F. Burton*, Siruela, Madrid, 1992.

Rodenbeck, M., *El Cairo ciudad victoriosa*, Almed, Granada, 2004.

Rodríguez, M., *Espías vascos*, Txalaparta, Tafalla, 2004.

Rondeau, D., *Tanger*, Quai Voltaire, París, 1987.

—, *Tánger y otros Marruecos*, Almed, Granada, 2006.

Ruthven, M., *Freya Stark in the Levant*, Garnet Publishing, Reading, 1994.

Said, E., *Orientalismo*, Debate, Barcelona, 2002.

Saint Phalle, N., *Hoteles literarios*, Alfaguara, Madrid, 1993.

Salquain, P., *Autrefois Bayonne*, Atlantica, Anglet, 2001.

Schwarzenbach, A., *Muerte en Persia*, Minúscula, Barcelona, 2003.

—, *Orient exils*, Payot, París, 2003.

Seidel, M. y Schulz, R., *Egipto arte y arquitectura*, Tandem, Königswinter, 2005.

Shrady, N., *Caminos sagrados*, Muchnik Editores, Barcelona, 2001.

Simiot, B., *Yo, Zenobia, reina de Palmira*, RBA, Barcelona, 2000.

Simmons, J., *Peregrinos Apasionados*, Mondadori, Madrid, 1989.

Singer, K., *Las espías más famosas del mundo*, Rodas, Madrid, 1972.

Solé, R., *Diccionario del amante de Egipto*, Paidós, Barcelona, 2003.

—, *Viajes por Egipto*, Oceano, Barcelona, 2003.

Swayer-Lauçanno, C., *Paul Bowles*, Anagrama, Barcelona, 1991.

Thesiger, W., *Arenas de Arabia*, Península, Barcelona, 1998.

Thomas, L., *Con Lawrence en Arabia*, Ediciones del Viento, La Coruña, 2007.

Trojanow, I., *El coleccionista de mundos*, Tusquets, Barcelona, 2008.

Trümpler, Ch. (editor), *Agatha Christie and Archaeology*, The British Museum, Londres, 2001.

Twain, M., *Inocentes en el extranjero*, Ediciones del Azar, Barcelona, 2001.

Vilanova, O. (dirección editorial), *Guía Lonely Planet de Siria y Líbano*, Planeta, Barcelona, 2005.

WALLACH, J., *La reina del desierto*, Ediciones B, Madrid, 1998.

WALTER, M. (editor), *Palaces et grands hotels d'Orient*, Flammarion, París, 1987.

WILSON, J., *Lawrence de Arabia*, Circe, Barcelona, 1993.

WINSTONE, H., *Lady Anne Blunt*, Barzan, Londres, 2003.

ZEGUIDOUR, S., *La vie quotidienne à la Mecque de Mahomet a nos jours*, Hachette, París, 1992

Otros documentos

D'ANDURAIN, JACQUES, *J'Accuse…*, periódico *France Dimanche*, París, enero de 1947.

—, *Diario personal (1948-1950)*.

D'ANDURAIN, JULIE, *Marga d'Andurain (1893-1948) une Occidentale d'avant-garde en Orient. Mémoire pour l'obtention du diplôme de Maîtrise d'Histoire*, Université Paris 1 Panthéon-Sorbonne, París, octubre de 1996.

D'ANDURAIN, M., *Maktoub.*, periódico *Le Courrier de Bayonne*, Bayonne, mayo y junio 1934.

—, *Sous le voile de L'Islam*, periódico *L'Intransigeant*, París, octubre 1934.

ESTORNÉS, I., *Jacques d'Andurain*, Enciclopedia General Ilustrada del País Vasco «Auñamendi» (on-line).

—, *Marga d'Andurain*, Enciclopedia General Ilustrada del País Vasco «Auñamendi» (on-line).

LASSAGNE, F., *Le Diable dans le Benitier du Prophete*, revista *VU*, 1934.

Muder, My Pet?, revista *Time*, 13 de enero de 1947.

The Misterious Countess, revista *Life*, 27 de enero de 1947.

Agradecimientos

Son muchas las personas que me han ayudado a reconstruir la aventurera vida de Marga d'Andurain. En primer lugar mi agradecimiento a Jacques d'Andurain, hijo de la protagonista, por la confianza que depositó en mí. Hoy me siento una privilegiada al ser su amiga y seguir compartiendo con él interminables charlas telefónicas. También a Julie d'Andurain, hija de Jacques y nieta de Marga d'Andurain, por permitirme consultar su magnífico trabajo de investigación histórica sobre su célebre abuela. Julie, profesora de Historia, no conoció a Marga —fallecida veinte años antes de que ella naciera— pero durante toda su infancia oyó hablar de las increíbles aventuras que protagonizó en Oriente Próximo.

Gracias a mi editor David Trías con quien comparto desde hace ocho años el interés por recuperar del olvido las vidas de mujeres tan audaces como poco convencionales. A la editora Emilia Lope que ha dedicado muchas horas a este libro y a la búsqueda de las fotografías que ilustran sus páginas; y a Leticia Rodero y Alicia Martí, mis «ángeles» de prensa de Plaza & Janés que se han encargado de dar a conocer esta historia a los medios. A Lola Delgado, mi correctora, cuyas sugerencias me han sido de inestimable ayuda, y a Henar Pascual que tradujo del francés las memorias de Marga, *Le Mari-Passeport,* y todos los documentos que aparecen en la sección de Anexos. A José Luis Arriola, jefe del laboratorio de Fotosíntesis en Madrid, mi gratitud por su excelente trabajo a la hora de restaurar las fotografías antiguas que Jacques d'Andurain me prestó.

En esta larga aventura literaria he contado también con la colaboración de buenos amigos: la periodista Gemma Nierga, que a pesar de su apretada agenda siempre encuentra un hueco para presentar mis libros; la cineasta Cecilia Barriga, con quien viajé a Francia para filmar a Jacques d'Andurain y grabarle sus recuerdos, y Enrique Jordá que investigó para mí la misteriosa estancia de Marga d'Andurain en el campo de Miranda de Ebro (Burgos) y el balneario de Uberuaga de Ubila. Mi gratitud a Santos Valenciano de la librería De Viaje por su constante ánimo y a la Sociedad Geográfica Española que ha colaborado en todos mis libros dedicados a las grandes viajeras de antaño. A mi amiga Jackie Bassat, por ayudarme en Barcelona a la promoción de mi libro, y a Pilar Latorre, apasionada viajera y reconocida gastrónoma que desde el principio compartió conmigo este viaje al pasado. Y a Ana Belén Burguillo por cuidar con cariño de la salud de la autora.

En Bayona (Francia) mi agradecimiento a Olivier Ribeton, director del Museo Vasco y de Historia por responder a mis preguntas, y a Gilles Parent de la Hemeroteca de la Biblioteca Municipal que me ayudó a localizar los artículos que la prensa francesa publicó sobre Marga en los años treinta. En Siria, no puedo olvidar a mi guía Jamal Dayeh que me acompañó durante mi visita al país; este libro no hubiera existido si él no me hubiera hablado por primera vez de la condesa d'Andurain en las ruinas de Palmira. Gracias a la cadena Cham Palaces & Hotels —actual propietaria del remodelado hotel Zenobia en Palmira—, a la Fundación Osmane Aïdi y a la directora de turismo de Chamtour, madame Rawa Batbouta, por su inestimable colaboración en el viaje a Siria organizado a la prensa española para presentar mi libro en los escenarios donde vivió Marga d'Andurain. Mi sincera gratitud al ministro de Información sirio Mohsen Bilal y al embajador español en Siria, Juan Serrat, por el apoyo y hospitalidad durante nuestra estancia en Damasco. En Madrid, a Ammar Homsi, director de Syrian Arab Airlines, y a la embajada siria por todas las facilidades que me dieron para viajar a su hermoso país.

Dejo para el final a las personas más importantes en mi vida, mi esposo José Diéguez, que me animó desde el primer momento a ir al encuentro de Jacques d'Andurain, y a mi hijo Alex, de nueve años, que aún sigue preguntándome: «Mamá, ¿quién es Marga?». Los dos han tenido una gran paciencia conmigo mientras escribía este libro. Y a mis padres por estar siempre a mi lado, y a mi hermana Maite cuyas charlas me ayudaron a comprender mejor el complejo carácter de Marga d'Andurain.

Cautiva en Arabia de Cristina Morató
se terminó de imprimir en marzo de 2020
en los talleres de
Impresora Tauro, S.A. de C.V.
Av. Año de Juárez 343, col. Granjas San Antonio,
Ciudad de México